Link · Ballerina Faith

Almuth Link

Ballerina

Faith

Ich habe es allein geschafft

VERLAG MARTIN GREIL GMBH

ISBN 3-89430-530-4

Umschlaggestaltung: Roberto Patelli, Köln
Satz: Kurt Schindler, München
Gesamtherstellung: May + Co, Darmstadt
Printed in Germany

Die kleine Kirche war bis auf den letzten Platz gefüllt, als das Orgelspiel einsetzte, unter dessen brausenden Klängen Johanna Stein und Robert Williams den Raum betraten. Langsam gingen sie zum Altar, »Willi« in der Uniform eines Offiziers der amerikanischen Luftwaffe, Johanna in einem weißseidenen, mit zartgelben Rosen bestickten Kleid. Ein schönes Paar, fanden die Gäste, schön und glücklich, man sah es ihnen an.

Johanna hatte sich ihre Hochzeit immer so vorgestellt, doch jetzt kam ihr das alles vor wie ein Traum, den sie festhalten wollte, damit er nicht so schnell verging. Sie hatte den Mann bekommen, den sie liebte und mit dem sie sich ein langes, gemeinsames Leben wünschte. Endlich stand das Glück wieder auf ihrer Seite, nachdem es sie in ihrer Kindheit, als sich die Eltern scheiden ließen und sie wie ein lästiges Überbleibsel in ein Internat steckten, vorübergehend verlassen zu haben schien. Ihre Mutter war inzwischen gestorben, der Vater irgendwo im Ausland untergetaucht, so daß sie ohne Verpflichtungen oder irgendwelche Rücksichtnahmen die Tür der Vergangenheit hinter sich schließen konnte, um mit neuen Plänen und Hoffnungen die Zukunft zu gestalten.

Diese Zukunft gehörte Willy, mit dem sie jetzt vor dem Altar stand und der sie belustigt von der Seite ansah, weil er ihre innere Abwesenheit spürte.

Doch als der Pfarrer auf sie zutrat und mit der Zeremonie begann, wurde sie zur aufmerksamen Zuhörerin, der nichts entging: nicht die Worte, nicht die Bilder um sie her und nicht die Sonnenstrahlen, die zu den hellen Fenstern hereinfielen und sich in einem bunten Blumenstrauß bündelten. Später, als sie vor dem weit geöffneten Kirchenportal standen, von allen Seiten mit Reis beworfen und beglückwünscht wurden, als hoch über ihnen die Glocken läuteten, da schaute sie direkt in die Sonne und winkte ihr heimlich zu, als wollte sie sagen: Bleib uns gewogen, so wie heute, an diesem schönsten Tag meines Lebens!

Vor ihnen breitete sich eine sommerliche Landschaft aus, Felder, Wiesen, vereinzelte Dörfer. Im Hintergrund, ein wenig versteckt im Dunst, tauchten die Hochhäuser Frankfurts auf, die Banken, Versicherungen und Bürotürme, und irgendwo, am südlichen Rand der Stadt, stand das Haus, das sie nun beziehen würden, um ihre erste gemeinsame Zeit dort zu verbringen.

Johanna stand vor der Alten Oper und wartete auf Willy, mit dem sie sich eine Ballettaufführung ansehen wollte. Es war inzwischen Herbst geworden, ein kühler Wind trieb die Blätter von den Bäumen und ließ sie über das Straßenpflaster tanzen. Fröstelnd zog sie die Schultern hoch und steckte ihre Hände tief in die Manteltaschen. Als sie ihren Mann endlich unter den vielen herbeiströmenden Menschen entdeckte, lief sie ihm erfreut entgegen.
»Ich hatte schon Angst, du hättest es vergessen«, sagte sie und hakte sich fest bei ihm unter.
»Guten Abend, mein Schatz«, erwiderte er lachend, »wie kannst du annehmen, daß ich irgendetwas vergesse, das mit dir zu tun hat! Erstens konnte ich es gar nicht abwarten, dich zu sehen, zweitens weiß ich doch, daß du ein Ballettfan bist und würde es gar nicht wagen...«
»...das will ich hoffen!« unterbrach sie ihn, »und im übrigen sollst du es heute ohnehin nicht bereuen, mit mir ausgegangen zu sein.«
Fragend schaute er sie an. »Was meinst du damit?«
»Warte ab, Willy!«
Sie sahen eine phantastische Aufführung des »Sterbenden Schwans«, getanzt von einer sehr jungen, aber schon weithin berühmten Ballerina. Trotzdem konnte sich Johanna heute nur mit Mühe auf das Bühnengeschehen konzentrieren. Immer wieder hörte sie die Worte des Arztes, den sie am Nachmittag aufgesucht hatte: »Ich gratuliere Ihnen, Frau Williams...« Und immer wieder überlegte sie jetzt, auf welche Weise sie Willy die Neuigkeit beibringen könnte. Kurz vor der großen Pause dann fielen ihr die richtigen Worte ein, und schon im nächsten Augenblick flüsterte sie ihm zu:
»Wenn es ein Mädchen wird, lassen wir es Tänzerin werden, oder was meinst du?«
Er schaute sie verständnislos an. »Wie bitte?«
»Du hast ganz richtig gehört, Willy, unser Kind, wenn es will, könnte Tänzerin werden.«
»Du meinst, du sagt...«, stotterte er, »du willst damit sagen...«

Seine weiteren Worte gingen unter im Schlußakkord des Orchesters, und während sich das Publikum erhob, um begeistert Beifall zu klatschen, zog er sanft, aber doch nachdrücklich, seine Frau hinter sich her, verließ mit ihr den Saal und steuerte draußen im Foyer die Sektbar an.

»Darauf müssen wir anstoßen«, sagte er und reichte ihr ein gefülltes Glas. »Auf unsere Tänzerin...«

»... und wenn's ein Junge wird?«

»Wird er Pilot. Außerdem hab' ich auch eine Neuigkeit.«

»Du liebe Zeit, was für ein Abend, Willy, ich glaube, daran werden wir uns ein Leben lang erinnern!«

»Ich bin nach München versetzt worden«, bemerkte er leichthin, als handle es sich um die unbedeutendste Nebensache der Welt.

Statt einer Antwort stellte Johanna ihr Glas auf den Tresen und fiel ihrem Mann um den Hals.

»Das ist ja Wahnsinn – nach München wollte ich doch schon immer!«

Sie waren beide viel zu aufgeregt, um sich auf den Rest des Ballettabends konzentrieren zu können. Deshalb holten sie an der Garderobe ihre Mäntel und verließen die Alte Oper. Johanna, ein Frankfurter Kind, liebte ihre Stadt. Sie kannte alle hübschen Plätze, lief gern über den Eisernen Steg auf die andere Seite des Mains, spazierte am Fluß entlang und schaute den riesigen Schleppkähnen nach, die geräuschlos dahinglitten und unter den Brücken verschwanden. Trotzdem freute sie sich jetzt darauf, etwas Neues kennenzulernen. Und als sie an diesem Abend in ihrem kleinen Stammlokal saßen und über den bevorstehenden Umzug sprachen, hatte sie Frankfurt bereits adieu gesagt.

Es war an einem Samstag in den letzten Maitagen – München präsentierte sich von seiner schönsten Seite –, als die kleine Faith geboren wurde. Vom weißblauen Himmel schien die Sonne und ließ auf einen warmen Sommer hoffen. Die Glocken läuteten, niemand fuhr zur Arbeit, und wer sich in sein Auto setzte, steuerte einen der Seen oder die Berge an, die von der Stadt aus leicht zu erreichen waren.
Willy, der den halben Tag nervös in einem Besucherzimmerchen der Klinik zugebracht und aus dem Fenster gestarrt hatte, ohne irgendetwas bewußt wahrzunehmen, eilte sofort, als er die Nachricht bekam, an das Bett seiner Frau, um sie in die Arme zu schließen. Blaß sah sie aus und erschöpft, aber unbeschreiblich glücklich.
»Jetzt haben wir unsere Faith«, sagte sie, »sie ist gesund und 52 cm lang.«
»Und sieben Pfund schwer«, lachte er, »für eine künftige Ballettratte ganz schön gewichtig!«
Obwohl Willy in der darauffolgenden Woche dienstlich sehr eingespannt war und oft erst spätabends nach Hause kam, wurde ihm die Zeit lang. Er wollte endlich Johanna und das Kind nach Hause holen und seine kleine Familie genießen. Im Babyzimmer, neben ihrem Schlafzimmer, stand ein Stubenwagen bereit, auf der Wickelkommode ausgebreitet lag – als Überraschung von ihm – eine zartrosafarbene Wolldecke, bestickt mit dem Namen »Faith«. Kollegen von der US-Luftwaffe hatten dem Baby bereits einen riesigen Teddybären geschenkt, der in der Ecke auf seinem Schemel saß, eine kleine amerikanische Fahne in der Pfote, und verwundert die Welt der neuen Erdenbürgerin betrachtete.

Als es dann soweit war und Faith Einzug hielt, begann für die jungen Eltern eine turbulente Zeit. Lebhaft und lautstark forderte das Kind seine Rechte, und die Mutter, die ihre neuen Pflichten sehr ernst nahm, hatte alle Hände voll zu tun, um nur einigermaßen nachzukommen.

Der Lohn blieb nicht aus: Faith gedieh prächtig und wuchs, daß man fast zuschauen konnte! Zur Freude des Vaters glich sie immer mehr ihrer Mutter, hatte die gleichen goldblonden Haare und ihre aufmerksamen blauen Augen.

Viel zu schnell verging das erste Jahr, jedenfalls stellte Johanna das etwas melancholisch in ihrem Tagebuch fest: *Es geht einfach alles zu schnell im Leben, vor allem, wenn man ein Kind aufwachsen sieht. Am liebsten würde ich die Zeit festhalten und noch einmal jede einzelne Phase genießen, Phasen, von denen man kaum sagen kann, welche die netteste ist. Wahrscheinlich ist es immer gerade die letzte. Faith kann jetzt laufen. Wie ein Wiesel saust sie durch die Gegend, und wenn es ihr bei langsamerer Gangart noch am Gleichgewicht fehlt, hält sie sich an allen möglichen Gegenständen fest, mit Vorliebe am Tischtuch, das dabei mit ihr gemeinsam auf dem Boden landet, oder am Vorhang, der ihr auch nicht den gewünschten Halt bietet. Doch sie gibt nicht auf, rappelt sie sich immer wieder hoch und wieselt unverdrossen weiter. Als hätte sie unser Gespräch in der Alten Oper damals verstanden, reagiert sie vor allem begeistert auf Musik. Kaum hört sie ein paar Takte, breitet sie die Ärmchen aus, als wollte sie die ganze Welt umarmen, und beginnt sich zu drehen. Dabei quietscht sie vor Vergnügen, hüpft, lacht und freut sich und fordert in langen Reden den Teddybären auf, es ihr gleichzutun. Obwohl er wahrscheinlich der einzige ist, der sie versteht, bleibt er stur auf seinem Schemel sitzen, denn er hat schließlich sein sprichwörtlich dickes Fell unter Beweis zu stellen. Eines ist jedenfalls klar: Sollte sie ihre Bewegungsfreudigkeit weiter so beibehalten, werden wir sie frühzeitig in eine Ballettschule schicken...*

Mit vier Jahren wurde Faith an der Münchner Ballettakademie angemeldet. Von diesem Tag an fieberte sie ihrer ersten Stunde entgegen, zog immer wieder ihre kleine schwarze Trikothose an und das bunte T-Shirt, die dünnen Ballettschläppchen, knipste ihren Kassettenrekorder an und begann zu tanzen.

»Ich muß üben, Mami«, sagte sie mit ernstem Gesicht, wenn Johanna nach ihr schaute.
Und dann wurde es ihr eines Tages doch zu lang – und sie machte sich, als Johanna nach dem Frühstück unter der Dusche stand, klammheimlich mit ihrem Teddy auf den Weg. Irgendwo würde sie das große Haus mit der netten Lehrerin schon finden, man mußte nur richtig suchen. Die Straßenpassanten wunderten sich nicht weiter über das kleine Persönchen, das so energisch seines Weges lief, denn es schien ein klares Ziel anzusteuern. Faith kannte die Bedeutung der Ampeln, überquerte die Straße immer dort, wo die meisten Menschen sich versammelt hatten, schaute nach rechts und links, um nur ja nicht das große Haus zu verpassen. Je unbekannter die Gegend wurde, desto fester drückte sie ihren Teddy an sich.
Johanna währenddessen, kaum hatte sie aufgrund der offenstehenden Haustür gemerkt, was los war, zog sich mit fliegenden Händen an und lief hinunter auf die Straße.
»Faith!« rief sie so laut, daß die Leute sich umschauten, »Faith, wo bist du?«
In ihrer Angst begann sie zu weinen. Ein junger Mann auf dem Fahrrad hielt an, zwei Mädchen mit Rollschuhen aus der Nachbarschaft blieben ebenfalls bei ihr stehen.
»Wir werden sie suchen«, versprachen alle drei und machten sich sofort in verschiedene Richtungen auf den Weg.
Johanna lief zurück ins Haus, um mit Willy zu telefonieren. »Lieber Gott, hilf, daß er jetzt zu erreichen ist!« flüsterte sie, »hilf, daß unserem Kind nichts passiert!«
Willy war nicht zu erreichen. Ob man ihm etwas ausrichten solle?
»Ja«, sagte Johanna mit gepreßter Stimme, »unser Kind ist weggelaufen.«
Wenige Minuten später rief Willy zurück. Er bemühte sich sichtlich um Ruhe und Zuversicht.
»Bleib' ganz ruhig, mein Schatz«, sagte er, »ein Kind

verschwindet nicht so leicht. Wir werden jetzt alle Polizeistationen benachrichtigen.«
»Hätte ich ihr doch ein Kettchen mit Namen und Adresse umgehängt…«
»…wir konnten doch nicht wissen, daß sie ausreißt!«
»Ich glaube, sie sucht die Ballettschule, denn sie redet ja seit Tagen von nichts anderem mehr.«
Trotz seiner Sorge mußte Willy lachen. »Wenn ihr Frauen euch mal was in den Kopf setzt!«
»Was hast du jetzt vor, Willy?«
»Ich informiere die Polizei, und dann komme ich nach Hause.«
Faith lief weiter ihres Weges. Da sie aber das goße Haus nicht finden konnte, wurde es ihr allmählich unheimlich zumute. Außerdem war der Teddy so schwer, und der Arm tat weh. Es war auch vielleicht nicht richtig gewesen, einfach von zu Hause wegzulaufen; die Mami mußte ja Angst kriegen… Also kehrte sie um. An einer Grünanlage machte sie erst einmal Halt und setzte sich auf eine Bank. In der Nähe hörte sie Kindergeschrei, wahrscheinlich gab es da einen Spielplatz.
»Du bleibst hier sitzen, Teddy!« befahl sie streng, »ich geh' nur mal schnell gucken.«
Leider waren alle Schaukeln besetzt, und im Sandkasten stritten sich gerade zwei Buben um einen Eimer. Ein Weilchen schaute sie zu, dann lief sie wieder zu ihrem Teddy. Mittlerweile hatte sich eine alte Frau auf die Bank gesetzt, die sie freundlich begrüßte.
»Gehört der schöne Bär dir? Warum hat er eine amerikanische Fahne in der Pfote?«
»Weil mein Vater aus Amerika kommt.«
»Und wo ist deine Mami?«
»Zu Hause«, antwortete Faith zögernd, »ich bin einfach weggelaufen.«
Die Frau erhob sich und schaute sie nun besorgt an.
»Wie heißt du denn?« fragte sie.
»Faith. Ich wollte die Ballettschule suchen, aber ich konnte sie einfach nicht finden.«

»Weißt du was, mein Kind, ich kenne mich in München nicht gut aus, deshalb gehen wir jetzt zusammen zur Polizei, und die bringt dich nach Hause. Einverstanden?«
Faith nickte, sie hatte keine Lust mehr zu suchen, sie wollte jetzt auch endlich wieder zu ihrer Mutter.
»Da ist ja unsere Ausreißerin«, sagte ein junger Polizist auf dem Polizeirevier, der offenbar Bescheid wußte. »Was glaubst du, wie traurig deine Eltern schon sind!«
Sofort führte er ein Telefongespräch, während sich die nette Frau von Faith verabschiedete.
»Lauf nicht mehr weg«, sagte sie, als sie sich in der Tür nochmal zu ihr umdrehte, »es lohnt sich nicht, wenn man anderen soviel Kummer macht, nur weil man etwas nicht abwarten kann.«
Faith schaute sie mit großen Augen an, und es fiel ihr schwer, jetzt nicht zu weinen.
Später, auf dem Arm ihres Vaters, als er sie in sein Auto trug, ließ sie endlich ihren Tränen freien Lauf. Mit seinem weißen Taschentuch wischte er sie weg.
»Tränen verderben den Teint«, meinte er lachend, »und für eine künftige Ballerina ist das nicht gut.«
Sie verstand zwar nicht, was er meinte, aber sie war trotzdem einverstanden.

Von allen kleinen Tänzerinnen, die sich zur ersten Ballettstunde bei Frau Sakowa einfanden, erwies sich Faith Williams als die ausdauerndste. Erstaunt nahm die Lehrerin, eine strenge, aber im Grunde ihres Herzens gütige und mütterliche Frau, die Energie und Entschlossenheit der kleinen Person zur Kenntnis; für sie stand fest, daß man mit ihr schnell vorankommen würde.

Johanna stand am Fenster ihres hübschen Wohnzimmers und schaute hinaus in den Garten, in dem Faith mit ihren Freundinnen Fangen spielte. Heute vor zwölf Jahren war ihre Tochter zur Welt gekommen. Als wäre es erst gestern gewesen, so genau erinnerte sich Johanna an den aufregenden Tag, an die Geburt, an das Glücksgefühl hinterher und an die innere Gewißheit, daß eine lange, gute Zeit vor ihr und ihrer kleinen Familie läge. Im Grunde genommen hatte sie recht behalten. Mit Willy leben zu dürfen, diesem zuverlässigen, ausgeglichenen Mann, war ein Geschenk, dessen sie sich täglich von neuem bewußt wurde. Und mit ihm gemeinsam ein Kind großzuziehen, das trotz seiner Lebhaftigkeit und fast unerschöpflichen Energie bisher keine größeren Probleme gebracht hatte, wertete sie als ein zusätzliches Glück, das ihr ohne eigentlichen Verdienst in den Schoß fiel.
Mit Willy an der Seite, schrieb sie spätabends in ihr Tagebuch, *würde ich ohne weiteres drei oder vier Kinder großziehen. Nur leider meldet sich noch nicht einmal ein zweites, obwohl wir es so gerne hätten. So muß eben Faith für alles herhalten, und, weiß Gott, sie bringt viel Leben ins Haus! Ganz zu schweigen von ihren Trainingsstunden an der Stange, die sie täglich mit ihrer Freundin hier absolviert, bei einer Musik, die an Lautstärke nichts zu wünschen übrigläßt... Demnächst hat sie mit ihrer Truppe eine Solovorstellung in der Akademie. Ich wünsche ihr sehr, daß es ein Erfolg wird, sie hat ja so eisern trainiert. In der Schule ist sie gut, trotz allem. Dabei würde es mich gar nicht verwundern, wenn sie mal einen Durchhänger hätte. Aber vielleicht ist ihr Name ein Omen für ihr ganzes Leben, denn »Faith« heißt ja schließlich Glaube und Vertrauen.*

Natürlich wurde der Ballettabend ein großer Erfolg für Faith! Sie leistete sich keinen einzigen Fehler, tanzte konzentriert und gleichzeitig gelöst, nachdem die ersten Minuten des Lampenfiebers überwunden waren. Begeistert klatschte das Publikum Beifall, während sich Faith und ihre Truppe strahlend verbeugten. Auch Frau

Sakowa, die auf die Bühne gerufen wurde, strahlte und nickte ihren Elevinnen zu. »Ihr habt mir viel Ehre eingelegt«, sagte sie später in der Garderobe, und dann wandte sie sich noch einmal an Faith allein: »Du hast deine Sache hervorragend gemacht, gratuliere!«
»Anfangs war ich ganz schön aufgeregt«, erwiderte Faith, »aber das hat sich mit der Zeit einigermaßen gelegt.«
»Das Lampenfieber, Faith, ist eine seltsame Erfindung. Manche lassen sich dadurch kaputtmachen, andere lassen sich eher beflügeln. Ich glaube aber, du gehörst zur zweiten Sorte.«
»Hoffentlich!« lachte Faith und verabschiedete sich schnell, um draußen auf dem Flur ihre Eltern zu suchen. Sie flog ihrem Vater direkt in die Arme, so daß der nur mit Mühe die zwölf gelben Rosen retten konnte, die er seiner Tochter für ihren ersten großen Soloauftritt zugedacht hatte.
Willy ließ es sich nicht nehmen, seine beiden Damen an diesem Abend noch ganz groß zum Essen auszuführen.
»Nach dem Gehopse muß unsere Ratte Hunger haben«, sagte er respektlos, doch Faith überhörte es geflissentlich, machte ein hoheitsvolles Gesicht und hakte sich bei ihrem Luftwaffenoberst unter.
»Wir gehen in den Bayerischen Hof«, schlug sie vor.
»Und du ißt Pommes frites mit Mayonnaise«, lachte Johanna, »dazu Kartoffelsalat mit Würstchen!«
»Nein«, protestierte die Tochter, »heute esse ich vornehm, und Papi spendiert Champagner!«
Es wurde ein langer Abend, an den Faith auch in späteren Jahren noch oft denken mußte, weil ihr damals zum ersten Mal bewußt wurde, welches Glück sie mit ihren Eltern hatte, wie verläßlich und liebevoll sie waren, und wie sie in allem, was sie und ihre Pläne und Träume betraf, so selbstverständlich hinter ihr standen. Sie wollte versuchen, das nahm sie sich an diesem Abend fest vor, ihre Eltern nie zu enttäuschen. Für die nächste Zeit würde das heißen, trotz harten Ballett-Trainings die Schule

Schule anständig durchzuziehen und eines Tages mit einem guten Abitur zu beschließen.
Während sie nachts noch hellwach auf ihrem Bett saß und über diese Dinge nachdachte, ließ sie die Spieldose laufen, die sie von ihren Eltern zu ihrem achten Geburtstag geschenkt bekommen hatte. Eine kleine Ballerina, von schwungvoller Musik beflügelt, wirbelte über den Spiegelboden.
»Also, meine Liebe«, flüsterte Faith der kleinen Dame in ihrem glitzernden Gehäuse zu, »gib dir Mühe, daß du alles unter einen Hut bringst!«

Vielleicht war Faith das, was man ein Glückskind nennt, vielleicht aber auch trug ihre Energie, mit der sie sich so viel abverlangte und die härtesten Strapazen in Kauf nahm, bereits den Erfolg in sich.

Die Jahre vergingen im Flug, anstrengende und erfüllte Jahre, und als Faith ihren 17. Geburtstag feierte, war sie Schülerin der Oberstufe und gleichzeitig eine ausgezeichnete Tänzerin.
Aber auch für ihren Vater war das Leben nicht stehengeblieben. Durch seine Intelligenz und absolute Verläßlichkeit hatte er sich einen Namen gemacht und war nun für eine Beförderung vorgesehen.
Als er eines Tages das Büro des Stützpunktkommandeurs betrat, erhob sich dieser mit einer gewissen Feierlichkeit, holte eine Flasche aus dem Regal, öffnete sie mit geheimnisvollem Lächeln, schenkte Wein in die schon bereitstehenden Gläser und reichte eines davon Robert Williams.
»Glückwünsche, Oberst, ein Jahr als Presseoffizier nach Los Angeles und dann weiter nach Washington und wahrscheinlich dort den ersten Stern.«
»Danke, Sir.«
Sie stießen an und tranken sich zu.
»General Williams, das klingt gut. Finden Sie nicht auch, Oberst?«

Der Kommandeur lächelte und erhob noch einmal sein Glas.
»Ja, Sir«, antwortete Williams strahlend, »das klingt allerdings gut, und Sie können sich nicht vorstellen, wie sehr ich mich freue.«
Erst auf dem Weg nach Hause kamen ihm einige Zweifel. Wie würde seine Familie die Neuigkeit aufnehmen? Für Johanna und Faith bedeutete sie eine Trennung von der Heimat – für sie war Amerika ein fremdes Land, mit einer Sprache, die sie zwar beherrschten, die aber nicht ihre Muttersprache war. Faith würde sich in einem neuen Schulsystem zurechtfinden müssen, ihre Ballettausbildung würde andere Akzente bekommen.
Doch Willy hatte zumindest Faith falsch eingeschätzt. Als er, etwas zögernd, am Abendbrottisch die Nachricht verkündete, man werde demnächst, sofern keine Einwände bestünden, nach Kalifornien ziehen, konnte er gar nicht ausreden, so hoch schlugen bei Faith die Wogen der Begeisterung und der Vorfreude.
»Du liebe Zeit, Paps, das ist ja der reinste Wahnsinn, Kalifornien, das Land der Sonne und des Meeres und der Orangenhaine...«
»...du wirst ja ganz romantisch«, unterbrach sie Johanna, »aber du hast schon recht, es ist sicher ein herrliches Land, auf das man sich freuen sollte.«
Willy schaute seine Frau nachdenklich an.
»Fällt dir der Abschied von Deutschland schwer, Liebling?« fragte er vorsichtig.
Sie zögerte einen Augenblick, ehe sie antwortete.
»Weißt du, ich bin jetzt dreiundvierzig, da fällt so ein Wechsel in ein fremdes Land sicher nicht ganz leicht.«
»Ein bißchen hast du den Wechsel ja schon vollzogen«, sagte er und strich ihr über die Haare, »indem du nämlich einen Amerikaner geheiratet hast.«
»Was ich weiß Gott nicht bereue. Und außerdem ist dreiundvierzig kein Alter, in dem man sich nicht mehr verpflanzen ließe, punktum, ich gehe mit euch nach Kalifornien, und zwar bald!«

Sie hatte ihr Herz bereits über den Zaun geworfen und war hinterhergesprungen. Unentschiedenes Zögern mochte sie nicht, sie wertete es als eine Schwäche, die ihr gelegentlich zu schaffen machte und sie den Schwung kostete, etwas Neues in Angriff zu nehmen.

Von jetzt an orientierte sich ihr Leben an dem Umzug, der schon bald stattfinden sollte. Überall standen Kisten und Schachteln im Weg, vollgepackte Koffer stapelten sich – es wurde ungemütlich in dem sonst so hübschen Haus. Faith hatte sich von ihren Freundinnen und Lehrern, besonders von ihrer geliebten Frau Sakowa und der Ballett-Truppe verabschiedet, sie hatten Adressen ausgetauscht und sich ewige Treue geschworen. Alle wollten sie irgendwann in Kalifornien besuchen.

Als Faith schließlich an einem glasklaren, aber schon etwas kühlen Tag im September mit ihren Eltern am Flughafen eintraf, hatten sich so viele Freunde eingefunden, die noch einmal Hände schütteln und eine gute Reise wünschen wollten, daß die Williams' sich schließlich beeilen mußten, um den Flug nicht zu verpassen.

Willkommen in Reno, der größten Kleinstadt von Amerika. Johanna und Faith standen vor einer Tür mit dieser Aufschrift und warteten auf Willy, der drinnen wegen eines Leihwagens verhandelte. Sie wollten sich auf dem Weg nach Los Angeles ein paar Tage Zeit nehmen und das Land anschauen.

Nachdem sie die erste Nacht – nach einem ausgiebigen Stadtbummel – in Reno verbracht hatten, starteten sie am nächsten Morgen zu einer Reise, die für Faith, aber auch für Johanna, zur phantastischsten Reise ihres bisherigen Lebens werden sollte.

Erster Höhepunkt wurde San Francisco.

»San Francisco hat nur einen Nachteil«, sagte einmal Rudyard Kipling, »es ist schwer, die Stadt wieder zu verlassen.« An diesen Satz mußte Faith denken, als sie auf einem der Felsen oberhalb der Bucht standen und über die rote Golden Gate Bridge schauten, die von großen, scheinbar geräuschlos dahingleitenden Handelsschiffen aus aller Welt passiert wurde. Unter ihnen die friedlich im Sonnenschein liegende, riesige Bucht, azurblau schimmernd, mit ihren Hunderten von Segelbooten, die im Takt des Wellenganges weiß aufleuchteten. Das Häusermeer mit seinen sanften Farben, die niedrigen Wohnhäuser, die terrassenförmig an den vielen Hügeln emporstiegen... Faith atmete tief durch. Der Zauber dieses Anblicks ließ sie fast benommen werden.

»So etwas unglaublich Schönes muß man erst mal verkraften«, sagte Johanna, zu ihrem Mann gewandt, »und im übrigen, damit du's weißt, ich freu' mich auf unsere Zeit hier!«

Willy, eifrig bemüht, seinen beiden Frauen ein volles Programm zu bieten, fuhr anschließend mit ihnen zu Fisherman's Wharf, dem lauten, quirligen Hafen in der Bucht, dem heimlichen Herzen der Stadt. Fasziniert standen sie vor den weißen und hellblauen, eng aneinanderliegenden Fischerbooten, die von den Wellen zum Schaukeln und zu jenem eigenartigen Singen gebracht

werden, das sich mit dem Kreischen der Möwen zu einem aufregend dissonanten Klang vermischt.
Sie schlenderten weiter, vorbei an den vielen kleinen Mode- und Geschenkläden, an den berühmten Fischrestaurants wie »Sabella's« oder »Di Maggio's«, um sich schließlich in einer der Straßengarküchen mit frischen Krabben und dem knusprigen Fisherman's-Wharf-Brot zu stärken.
»Und immer geht hier ein Wind durch die Straßen«, bemerkte Faith, »im Hochsommer ist das wahrscheinlich sehr angenehm.« Willy nickte. »Wegen dieser frischen Brise, selbst an den heißesten Tagen, nennen die Einheimischen ihre Stadt auch »Air-Conditioned-Town«.«

Am späten Abend, während Johanna bereits in ihrem Hotelzimmer auf dem Bett lag, glücklich, aber erschöpft, machten sich Willy und Faith noch einmal auf den Weg, um von einem der Hügel das Lichtermeer der Stadt und die unendlich langen Lichterketten der Golden Gate und der zweistöckigen Oakland Bay Bridge, die San Francisco und Oakland verbindet, leuchten zu sehen.
»Ach Paps«, flüsterte Faith, »uns geht's doch so gut!«
»Das ist eben der Vorteil«, lachte er, »wenn man einen Amerikaner zum Vater hat.«
»Und noch dazu einen Luftwaffenoberst…«
»Demnächst General, wenn ich bitten darf!«

Wenn überhaupt noch eine Steigerung möglich war, so erlebten sie sie in den nächsten Tagen, als sie die kalifornische Küstenstraße entlangfuhren. Stumm vor Staunen ließen Johanna und Faith alles auf sich einwirken: Den Anblick des tiefblauen Meeres und der weißen Strände, der zerklüfteten, hellen Felsen, der breiten Täler mit ihren zahlreichen Ortschaften und von Eukalyptusbäumen gesäumten Straßen, der luxuriösen Landsitze mit den weiten Pferdekoppeln, Golfplätzen und weißgekalk-

ten Häusern, an denen tiefrot die Bougainvilleablüten leuchteten.
Johanna machte eifrig Notizen in ihr Tagebuch.
Und endlich, am 23. September, stand da zum ersten Mal der Satz: *Jetzt sind wir nicht mehr weit von Los Angeles entfernt, unserer neuen Heimat. Ich bin wahnsinnig gespannt.*

Für den künftigen General Robert Williams und seine Familie hatte man eines der alten, eleganten Wilshire Distrikt Anwesen vorgesehen. Über eine großzügige Auffahrt, von gepflegten Rasenflächen eingerahmt, gelangten die Williams' zu ihrem breit und behäbig daliegenden, weißen Haus, das trotz seiner Größe eine angenehme Behaglichkeit vermuten ließ. »Ihr müßt mich mal in den Arm kneifen«, meinte Faith lachend, »damit ich weiß, daß ich nicht träume.«
Willy zupfte sie an den Haaren.
»Wenn du erst dein Zimmer siehst – vermutlich ist es etwas größer als das in München!«
Natürlich hatte er recht. Nicht nur das Zimmer von Faith, sondern fast alle Räume dieses herrschaftlichen Hauses waren weitläufig und mit hohen Fenstern und Glastüren versehen, die einen zauberhaften Ausblick in den Park ermöglichten.

Schon nach kurzer Zeit fühlten sie sich hier zuhause, zumal inzwischen auch ihre Sachen aus Deutschland eingetroffen und aufgestellt waren.
Heute wollte Faith ihrem hübschen Zimmer den letzten Schliff geben, Poster und Bilder aufhängen und sich einen besonders schönen Platz für ihre über alles geliebte Spieldose ausdenken. Sie drehte und wendete sie gerade in der Hand, als ein kleiner Stein gegen das Fenster fiel. Erschrocken öffnete sie es.
»Nicht«, rief sie hinunter, »das Glas geht doch kaputt!«
Unten stand ein braunhaariges Mädchen und lachte zu ihr hoch.
»Wie soll ich dich sonst aus deinem Zimmer locken?

Schließlich will ich nicht ewig warten, um die Neue hier im Block kennenzulernen!«
»Ich bin gleich unten«, rief Faith zurück, und schon jagte sie die Treppe hinunter.
»Hallo, ich bin Faith«, stellte sie sich draußen vor.
»Und ich Cheryl Dryer, wir wohnen neben euch, wo seid ihr her?«
»Aus München, in Westdeutschland.«
»Das klingt exotisch. Ich war übrigens noch nie in Europa. Nur in Dallas war ich schon mal.«
»München ist nicht exotisch, trotzdem ist es schön. In welche Schule gehst du?«
»In die Mt. Juliet School, eine Privatschule.«
»In die soll ich auch gehen«, stellte Faith zufrieden fest, »dann haben wir in Zukunft ja den gleichen Schulweg und können uns jeden Morgen treffen.«
»Sehr gut, Faith. Los Angeles wird dir gefallen. Die Jungs in der Schule sind wirklich Klasse, besonders Derek, aber den kannst du nicht haben, der gehört nämlich schon mir.«
»Okay«, lachte Faith, »also für mich kein Derek.«
»Aber da sind mindestens noch vier andere, die dich lieben und deinen deutschen Akzent toll finden werden.«
»Meinst du nicht, daß sie über mich lachen?«
»Die kugeln sich vermutlich. Was machst du eigentlich am liebsten?«
»Tanzen.«
»Ich auch! Jazz und Rock.«
»Oje, ich hab' gehofft, Ballett.«
Cheryl sah Faith mitleidig an.
»Also ehrlich, tut mir leid, aber hier macht kein Mensch Ballett, bloß Jazz und Rock. Ballett ist viel zu langsam.«
»Ist das hier die heiße Welle, von der alle reden?«
»Logo – Los Angeles, heiße Nächte, heiße Jungs, heiße Tänze. Jazz wird dir gefallen; ich hab' den fetzigsten Lehrer, den du dir vorstellen kannst. Ein echter Traumtyp.«
Sie setzten sich auf den Rasen und lachten einander an.

Das wird eine richtige Freundschaft, dachte Faith, und Los Angeles ist das gelobte Land...
»Morgen früh hole ich dich ab«, versprach Cheryl beim Abschied, nachdem sie auch das Haus und Faith's Zimmer inspiziert und begutachtet hatte.
»Und komm' mir bis dahin nicht unter die Räder!«

Faith hatte ein etwas flaues Gefühl im Magen, als sie am nächsten Morgen, von der lustigen Cheryl begleitet, zum ersten Mal in der neuen Uniform den Weg zur Schule antrat. Und heute sollte auch ihre Aufnahmeprüfung in das National Ballett stattfinden. Ein aufregender Tag also...
»Unsere Schule ist ein umgebautes Beverly Hills-Gebäude«, erklärte Cheryl und riß damit die neue Freundin aus ihren Gedanken. »Wird dir bestimmt gefallen.«
Und ob es Faith gefiel! Im Grünen gelegen, großzügig wie alle Häuser in dieser Gegend, sah es überhaupt nicht wie eine Schule aus. Nur die Glocke und der Lärm unterschieden sich in nichts von deutschen Schulen.
Der Tag verlief wesentlich angenehmer, als Faith gedacht hatte. Lehrer und Mitschüler nahmen sie auf, als hätte sie schon immer dazugehört. In den Pausen wurde sie so lebhaft bestaunt und mit Fragen bedrängt, daß Cheryl glaubte, für Ordnung sorgen zu müssen.
»Hey, Jungs«, polterte sie, »laßt dem Mädchen doch Luft! Ihr dürft sie mal anschauen, aber bitte Geduld, Kameraden, ihr braucht nur etwas Geduld!«
Alle lachten und hielten sich ein wenig zurück. Nur Troy, ein stämmiger Fußballer, versuchte noch einmal sein Glück.
»Sag' mal, Faith, wie wär's, wenn wir beide heut' abend zum Pier gingen?«
»Beim ersten Mal«, erwiderte sie hoheitsvoll, »geh' ich noch nicht zum Pier, aber vielleicht ins Kino.«
Troy nickte entzückt. »Auch recht, also ins Kino.«
Er fühlte sich wie ein Solist, der soeben eine Glanzleistung vollbracht hatte.

»Weißt du was«, wandte sich Cheryl an Faith, »wir könnten die Versammlung zu Junior's verlegen.«
»Würde ich gerne, aber es geht nicht, heute ist meine Aufnahmeprüfung in die Ballettschule, da muß ich fit sein.«
Cheryl drehte sich um. »Da habt ihr's, Jungs! Sie ist wunderschön, talentiert, aber nicht mehr zu haben. Als ihr Manager und Privatsekretär werde *ich* euch bei Junior's für weitere Verabredungen zur Verfügung stehen. Bis dann!«
Lachend löste sich das Trüppchen auf, und jeder marschierte seines Weges, Faith in Richtung National Ballett, das sich in Hollywood befand. Um abzukürzen, hatte sie die Hauptstraße verlassen und war in eine der kleinen Seitenstraßen am Fuße des Hügels geraten. Da stieß sie auf eine Gruppe junger Rowdies, die den ganzen Gehsteg belagerten, ohne auch nur einen Zentimeter Platz zu machen. Um keinen Streit zu provozieren, wich sie in den Rinnstein aus. Die Blicke der Jungen ließen auf eine Mischung von Aggression und Bewunderung schließen, die der beiden ziemlich verwahrlosten Mädchen deuteten auf Eifersucht und Neid hin. Hart packte Sonja ihren Julio am Arm und fauchte ihn an:
»Was gibt's denn da zu glotzen?«
»Glotzen wird man wohl noch dürfen, Mama«, erwiderte Julio grinsend.
»Wenn du weiter so glotzt, gibt's Zoff!«
Und zu ihrer Freundin Tracy gewandt fuhr sie fort: »Hat die Kuh ihn auch angeglotzt?«
Tracy zuckte mit den Schultern. »Glaub' schon«, nuschelte sie und spuckte in hohem Bogen ihren Kaugummi in den Rinnstein.
»Wehe, wenn die zurückkommt«, geiferte Sonja, »dann erklär' ich der mal ganz genau, was auf der Straße gespielt wird.«
Faith indessen lief weiter, erleichtert darüber, die unangenehme Situation überstanden zu haben.
Auch das National Ballett, ein villenartiges Gebäude,

lag wie die Schule einladend im Grünen und ließ Ängste erst gar nicht aufkommen. Faith sollte sich, so hieß es in dem schriftlichen Bescheid, in einem der kleineren Nebenräume einfinden. Offensichtlich war sie heute die einzige Prüfungskandidatin.
Eine zierliche junge Frau und ein älterer, weißhaariger Herr begrüßten sie und schlugen ihr vor, irgend etwas nach eigener Wahl vorzutanzen. Faith entschied sich für eine Nummer aus ihrer letzten Münchner Aufführung. Ohne Musik, was immer eine erschwerende Situation für Tänzer bedeutet, verlangte sie ihrem Körper äußerste Leistung ab, tanzte schön, konzentriert und fehlerlos. Die beiden Prüfer nickten sich lächelnd zu und winkten sehr schnell ab. Ein paar Figuren und Sprünge wurden noch verlangt und einige Übungen an der Stange, dann konnte Faith sich wieder umziehen.
»Sie hören von uns«, sagte der Herr, als sie wieder hereinkam.
»Aber Sie können davon ausgehen«, fuhr die junge Frau fort, »daß Sie bestanden haben – und zwar sehr gut.«
Sie unterhielten sich noch ein wenig mit ihr über die berühmten Ballettschulen Europas, wollten das eine oder andere über ihre bisherige Ausbildung wissen und verabschiedeten sich dann wie Leute, die sich schon länger kennen.
Das ist Amerika, dachte Faith beglückt, als sie sich auf den Heimweg machte. Und da sie die Rowdies völlig vergessen hatte, nahm sie die gleiche Abkürzung wie auf dem Hinweg.
Im Eingang eines kleinen Trödelladens lauerte Sonja mit ihren Straßenschwestern. Kaum hatte sie die »Puppe« bemerkt, gab sie ein kurzes Kommando, alle stürzten heraus, umzingelten Faith und drängten sie auf ein Abrißgrundstück. »Wenn das mal keine schnucklige Ballerina ist«, bemerkte Sonja.
»Die unsere Boys so geil finden«, kicherte Tracy.
Faith versuchte, der Sache aus dem Weg zu gehen und wieder auf den Bürgersteig zu gelangen. Doch wie sie

es auch anstellte, sofort klebte eines der Mädchen an ihrer Seite und drängte sie zurück.
»Hört mal«, sagte sie schließlich, »ich will keinen Streit, ich will nur weitergehen.«
»Sie will keinen Streit, Girls«, äffte Sonja sie nach.
»Ach wie schade«, nuschelten die anderen und rempelten sie an.
»Du kriegst aber Streit«, erklärte Tracy, »und zwar deshalb, weil du scharf auf unsere Boys bist.«
Faith schüttelte den Kopf. »Wovon redet ihr überhaupt?«
»Das weißt du ganz genau«, erwiderte Sonja scharf, »als du vorhin hier durchstolziert bist, hast du meinen Julio so angemacht, daß er gleich auf dich wollte.«
»Stimmt«, bestätigte Tracy.
»Der geile Typ mußte kalt duschen«, fuhr Sonja fort, »nur um sich abzuregen.«
Wieder machte Faith einen vergeblichen Versuch, sich zu befreien.
»Ihr spinnt ja«, sagte sie laut.
Sonja kam ganz dicht an sie heran: »Aha, wir spinnen, ich zeig' dir gleich, wie wir spinnen.«
Faith wich zurück und erklärte so gelassen wie möglich: »Ich bin auf einem Airforce-Stützpunkt aufgewachsen und mußte als Kind schon lernen, wie man sich gegen Terroristen schützt, merk' dir das!«
»Ach nee, sehr beeindruckend, aber wie wär's denn, wenn du uns gleich hier mal was vortanzen würdest, Puppi?«
Sie gab Faith einen kräftigen Stoß und funkelte sie böse an. In der nächsten Sekunde wirbelte Faith herum, trat Sonja so kräftig gegen das Knie, daß diese hinfiel, schlug ihr die Schultasche gegen das Kinn und schubste sie, als sie sich gerade aufrappeln wollte, in die Gruppe der Mädchen zurück.
Dann ging sie wortlos davon, ohne sich auch nur ein einziges Mal nach ihren völlig verdutzten Peinigerinnen umzuschauen.

Johanna erschrak, als sie hörte, was geschehen war; sie beruhigte sich erst wieder, als Faith ihr von der erfolgreichen Aufnahmeprüfung berichtete.
»Ich wußte, daß du sie bestehen würdest«, sagte sie und nahm Faith in die Arme, »und auch Paps wird sich wahnsinnig freuen.«
Nach den Schulaufgaben ging Faith noch ein wenig hinüber zu Cheryl, die schon sehnsüchtig auf sie wartete. In ihrem mit Postern und Fotos tapezierten Zimmer lief dröhnend der Fernsehapparat. Cheryl hatte einen Videofilm eingelegt, auf dem temperamentvolle Tänzer zu einer fetzigen Musik tanzten.
»Komm, versuch's doch auch mal«, forderte sie Faith auf, »nur keine Müdigkeit vortäuschen!«
Faith lachte. »Ich mach' doch bloß Ballett und kenne die Schritte überhaupt nicht.«
»Die beste Gelegenheit, sie jetzt zu lernen! Komm, steh' auf!«
Sie zerrte Faith von der Couch und zeigte ihr eifrig einige Bewegungsabläufe.
»Schau' nur auf die Mattscheibe, mit deinem Training ist das doch ganz einfach!«
»Okay«, sagte Faith und machte blitzschnell ein paar Sprünge und Drehungen, so professionell und elegant, daß sich Cheryl vor Bewunderung auf den Boden fallenließ.
»Ich tanze nie mehr, bei Gott, nie mehr«, hauchte sie theatralisch, verbarg ihr Gesicht in beiden Händen und blinzelte ihre Freundin an.
Faith mußte lachen. Mit einem Ruck zog sie den kleinen Clown wieder hoch.
»Das war doch nur eine stinknormale Ballettdrehung«, erklärte sie bescheiden und tanzte weiter.
»Willst du mal mitkommen zum Vortanzen?« fragte Cheryl, »überall kann man hier vortanzen fürs Fernsehen oder Kino...«
Überrascht blieb Faith stehen. »Meinst du wirklich?«
»Kindchen, du bist hier in Hollywood, vergiß das nicht!«

»Aber meinst du, daß auch eine Ballerina gefragt ist?«
»Kann schon sein. Aber diesen Kram hier hast du doch sofort kapiert.«
Mühelos machte Faith den Fernsehtänzern ein paar Sprünge nach.
»Du hast recht, das ist wirklich nicht schwer. Aber wir haben zu Hause kein Video.«
»Müßt eben Kabel beantragen.«
Cheryl tanzte auf ihren Telefonapparat zu, der mit seinem Anrufbeantworter das Zentrum all ihrer Aktivitäten bildete. Etwas keuchend wählte sie eine Nummer.
»Hallo«, schrie sie, um die Musik zu übertönen, »hier ist Frau Williams von zehn, zwo, zwo, zwo, Arden Street. Wir hätten gern, so flott wie möglich, Kabel. Morgen? Klasse. Und Fernbedienung dazu, bitte. Vielen Dank.«
Lautstark hängte sie ein und drehte sich mit stolzem Lächeln zu Faith um.
»Was bekomme ich jetzt für eine so prompte Erledigung?«
»Wenn der Telefonmann morgen eintrudelt und mein Vater kriegt das mit und faucht mich an, bring' ich dich wahrscheinlich um. Aber trotzdem verbindlichsten Dank.« Cheryl machte eine tiefe Verbeugung. »Immer zu Ihren Diensten, Madam.«
Sie tanzten noch ein Weilchen, dann verabschiedete sich Faith, weil sie um sieben Uhr mit ihren Eltern zu Abend essen wollte: bei Kerzenschein und mit ihrem Lieblingsgericht, um ihre bestandene Aufnahmeprüfung zu feiern.

Wenige Tage später, unmittelbar nach der Schule, hatte Faith ihre erste Ballettstunde.
Als sie den großen Übungsraum betrat, kam ihr ein Mann entgegen, der etwa dreißig Jahre alt ein mochte und sich als ihr neuer Lehrer vorstellte.
»Ich heißte Jim Aldrich, schön, daß du zu uns gekommen bist«, sagte er freundlich. Dann rief er die übrigen Tänzer und Tänzerinnen zusammen, die gerade Lockerungsübungen an der Stange machten.
»Kommt mal her, Leute, ich möchte euch unsere neue Studentin, Faith Williams, vorstellen. Sie kommt aus Deutschland, und ich hoffe, ihr nehmt sie nett bei euch auf.«
Beifall klatschend scharten sie sich um ihren Lehrer und lächelten Faith an.
»Wir würden alle gern wissen«, fuhr Jim Aldrich fort, »wie weit du bist. Daß du die Aufnahmeprüfung für diese Schule geschafft hast, bedeutet schon einiges. Aber ich würde gerne selber sehen, was du kannst.«
Faith nickte. »Klar, darf ich Musik dazu haben?«
»Kein Problem.«
Er legte eine Kassette mit klassischer Musik ein. Sofort begann Faith zu tanzen, phantasievoll, mit ihrem untrüglichen Gespür für Rhythmus, in schwierigen Figuren und Sprüngen, so sicher und durchtrainiert, daß ihr von allen Seiten echte Bewunderung entgegenschlug. Erst zum Schluß, als sie sich absolut sicher fühlte, wagte sie eine dreifache Pirouette, die ihr jedoch nicht hundertprozentig gelang. Das tat aber der allgemeinen Begeisterung ihres Publikums keinen Abbruch. Es wurde anhaltend geklatscht, und man war sich – ebenso wie Jim Aldrich – klar darüber, daß man es mit einem außergewöhnlichen Talent zu tun hatte.
»Danke, Faith«, sagte Jim, und stellte die Kassette wieder ab.
»Ich glaube, ich spreche für alle, wenn ich sage, wir sind sehr glücklich, daß du in unserer Klasse bist. Und jetzt ran an die Arbeit!«

Faith strahlte. Gemeinsam steuerten sie die Stange an, es begann eine äußerst konzentrierte, anstrengende Trainingsstunde.

Um halb vier hatte sie sich mit Cheryl zu einem Einkaufsbummel verabredet. Ziemlich gerädert, aber noch ganz begeistert von ihrer ersten Stunde, erzählte sie der Freundin davon, während sie sich in einer kleinen Milchbar bei einem köstlichen, hochaufgetürmten Eisbecher ausruhten. Auch Cheryl hatte eine Neuigkeit zu verkünden.

»Wir fahren am Wochenende nach San Diego zum Sea World, einem Meerwasser-Aquarium mit Delphinen und Walen, du mußt mit, unbedingt, sonst macht's mir null Spaß, klar?«

Faith stopfte sich vor Überraschung eine Riesenkugel Vanilleeis in den Mund und schnappte nach Luft.

»Mann, das ist ja Klasse«, japste sie etwas unverständlich, »natürlich komm' ich mit!«

»Okay«, meinte Cheryl, als sie bezahlt hatten und sich zum Weitermarsch aufmachten, »zu unserem Glück fehlt uns jetzt nur noch, daß du aussiehst wie ein echtes Kalifornien-Girl, und dafür werde ich mit neuen Klamotten sorgen, abgemacht, und keine Widerrede!«

Sie kauften, ganz nach dem letzten Schrei, ein knappes Bikini-Oberteil aus Leder, weiße Shorts, ein schwarzes Westchen und schmale, hochgeschnürte Leinenstiefel. Faith gefiel sich in dem neuen Kalifornien-Look so gut, daß sie die Sachen gleich anbehielt und das etwas flaue Gefühl im Magen in Kauf nahm, das ihr der Gedanke an ihren Vater und seine zu erwartende Reaktion verursachte. Sie kannte ihn gut genug, um zu wissen, daß er diesen neuen Aufzug seiner Tochter schrecklich finden würde…

Zuhause, nachdem sie sich von Cheryl verabschiedet hatte, kam sie auf die schlaue Idee, sich einfach einen Arbeitskittel, den sie in der Garderobe fand, darüberzuziehen.

Im Wohnzimmer traf sie nicht nur ihren Vater an, sondern auch einen Fernsehmechaniker, der eine Kabelrolle unter dem Arm trug.
»Ich kann überhaupt nicht begreifen«, bemerkte Willy, »wer das Kabelfernsehen bestellt hat.«
»Haben wir eben Glück gehabt – wahrscheinlich«, ließ sich Faith etwas unsicher vernehmen.
Jetzt erst fiel ihm die seltsame Verkleidung seiner Tochter auf.
»Wieso trägst du denn plötzlich einen Kittel?«
Verlegen lachte sie ihn an. »Ach, weißt du«, erklärte sie gedehnt, »das ist bloß ein Kittel aus der Schule, genaugenommen aus der Chemieübung. Wir haben da herumexperimentiert, und ich wollte meine neuen Klamotten nicht gleich schmutzig machen.«
Im gleichen Augenblick erschrak sie über ihre eigene Dummheit. Warum hatte sie die neuen Sachen erwähnen müssen? Willy wurde sofort mißtrauisch. »Welche neuen Klamotten? Laß doch mal sehen!«
»Ach Paps«, versuchte sie abzuwiegeln, »du willst sie eigentlich gar nicht sehen. Ist bloß so'n Krempel, wie ihn hier alle jungen Leute tragen. Hab's mit Cheryl zusammen gekauft...«
»...laß sehen«, beharrte Willy, »kann ja so schlimm nicht sein, daß dein Oldie das nicht mal anschauen darf.«
Faith wußte, daß es jetzt kein Entrinnen mehr gab. Warum bin ich blöde Kuh auch ins Wohnzimmer gegangen, schimpfte sie mit sich selbst, jetzt muß ich Farbe bekennen. Umständlich zog sie den Kittel aus und stand nun in ihrer ganzen Leder- und Schnürstiefelpracht vor ihm.
Willy erstarrte. »Also mit *diesen* Klamotten kannst du niemals das Haus verlassen!« fuhr er sie an.
»Aber Paps, *alle* tragen hier sowas, das ist gar nichts Besonderes!«
»Schon möglich. Aber meine Tochter trägt nicht so offenherziges Zeug, meine Tochter nicht!«

»Okay, ich geh' hoch und zieh' mich um...«
»... und bringst die Sachen zurück ins Geschäft.«
Faith sagte dazu nichts. Lebhaft, um den Vater auf andere Gedanken zu bringen, schilderte sie ihre erste Ballettstunde und lenkte dann geschickt über zu der geplanten Unternehmung mit Cheryl.
»Erlaubst du, daß ich mit Cheryl und ihren Eltern am Wochenende nach San Diego fahre? Wir wollen zum Sea World, das Meerwasser-Aquarium mit den Delphinen und Walen anschauen.«
»Klingt nicht schlecht. Aber wo werdet ihr übernachten?« fragte er besorgt.
»In irgendeinem Hotel, von Samstag auf Sonntag. Dann machen wir Brunch und fahren wieder heim.«
Willy war einverstanden. Im Grunde freute er sich über Faith' Aktivitäten. Sie schien den Wechsel von Deutschland in die USA bereits geschafft zu haben und sich in ihrer neuen Umgebung mühelos einzuleben.
»Vielleicht unternehme ich dann irgendwas mit Johanna, wenn du nicht da bist«, erklärte er, »aber um nochmal auf das Kabelfernsehen zu kommen, ich kapiere einfach nicht, wer das in Auftrag gegeben hat. Johanna jedenfalls weiß von nichts.«
Faith wandte sich zur Tür. »Wie sagt man so schön? Einem geschenkten Gaul schaut man nicht ins Maul...« Und weg war sie.
Willy schüttelte den Kopf. »Vergiß nicht, dich umzuziehen!« rief er hinterher, was sie geflissentlich überhörte.

»Hast du gesehen, was Faith anhat?« fragte er später Johanna, als sie mit einem Blumenstrauß aus dem Garten kam und sich gerade die Füße abtrat.
»Sieht doch witzig aus«, fand sie, »alle jungen Leute hier laufen so rum.«
»Also hältst du zu ihr. Hätte ich mir ja denken können. Das eine will ich dir nur sagen: ein Teil dieses neuen Lebensstils gefällt mir gar nicht.«
Seelenruhig stellte Johanna die Blumen in eine Vase.

»Kommt Zeit, kommt Rat, Willy. Und nun reg' dich mal nicht über solche Kinkerlitzchen auf!«
»Was heißt das: Kinkerlitzchen?« fragte er betont höflich und mit einem scheinbar so interessierten Gesichtsausdruck, als müsse es sich um ein wissenschaftliches Wort aus dem Lateinischen handeln.
»Wenn ein vielbeschäftigter, künftiger General sich über ein paar Schnürstiefel aufregt...«
»Wieder etwas gelernt«, brummte er, »und jetzt zum besseren Teil. Unser Sprößling will am Wochenende mit Cheryl und ihren Eltern nach San Diego. Was hältst du davon, wenn wir zwei uns dafür nach Las Vegas aufmachen?«
»Womit du endlich die Gelegenheit hättest, dein kleines, neues Flugzeug auszuprobieren. Man sieht dir ja förmlich an, wie es dich kribbelt.«
»Also, du kommst mit?«
»Aber sicher. Nur mußt du mir versprechen, schön ordentlich und geradeaus zu fliegen, ohne Kampfmanöver, hörst du?«
Willy schaute so unschuldig und betreten drein wie ein Kind, das eben beim Naschen ertappt wurde.
»Natürlich, geradeaus und ordentlich und ohne Kampfmanöver...
Mein Gott, Johanna, – was waren das für Maschinen bei der Armee. Dagegen ist unser kleiner Vogel hier – ein Kinkerlitzchen.«
Sie mußten beide lachen.
»Immerhin, mein Schatz«, beendete Johanna das Gespräch, »immerhin ist es *unser* Vogel, und der Flug wird bestimmt phantastisch!«

Auf dem Flughafen von Santa Monica herrschte reger Flugverkehr, als Willy seine neue Cessna 172 startklar machte. Johanna, die sich nicht ihrem Reisefieber überlassen, sondern irgend etwas tun wollte, polierte mit einem Wachs die Tragflächen und unterhielt sich nebenbei mit Faith und Cheryl, die gekommen waren, um sich zu verabschieden.

»Wir dürften schon in Las Vegas sein, bevor ihr nach San Diego kommt«, meinte sie, »vergeßt nicht, wir wohnen im Golden Casino Hotel – ruft uns auf jeden Fall gleich an.«

»Tun wir, Mom, kannst dich drauf verlassen.«

Willy, der die Tanks kontrolliert hatte, putzte sich seelenruhig mit seinem Taschentuch die ölverschmierten Hände ab. Johanna bemerkte es entsetzt, sagte aber nichts. Sie war ängstlich genug vor dem Flug, jetzt wollte sie nicht auch noch den Flieger aufregen...

»Wir müssen los, Johanna«, erklärte er, und man sah ihm an, daß er sich auf die Unternehmung freute, »laut Flugplan soll ich in vier Minuten in der Luft sein.«

Etwas blaß stieg sie ein. »Tschüs, und paßt gut auf euch auf!« rief sie den beiden Mädchen zu, die unten standen und winkten. Ihre weiteren Worte wurden vom Dröhnen des Motors verschluckt. Der Propeller begann sich zu drehen, und zuerst langsam, dann immer schneller setzte sich das Flugzeug in Bewegung.

Cheryl hakte sich bei Faith unter. »Nach meinen, finde ich, hast du die zweitbesten Eltern, so unternehmungslustig und jung in ihrer Art.«

Faith lachte. »Also ich glaube, meine Mutter fühlt sich in dem kleinen Vogel nicht so wohl, und dann auch noch vom eigenen Mann gesteuert... Hast du nicht gesehen, wie blaß sie war, als sie einsteigen mußte?«

»Trotzdem hat sie's gemacht! Und sie hat sogar versucht, tapfer zu lächeln.«

»Stimmt. Ich bin ja auch riesig zufrieden mit meinen beiden Oldies. Auch wenn mein Paps manchmal sehr konservativ ist und sich zum Beispiel mit meinen neuen

Klamotten überhaupt nicht anfreunden kann.«
»Das kan meiner auch nicht, Kindchen, da sind die Männer älteren Jahrgangs alle gleich bescheuert.«
An der nächsten Bude kauften sie sich eine riesige Eistüte, bevor sie sich vergnügt auf den Rückweg machten, um ihre eigene Wochenendreise vorzubereiten.

Das Outfit der beiden Mädchen unterschied sich in nichts von dem der anderen jungen Leute im Sea World Park; dafür hatte Cheryl gesorgt, und sie war stolz darauf. Nun betätigte sie sich als Fremdenführerin, zerrte die Freundin von einer Attraktion zur anderen und genoß es sichtlich, sie unentwegt in Erstaunen zu versetzen. Faith, mit einer Polaroid-Kamera bewaffnet, machte pausenlos Bilder, um sie später ihren Eltern zu zeigen und sie möglicherweise auch einmal hierher zu locken. Vor einer Gruppe grellbunt kostümierter Tänzer, die sich zu heißen Jazz-Rhythmen bewegten, blieben sie etwas länger stehen, und Cheryl meinte:
»Das kann ich schon genausogut, vielleicht sogar besser und fetziger.«
»Wahrscheinlich hast du recht.«
Cheryl fuhr hoch. »Was heißt wahrscheinlich? Also hör' mal, du bist aber eine Freundin! *Natürlich* habe ich recht!«
»Wollte ich ja auch sagen«, bestätigte Faith, »ich hab' mich nur falsch ausgedrückt, Madamchen.«
»Das hoffe ich«, lachte Cheryl, »wenn *du* mich nicht für die Größte hältst, wer denn dann?«
Und schon zerrte sie Faith weiter zur Wal-Show, wo die Tiere mit ihren Riesenflossen das Publikum unter Wasser setzten.
Die anschließend folgende Delphin-Show erwies sich schon allein deshalb als eine ganz besondere Attraktion, weil der Delphin-Trainer, ein bildhübscher junger Mann, sich für die beiden Mädchen interessierte. Galant geleitete er Faith auf das Sprungbrett, reichte ihr einen Reifen, und im nächsten Augenblick schon sprang ein

Delphin hindurch. Die Zuschauer klatschten begeistert, Faith machte übermütig einen Ballerina-Knicks, und schon zogen die Mädchen weiter, sehr zum Kummer des jungen Mannes, der sie gerne noch etwas beschäftigt hätte.

»Man soll die Boys nicht verwöhnen«, erklärte Cheryl, »sich rar machen ist immer noch das beste Rezept.«

»Das sagt mein Daddy auch.«

Bei dieser Bemerkung kicherte Faith boshaft, denn sie wußte, wie Cheryl reagieren würde.

»Also, das halt' ich ja im Kopf nicht aus!« schnaubte sie prompt, »mich mit deinen Altvorderen zu vergleichen...«

»...ich denke, du findest sie toll?«

»Klar doch, aber diese Grufties sind doch alle uralt und altmodisch – in gewisser Beziehung. Jedenfalls von den erotischen Beziehungskisten Mann zu Frau verstehen sie doch schon gar nichts!«

Faith blieb stehen und schaute Cheryl belustigt an.

»Immerhin haben sie mal geheiratet, also waren sie doch wohl auch verliebt, oder wie siehst du das?«

»Aber geknistert hat es bestimmt nie, das schwöre ich dir; dieses Knistern und Blitzeinschlagen...«

»...du meinst, das gibt es erst seit heute?«

»Also auf jeden Fall niemals bei unseren Eltern!«

Damit war für Cheryl das Thema erledigt, und sie zerrte Faith weiter zu einer Pflastermalerei, einer Riesenlandkarte der Vereinigten Staaten. Cheryl steuerte geradewegs den Hafen von New York an, um sich als Freiheitsstatue zu präsentieren.

»Wenn jetzt Leute in New York ankämen«, bemerkte Faith trocken, »die dich so stehen sähen, würden sie vor Schreck sofort wieder abdampfen.«

»Junge Frau, Sie haben eben keinen Sinn für das Höhere«, ließ sich die Statue vernehmen, »vor Ihnen zu posieren, hieße Perlen vor die Säue zu werfen.«

»Also, wirf sie nicht weiter vor die Säue, sondern komm zum Telefon da vorn, ich muß meine Eltern anrufen.«

Wie von der Tarantel gestochen rannte Cheryl davon. »Damit uns keiner zuvorkommt«, rief sie zurück und stürmte das Telefonhäuschen. Während Faith in ihrer Westentasche noch den Zettel mit der Telefonnummer suchte, hielt sie ihr schon den Hörer entgegen.
»Ruf' an, dann können wir das Thema Eltern abhaken.«
Johanna war sofort am Apparat. »Gott sei Dank, daß du anrufst, mein Liebes, ich habe mir schon Sorgen gemacht.«
»Warum denn, Mama, es geht uns bestens, und wir sind quietschfidel. Wie war der Flug mit Paps?«
»Wahrscheinlich ganz schön«, berichtete Johanna etwas kleinlaut, »aber du weißt ja, ich bin nicht gerade ein Held in den Lüften.«
Faith mußte lachen. »Und sowas ist mit einem Luftwaffen-Oberst liiert.«
»Verheiratet, wenn ich bitten darf.«
Cheryl, die mitlauschte, nickte heftig.
»Da hörst du's«, flüsterte sie, »wie altmodisch die sind.«
»Bist du noch da, Faith?« fragte Johanna am anderen Ende der Leitung.
»Ja, Mom, ich freu' mich auf morgen, es gibt furchtbar viel zu erzählen.«
»Paß gut auf dich auf, hörst du?«
Faith versprach es. Als sie eingehängt hatte, entdeckte sie ganz in ihrer Nähe den attraktiven Delphin-Trainer, der sich mit einem Kollegen unterhielt, gleichzeitig aber herüberblinzelte. Cheryl hatte sich bereits dort aufgestellt, erwiderte seine Blicke und lächelte verführerisch – so gut sie konnte.
»Cheryl«, fauchte Faith entsetzt, »also weißt du!«
Doch die war bereits nicht mehr zu bremsen, sie zog Faith mit sich fort, baute sich vor den beiden jungen Männern auf und verabredete sich mit ihnen für den Abend. Ehe Faith richtig begriff, was sich soeben zugetragen hatte, hüpfte Cheryl schon wieder vor ihr her in Richtung Hotel.
»Ich glaube, der Delphin-Trainer liebt mich«, erklärte

sie, »und das muß man doch nutzen, in dieser ereignislosen Jugendzeit.«
»Oh Cheryl, ich glaube, du bist verrückt geworden, mit dir nimmt der Streß ja kein Ende.«
»Streß ist gesund, Kindchen, er sorgt für Adrenalin. Und das hast du mir zu verdanken, du Glückspilz.«
Faith nickte sorgenvoll. »Da magst du wohl recht haben.«
Bevor sie sich später für die Verabredung zurechtmachten, streckten sie sich noch ein wenig auf ihren Betten aus. Noch einmal meldete Faith ihre Bedenken an.
»Bist du sicher, daß du das heute nacht machen willst?«
»Nichts kann mich davon abhalten«, lautete die klare Antwort.
Faith seufzte tief. »Na ja, wenn's denn sein muß...«
»Es muß sein, da gibt es kein Entrinnen.«
»Einen Sack Flöhe zu hüten, dürfte leichter sein, als dich an irgendwelchen Typen vorbeizuschleusen.«
»Das sind nicht irgendwelche Typen, Kleines, das sind Klassejungs, hübsch und knackig zum Anbeißen.«
Schon sprang sie auf, denn sie konnte es nicht abwarten, sich in ihre Tanzklamotten zu werfen.
»Mit gefangen, mit gehangen«, jammerte Faith und suchte ebenfalls ihre Siebensachen zusammen.
Später, im Lift, versuchte sie es ein letztes Mal.
»Wenn das rauskommt«, meinte sie, »haben wir Probleme mit den Eltern für den Rest unseres Lebens.«
»Und wenn wir nicht gehen, tut es uns leid für den Rest unseres Lebens. Ach, der Junge ist so süß, da kann man doch nicht nein sagen, gib's zu!«
»Hast du nicht behauptet, er liebt dich?«
Etwas verlegen rieb sich Cheryl die Hände. »War vielleicht ein bißchen übertrieben, aber dafür liebt mich möglicherweise sein Freund.«
»Der ist doch viel zu alt, Cheryl!«
»Ach was, du Naseweis, der ist höchstens drei Jahre älter als wir, aber so nett und außerdem – was bedeutet schon das Alter?«

Tatsächlich warteten die beiden Beach-Boys schon in der Halle, der Trainer und sein Freund, beide groß, blond, braungebrannt und guter Dinge.
Was wir tun, ist schlimm, dachte Faith, aber gerechterweise muß ich zugeben: die Kerle sind sympathisch.
»Hallo, da sind wir«, begann Cheryl die Konversation.
»Wir hatten noch keine Gelegenheit, uns vorzustellen«, sagte der Trainer höflich, »ich bin also Gary, und das ist mein Freund Biff. Ich dachte, wir könnten in meinen Privatclub gehen.«
»Ich hatte gehofft, wir würden so etwas tun«, krächzte Faith mit einem Frosch im Hals.
Alle lachten, während sie sich übertrieben laut räusperte. Cheryl hakte sich sofort bei Gary unter und zog ihn hinaus. Faith lief, noch ein wenig befangen, mit Biff hinterher. Doch Befangenheit, das hatte sie in ihrer neuen Heimat längst gemerkt, schien für die amerikanische Jugend ein Fremdwort zu sein. Es waren keine fünf Minuten vergangen, da fühlte sie sich frei und völlig selbstverständlich aufgenommen, als wären sie schon seit Jahren gute Bekannte. Im Club ging es ihr nicht anders. Sie wurden mit Hallo begrüßt, an einen Tisch plaziert, mit allen möglichen Getränken bewirtet und auf die Tanzfläche gezerrt. Cheryl, ganz in ihrem Element, hüpfte herum wie ein kleiner bunter Ball, lachte, alberte und flirtete, was das Zeug hielt. Auch Faith ließ sich rasch von der allgemeinen guten Laune anstecken. Besonders gern tanzte sie mit Gary, der sich nicht nur als ein ausgezeichneter Tänzer, sondern auch als amüsanter Unterhalter erwies. Gegen den Durst trank sie Orangensaft, Champagner und ein köstlich schmeckendes Mixgetränk nach Art des Hauses.
»Vorsicht, Faith«, rief Cheryl ihr zu, »dieses Durcheinandertrinken ist teuflisch!«
Doch die Freundin hob nur das Glas und prostete ihr zu. Wieder wurde sie von Gary, der ihr etwas ins Ohr flüsterte, auf die Tanzfläche gezogen. Sie nickte einverständlich, lachte ihn an, und schon stürzten sich beide in

einen so wilden, explosiven Tanz, daß alle anderen sofort die Tanzfläche räumten und begeistert Beifall klatschten.

»Sind sie nicht ein schönes, ein wunderbares Paar?« stöhnte Cheryl hingerissen, und Biff stimmte ihr zu.

Lange nach Mitternacht ließen sie sich von ihren Kavalieren ins Hotel bringen, und wenn es Faith nicht so schrecklich übel gewesen wäre, hätte sie von den vergangenen Stunden in den höchsten Tönen geschwärmt. So aber verabschiedete sie sich nur mit einem etwas gequälten Lächeln – was Gary und Biff in Anbetracht ihrer grünlichen Gesichtsfarbe verstanden –, um möglichst schnell in ihr Badezimmer zu kommen.

»Oh Gott, was ist mir schlecht«, jammerte sie, und schon beugte sie sich über die Toilette und erbrach.

Cheryl, die auf dem Bett saß und sich das Elend anhörte, raufte sich die Haare.

»Du bist aber auch vielleicht ein dummes Huhn! Ich hab' dir doch gesagt, du sollst nichts durcheinander trinken! Aber hörst du auf mich? Nein, natürlich nicht. Dafür schau' dich jetzt an!«

»Ach, halt die Klappe!« keuchte Faith, »siehst du nicht, daß ich hier fast sterbe?«

In diesem Augenblick klopfte es an der Verbindungstür zum anschließenden Zimmer. Es war Cheryl's Mutter, die sich Sorgen machte.

»Habt ihr irgendwelche Schwierigkeiten da drüben?« fragte sie leise, um ihren Mann nicht aufzuwecken.

»Nee, keine!« beeilte sich Cheryl, ihre Mutter zu beruhigen. Unter keinen Umständen durfte sie jetzt hereinkommen, denn ihre Tanzkleider hätten sie verraten.

»Also mach' dir nur keine Sorgen, Mami!«

»Hört sich so an, als ob sich jemand übergeben müßte. Bist du es, Cheryl?«

»Nee, Mami, Faith hat irgendwas gegessen, was ihr nicht bekommen ist, weiter nichts.«

Doch Frau Dryer wollte sich noch nicht so recht beruhigen. »Am besten, ich komme mal schnell rüber und

schaue nach, vielleicht kann ich ja helfen oder was besorgen…«
Jetzt schaltete sich auch Faith ein. Sie holte tief Luft und meinte tapfer: »Ist schon gut, Frau Dryer, es geht mir schon viel besser, wirklich, Sie können ganz unbesorgt sein!«
»Na, wenn du meinst. Also gut, dann bis morgen früh, und schlaft mal schön.«
Erleichtert atmeten die beiden Mädchen auf.
»Das ist knapp an der Katastrophe vorbeigegangen«, flüsterte Cheryl, »aber ein dummes Huhn findet auch ein Korn und macht manchmal ganz gescheite Sachen.«
»Erstens heißt es nicht dummes, sondern blindes Huhn, und zweitens bin ich nicht dumm, nur weil ich mal ein bißchen über den Durst getrunken habe, und drittens war's trotzdem ein toller Abend.«
Seufzend fiel Faith in ihr Kissen zurück, und während sie die letzten Stunden im Club noch einmal in Gedanken an sich vorüberziehen ließ, schlief sie ein.

Als sie am nächsten Tag die Rückreise antraten, zogen die ersten Wolken am Himmel auf.
»Da hatten wir aber wirklich Glück«, bemerkte Frau Dryer zufrieden, »die ganze Zeit strahlende Sonne, und jetzt, wo wir sie nicht mehr brauchen, verabschiedet sie sich.«
»So wie wir«, jammerte Cheryl, »und dabei würde ich dieses Wochenende am liebsten noch einmal erleben; ach, was sage ich, hundertmal…«
»…ich auch«, unterbrach sie Faith, und dann flüsterte sie ihr ins Ohr: »Nur auf die Spuckerei könnte ich verzichten.« Cheryl kicherte. »Das glaub' ich dir gern, du kennst eben die Gefahren der sündigen Großstadt nicht, du armes Ding vom Land!«
Leise tuschelten sie noch über Gary und Biff, von denen sie sich heute früh mit vielen Versprechungen, sich bald wieder sehen zu lassen, verabschiedet hatten; dann setzten sie ihren Walkman auf und versanken in ihre Träume.

Als Herr Dryer spätabends vor Williams' Haus anhielt, zuckten die ersten Blitze, die Bäume wurden von einem plötzlich aufkommenden Sturm geschüttelt, und im nächsten Augenblick schon setzte ein heftiger Regenguß ein. Da an der Eingangstür kein Licht brannte, was darauf schließen ließ, daß Willy und Johanna noch nicht zurück waren, schlug Frau Dryer Faith vor, bei ihnen zu übernachten und den Eltern, damit sie sich nicht sorgten, eine Nachricht auf dem Anrufbeantworter zu hinterlassen. Doch Faith, noch immer ganz erfüllt von ihren Erlebnissen, wollte auf die Eltern warten, um ihnen sofort alles erzählen zu können.
»Es ist besser so, Frau Dryer«, erklärte sie, »dann kann ich etwas zum Essen für sie vorbereiten und die Läden schließen.«
»Bist eine gute Tochter«, mischte sich Herr Dryer ein, »und jetzt werden wir tapfer dem Wetter trotzen und dein Gepäck aus dem Kofferraum holen.«
Sie sprangen aus dem Wagen, Faith verabschiedete sich schnell, nahm ihre Tasche in Empfang und jagte, vom Regen gepeitscht, dem schützenden Hauseingang zu.
»Komm' morgen früh pünktlich um halb acht rüber«, rief Cheryl ihr noch durch die heruntergekurbelte Scheibe zu, »wir dürfen nicht zu spät kommen, sonst gibt's Ärger!«
»Verstanden«, rief Faith zurück, »und nochmals tausend Dank!«
Langsam setzte sich der Wagen in Bewegung, und sie schaute ihm nach, bis seine Rücklichter in der Dunkelheit verschwanden.
Noch immer prasselte der Regen, Blitze zuckten, das Grollen des Donners wurde lauter, und der Wind rüttelte an den Fensterläden. Faith schloß die Haustür auf. Vielleicht sind sie ja doch da und haben nur vergessen, draußen das Licht anzumachen, dachte sie mit einem winzigen Funken Hoffnung.
»Ich bin wieder da!« rief sie und knipste das Licht im Wohnzimmer an, »ist das vielleicht ein Empfang?«

Da niemand antwortete, ging sie zum Telefon und hörte den Anrufbeantworter ab. Gott sei Dank meldete sich sofort Johannas Stimme.
»Hallo, Faith, hier ist Mami. Wir sind zu spät losgekommen, brauchst nicht zu warten, bis wir da sind. Es kann sehr spät werden. Du hast doch morgen Schule und solltest ausgeschlafen sein. War's schön bei euch? Tschüs, mein Liebling!«
»Tschüs, Mom«, flüsterte Faith, »aber ich geh' nicht ins Bett, bevor ihr da seid.«
Sie schaute durch die Terrassentür in den tiefschwarzen, immer nur für Sekunden von Blitzen erhellten Himmel, sah, wie im Sturm die Bäume sich bogen und der Regen gegen die Scheiben prasselte. Erst als sie die Läden geschlossen und das Fernsehgerät angestellt hatte, breitete sich die gewohnte Behaglichkeit in den Räumen aus, und sie konnte nun in aller Ruhe in der Küche etwas zum Essen vorbereiten.
Später ließ sie sich auf die Couch fallen, schaltete sich mit Hilfe der Fernbedienung kurz durch mehrere Programme und blieb schließlich an einem alten Schwarzweiß-Film mit dem Titel »König der Lüfte« hängen, der soeben anfing.
»Aus dem endlos weiten Westernhimmel kommt der König der Lüfte«, verkündete ein Sprecher; und schon tauchte ein zweimotoriges Flugzeug auf, das sich über der Sandwüste von Arizona in Richtung Gran Canyon bewegte. Das leise Brummen des Flugzeugs und die monotone Stimme des Sprechers vermischten sich für Faith zu einer so gleichmäßigen Geräuschkulisse, daß ihr langsam die Augen zufielen und sie einschlummerte...
Doch es wurde ein unruhiger Schlummer. Irgend etwas passierte, zwei Leute unterhielten sich, ein Mann versuchte ein Kind zu beruhigen, Blitze zuckten, Donnerschläge krachten; Faith in ihrem Halbschlaf registrierte das alles wie ein chaotisches, völlig aus den Fugen geratenes Theaterstück.

»Was ist passiert?« schrie das Kind.
»Der Motor hat ausgesetzt«, erklärte der Mann, »ich muß versuchen, irgendwo zu landen.«
»Aber unter uns ist kein einziges ebenes Fleckchen Erde«, schrie das Kind wieder, »wir sind mitten im Gebirge!«
»Mach' dir keine Sorgen, Penny«, erwiderte der König der Lüfte, »ich schaff' das schon!«
Ein durchdringendes, schrilles Signal ließ Faith entsetzt hochfahren.
»Was ist jetzt?« schrie das Kind.
»Das ist die Absturzwarnung, Penny, ich versuche, das Flugzeug in der Luft zu halten.«
Faith starrte auf den Fernsehapparat, als erlebte sie einen Alptraum. Das Flugzeug verschwand plötzlich hinter dem hohen Berg – draußen explodierte ein gebündelter Blitz. Draußen oder auf dem Bildschirm?
Faith griff sich an die glühendheiße Stirn, ihr Herz pochte zum Zerspringen. Sie schaute zu einem Bild ihres Vaters, das auf Johannas Schreibtisch stand.
»Sich nie der Angst überlassen«, hatte er ihr beigebracht, »sondern sich immer beschäftigen und handeln!«

Die Cessna 172 wurde von einem wütenden Sturm geschüttelt. Rechts und links zuckten Blitze, verwandelten sich im dichten Nebel zu heimtückischen, diffusen Lichtfratzen. Ein Warnsignal ertönte.
»Was war das?« rief Johanna, die am ganzen Körper zitterte. »Ach nichts«, beruhigte sie Willy, »das war bloß der Vergaser.«
»Ich finde das Signal entsetzlich, Willy, ich habe Angst!«
»Mußt du nicht haben, Schatz, es war ja schließlich nicht die Absturzwarnung, und...«
»...was würde das bedeuten?« unterbrach sie ihn.
»Wenn die ertönt, ist das Flugzeug nicht mehr steuerbar.«
»Es wäre das Ende?«
Willy antwortete nicht.
»Wir hätten rechtzeitig starten sollen«, fuhr sie fort.
»Ging doch nicht, Johanna, wir bekamen ja keine Starterlaubnis.«
Eine Weile schwiegen sie. Willy hatte alle Hände voll zu tun, seine Maschine unter Kontrolle zu halten, Johanna versuchte zu beten. Doch ihre Gedanken, gepeinigt von unerträglicher Angst, ließen sich weder ordnen noch auf einen ruhigen Punkt hin konzentrieren. Wie ihr Flugzeug wurden sie willkürlich hin- und hergeworfen, hefteten sich an Bilder, Erinnerungen, an Faith, immer wieder an Faith, an die vergangenen Tage in Las Vegas und schließlich an die Frage, ob sie sich um diesen Preis gelohnt haben. Wie hoch würde der Preis sein? Sie begann diese Frage zu bekämpfen wie einen Feind, der bereits Hand angelegt hatte...
»Wir hätten den Trip nicht machen sollen«, sagte sie leise.
Er schaute kurz zu ihr herüber. »War aber doch schön, unser...«
Seine weiteren Worte gingen in einem ohrenbetäubenden Krach unter. Das Leitwerk, fuhr es Willy durch den Kopf, das Leitwerk ist abgebrochen.

Es klang wie das schrille, alles zertrümmernde Gelächter eines Gespenstes, als die Absturzwarnung ertönte.

Faith saß zusammengekauert neben dem Telefon. Inzwischen war es zwei Uhr geworden. Sie hatte im ganzen Haus die Lichter angeknipst, hatte den Eßtisch gedeckt und ein gutes Essen gekocht. Als es jetzt an der Haustür klingelte, kroch eine eisige Kälte in ihr hoch. Mit schweren Schritten, als hätte sich eine beginnende Lähmung ihrer Beine bemächtigt, machte sie sich auf den Weg zur Tür.
»Wer ist da?« hörte sie ihre Stimme, die so gepreßt klang, daß sie ihr fremd schien.
»Wohnt hier Familie Williams?«
»Ja – wer ist da?«
»Ist Ihr Vater Oberst Williams?«
»Ja.«
Faith mußte sich an die Wand lehnen, weil ihr schwindelig wurde.
»Wer sind Sie?«
»Ich bin Polizeikommissar Brennan, Fräulein Williams, kalifornische Autobahnstreife.«
»Was wollen Sie?«
»Kann ich hereinkommen, Fräulein Williams? Wenn Sie durch den Spion schauen, zeige ich Ihnen meine Polizeimarke und den Ausweis.«
Fast mechanisch tat Faith, wie ihr geheißen wurde, sah den Ausweis und öffnete die Tür. Ein großer, grauhaariger Mann trat ein, mit nasser Uniform und nassen Schuhen; er lächelte gequält, während er seinen Ausweis wieder in der Jackentasche verstaute.
»Es fällt mir schwer«, begann er schließlich, und er suchte mühsam nach Worten, »es fällt mir verdammt schwer, Ihnen das beibringen zu müssen, Fräulein Williams, aber da war ein Flugzeugabsturz in der Nähe von Big Bear. Das Flugzeug war zugelassen auf Ihren Vater, und...
»...meine Eltern sind sicher unverletzt?« unterbrach ihn

Faith, und als der Mann zögerte, wiederholte sie ihre drängende Frage: »Sie sind sicher unverletzt? Antworten Sie doch!«

Brennan räusperte sich. »Es gab keine Überlebenden«, sagte er mit rauher Stimme, »außerdem wurden durch das abstürzende Flugzeug noch drei weitere Personen, die sich in einer Hütte befanden, getötet.«

In Faith' Ohren begann es zu rauschen, die Stimme des fremden Mannes wurde leise und zittrig, wie bei einer schlechten Telefonverbindung; die Gegenstände vor ihren Augen, die Tür, der Spiegel, der Garderobentisch davor, die alte Wanduhr, all diese vertrauten Gegenstände begannen sich auf eine seltsam schaukelnde Weise zu bewegen, ineinander zu verhaken und in bizarren, verunstalteten Formen wieder voneinander zu lösen. Entsetzt schloß sie die Augen, griff nach der Wand, griff ins Leere, tappte über den schwankenden Boden ins Wohnzimmer und sank auf die Couch.

»Nein«, flüsterte sie, »nein, Sie haben die falsche Zulassungsnummer, natürlich haben Sie die falsche Zulassungsnummer. Mein Vater ist ein Meister im Fliegen von Kampfflugzeugen.«

Brennan, der ihr gefolgt war und sich einen Stuhl herangezogen hatte, schüttelte den Kopf.

»Ich bedaure«, sagte er, »da gibt es leider keinen Irrtum.«

Faith hatte auf einmal das Gefühl, als breche in ihrem Innern ein Tumult los wie auf einem Kriegsschauplatz. Unzählige Stimmen bedrängten sie, schrien durcheinander, aufgeregt, schrill, gaben ihr den Befehl, sich zu wehren, nichts hinzunehmen, zu protestieren...

»Also«, sagte sie laut, »Sie sollen nichts bedauern, Sie sollen nur Ihren Fehler korrigieren und herausfinden, wem das Flugzeug gehört, das da abgestürzt ist!«

Sie sprang auf und trommelte mit den Fäusten auf ihn ein.

»Das ist ein Irrtum, hören Sie? Sie können nicht tot sein, meine Eltern können nicht tot sein!«

Verzweifelt sank sie in sich zusammen und riß dabei den Anrufbeantworter mit sich zu Boden. In ihrer Not umklammerte sie das Gerät, als könne es ihr Halt und Hilfe geben.
»Es geht ihnen gut«, weinte sie, »hier auf dem Anrufbeantworter geht es ihnen gut, überzeugen Sie sich doch!«
Das Elend des jungen Mädchens schnürte dem Kommissar fast die Kehle zu. Im Laufe seines langen Berufslebens hatte er sich noch immer nicht an diese Situationen gewöhnt, er würde sich vermutlich nie daran gewöhnen. Im Gegenteil, er hatte den Eindruck, als fiele es ihm von Mal zu Mal schwerer, dieses Überbringen von schrecklichen Nachrichten, die bei den Betroffenen binnen weniger Sekunden eine Welt zusammenbrechen ließen.
»Wen kann ich denn anrufen«, fragte er leise, »wer kann hierher kommen? Sie sollten jetzt auf keinen Fall alleine bleiben.«
Faith hörte ihn nicht mehr. Sie kauerte auf dem Boden, starrte auf den Anrufbeantworter, und in ihrem Gedankenchaos lösten Blitz und Donner eine Explosion nach der anderen aus.

Ein strahlend blauer Himmel wölbte sich über die Stadt, die Blätter in den Bäumen wurden von einem leisen Wind bewegt. Schon seit Tagen deutete nichts mehr auf das nächtliche Unwetter hin, es war so unwirklich und bedeutungslos geworden wie ein schlechter Traum. Nur für Faith hatte es nichts von seiner Bedeutung verloren; für sie war es zum entscheidenden Wendepunkt ihres Lebens geworden, der durch keine List der Welt hätte rückgängig gemacht werden können. Es galt für immer Abschied zu nehmen von den beiden Menschen, die ihr alles bedeutet hatten, die für sie die Garanten für Glück, Erfüllung und Geliebtwerden gewesen waren, und schließlich für eine Zukunft, die sie niemals hatte zu fürchten brauchen.

Still stand sie am Grab, mit trockenen Augen, weil der Schmerz sich nicht mehr in Tränen auflösen ließ. Lange stand sie da, allein, denn der Geistliche war inzwischen gegangen, und Dryers warteten am Rande des Friedhofs in ihrem Auto. Was ihr in den letzten Tagen trotz aller Mühe zu keinem Zeitpunkt gelungen war, nahm hier am Grab, in der Stunde der endgültigen, sichtbaren Trennung, zum ersten Mal seinen Anfang: Sie konnte in einen inneren Dialog mit ihren Eltern treten. Sie konnte sie ansprechen, ihnen für unendlich vieles danken, für manches Abbitte leisten, und vor allem ihren Rat suchen. Und sie hörte ihre Antworten so klar und bestimmt, als säßen sie sich wie immer zu Hause gegenüber am Frühstückstisch. Diese stille Unterhaltung schürte ihren Schmerz und besänftigte ihn zugleich.

Zärtlich streichelte sie schließlich die Erde und legte einen Strauß wild gewachsener Herbstblumen darauf, die sie im Garten gepflückt hatte. Dann wandte sie sich um, verließ langsam den Friedhof und stieg in das Auto der Dryers. Cheryl legte ihren Arm um die Freundin. »Du bist nicht allein«, sagte sie leise, »du kannst dich ganz fest auf uns verlassen.«

Frau Dryer, die vorne neben ihrem Mann saß, wandte sich zu den beiden Mädchen um.

»Cheryl hat recht, wir werden immer für dich da sein – aber das weißt du ja sowieso.«
Faith lächelte. »Was hätte ich in den letzten Tagen ohne Sie gemacht? Sie haben ja praktisch alles geregelt, was so eine Katastrophe mit sich bringt. Ich weiß gar nicht, wie ich Ihnen danken soll.«
Herr Dryer schüttelte den Kopf. »Du beschämst uns, Faith, für so eine Selbstverständlichkeit gibt es doch nichts zu danken.«
»Und ab jetzt wohnst du ganz bei uns«, erklärte Cheryl mit einem verhaltenen Jubel in der Stimme, »du glaubst gar nicht, wie ich mich darauf freue, dann hab' ich gleichzeitig eine Freundin und eine Schwester.«
»Wir müssen nur noch das Vormundschaftsamt davon überzeugen«, wandte Herr Dryer ein, »und das kann durchaus eine harte Nuß werden, soweit ich informiert bin.«
Empört fuhr seine Frau hoch. »Ich möchte mal wissen, wovon die überzeugt werden müssen! Wir lieben Faith, und wir wollen es ihr so schön wie nur möglich machen…«
Beschwichtigend legte er seine Hand auf ihren Arm. »… ich bin ja ganz deiner Meinung, Liebling, aber Behörden sind schwerfällig und zäh, verstehst du? Denen sind irgendwelche verstaubten Paragraphen oft wichtiger als das Glück der Leute, um die es geht.«
»Du solltest Faith keine Angst machen.«
»Will ich auch nicht. Aber sie soll schon wissen, sie *muß* es einfach wissen, nicht wahr, Faith, daß da zunächst einiges durchzustehen ist.«
»Kann mich gar nicht erschrecken«, entgegnete sie tapfer. Aber es war herauszuhören, daß noch immer Apathie und Resignation mitschwangen.
Bereits seit einigen Tagen durfte Faith bei Dryers das Gästezimmer bewohnen und es sich nach eigenem Geschmack mit ihren persönlichen Sachen einrichten. Sie nahm ganz selbstverständlich am Familienleben teil, soweit sie das wollte, und wenn sie sich zurückzog, ließ

man sie in Ruhe. Cheryl, normalerweise in fast allen Lebenslagen ein Kobold, erwies sich als äußerst sensibel und rücksichtsvoll, weil sie sich offensichtlich mit der Freundin identifizierte. Sie hätte viel darum gegeben, sie nicht mehr traurig zu sehen, aber sie wußte, daß das eine Frage der Zeit sein würde.
»Ach Mom«, sagte sie am Abend des Begräbnisses, »jetzt ist Faith nochmal ganz allein zum Grab gegangen. Ich hätte sie so gern begleitet, aber sie wollte unbedingt allein sein.«
Frau Dryer strich ihrer Tochter über die Haare. »Laß sie, Cheryl, die Trauer kannst du ihr nicht abnehmen; Faith allein weiß, was sie verloren hat, und sie muß es auch allein schaffen, damit fertigzuwerden. Du kannst ihr nur immer wieder zeigen, daß du für sie da bist.«
»Der Tod ist was Schreckliches, Mom, schrecklich und brutal; wenn ich mir vorstelle, euch wäre sowas passiert...«
»...dann würdest du es auch schaffen, Cheryl, du glaubst gar nicht, wie stark man aus der Not heraus werden kann.«
»Davon ist Faith aber noch weit entfernt.«
»Immerhin geht sie allein zum Friedhof, das ist bereits ein Anfang. Sie stellt sich ihrem Kummer, verstehst du, sie nimmt ihn an. Sie weicht ihm nicht aus, so wie in den Tagen unmittelbar nach der schrecklichen Nacht, als sie nur herumlag und sich das Leben gewissermaßen vom Hals hielt.«
»Ich werde jetzt mein Schachbrett aufstellen, und wenn sie nachher wiederkommt, spiele ich mit ihr Schach, das lenkt ab und beruhigt.« Und schon jagte sie davon.

Faith hatte es im Haus nicht mehr ausgehalten. Seit ihre Eltern auf dem Friedhof lagen, fühlte sie sich auf eine hoffnungslose Weise heimatlos. Sie gehörte nicht mehr in irgendein Haus – auch nicht in ihr bisheriges –, aber sie gehörte auch nicht zu den Toten. Dennoch zog es sie wie mit einer magnetischen Kraft, der sich zu widersetzen sinnlos gewesen wäre, hinaus zum Grab. Sie wollte mit ihnen reden, und sie war noch nicht so weit, daß sie das alles schon auf eine ausschließlich geistige Ebene hätte verlegen können. Deshalb wollte sie bei ihnen sein, in ihrer zu Asche gewordenen leiblichen Nähe. Dieses winzige Angebot der Materie mußte sie wahrnehmen, weil es ihr in ihrer augenblicklichen Verfassung mehr geben konnte als die Idee einer geistigen Verwandlung.

Faith lief gern durch die Dunkelheit. Sie hatte keine Angst, im Gegenteil, sie hätte eine gefährliche Situation gelassen hingenommen, weil Verletztwerden oder Sterben jetzt durchaus eine denkbare Alternative darstellten.

Draußen pulsierte noch das Großstadtleben, doch vor den Toren des Friedhofes machte es jäh halt, als wolle es sich keinesfalls mit der Leblosigkeit einlassen.

Faith empfand die plötzliche Stille als angenehm. Über ihr, am Nachthimmel, glitzerten Sterne, doch die neuen Sternbilder, die sie in letzter Zeit zusammen mit ihrem Vater betrachtet hatte, suchte sie nicht. Das Licht eines Flugzeuges zog dazwischen seine Bahn. Schnell wandte sie den Blick vom Himmel und konzentrierte sich wieder auf den Weg. Auf einer Bank saß eine alte Frau, regungslos; vielleicht schlief sie, vielleicht erinnerte sie sich intensiv an verlorene Zeiten. Und wieder – obwohl sie nun am Grab angekommen war, wohin es sie unaufhörlich gezogen hatte – überkam Faith dieses trostlose Gefühl der Heimatlosigkeit. Gleichgültig, wohin ich gehöre oder nicht gehöre, dachte sie in einem Anflug von Auflehnung, ich will jetzt mit ihnen sprechen. Sie setzte sich auf den frisch eingeebneten Boden und zog die Beine an. Ihr Herbststrauß, soweit sie es im matten Licht einer Laterne erkennen konnte, hatte noch nichts von seiner Frische eingebüßt. Daß ihr weggegangen seid, dachte sie, ist nicht das Schlimme. Schlimm ist, daß ihr nie mehr wiederkommen werdet. Nie mehr. Endgültig vorbei. So wie wir uns gekannt haben, wie wir zusammengehört haben, werden wir uns nicht mehr begegnen, in keiner noch so fernen Zukunft. Ich werde eure Stimmen nicht mehr hören. Nur noch die von Mom im Anrufbeantworter, bis ich begriffen habe, daß es diese Stimme ja eigentlich nicht mehr gibt, daß es konservierte, aufgehobene Worte sind. Ähnlich wird es mir mit den kleinen Familienfilmen gehen, die wir uns immer so gern angeschaut haben: »Faith lernt laufen«, »Faith trainiert für die Ballettstunde«, »Familienausflug an den Starnberger See«, »Bergwanderung Faith mit Paps«, »Johanna erntet Äpfel im Münchner Garten«, »Johanna und Faith beim Picknick«. Bisher stets nur liebe Erinnerungen, jetzt plötzlich belastet mit Wehmut und mit dem Vorwurf, der, weil man nicht weiß, gegen wen man ihn richten soll, ganz und gar ins Leere geht: Wäre alles nicht so schön gewesen, dann wäre jetzt auch das Elend nicht so groß.

»Überlaß dich nicht dem Elend, sondern tu' was, sei aktiv, geh' in die Schule, trainiere wieder«, flüsterte Faith, und sie wußte in diesem Moment, daß es die Worte ihres Vaters waren, die sich in ihr formuliert hatten, und die sie einfach nur nachsprach.

»Hast du während des Absturzes auch gehandelt, Paps?« fragte sie mit einem leisen Lächeln, weil sie die Antwort schon wußte:

»Sicher, bis zur letzten Sekunde habe ich versucht, die trudelnde Maschine irgendwie in den Griff zu bekommen!«

»Und Mom, was hast du in den letzten Sekunden gemacht?«

»Ich habe gebetet, Liebling, und an dich gedacht, verzweifelt an dich gedacht.«

»Warum verzweifelt, Mom?«

»Weil ich wußte, daß wir dich jetzt allein lassen würden.«

»Das ist auch schlimm, Mom«, flüsterte Faith, »aber nur, weil ich euch so liebe und deshalb nicht loslassen kann, nicht, weil ich mein Leben nicht schaffen würde...«

Sie grub die Stiele ihres Straußes noch ein wenig in die Erde, dann erhob sie sich und schlenderte dem großen, schmiedeeisernen Tor zu. Die alte Frau saß immer noch auf der Bank; der kühle Nachtwind schien ihr nichts anzuhaben.

Cheryl hatte ungeduldig auf die Freundin gewartet und war froh, als sie endlich die Haustür gehen hörte. Sofort lief sie ihr entgegen.
»Komm, wir spielen noch eine Partie Schach«, schlug sie vor, »das beruhigt.«
Faith erklärte sich einverstanden. »Und morgen gehe ich wieder mit dir zur Schule«, sagte sie, »und bald auch wieder zum Ballett.«
Cheryl atmete erleichtert auf.

Wie Herr Dryer vorausgesehen hatte, meldete sich in den nächsten Tagen das Vormundschaftsamt. Faith möchte sich bitte innerhalb der auf dem Formular angegebenen Zeiten dort einfinden, lautete der schriftliche Bescheid.
»Gott, wie gräßlich«, jammerte Cheryl, »daß sie zu allem Kummer jetzt durch *das* noch muß!«
»Das schaffe ich, Cheryl«, beruhigte sie Faith, »schließlich gibt es Schlimmeres.«
Herr Dryer, der auf einer kleinen Leiter stand und eine Lampe montierte, unterbrach seine Arbeit und nickte ihr zu.
»Ganz richtig, du schaffst das. Wir bringen dich hin und warten draußen. Und wir sagen denen, daß du bei uns bleibst. Und das wiederholen wir so oft, bis sie zustimmen.«

Faith fühlte sich dann doch etwas beklommen, als sie tags darauf von einem jungen Mann in das Amtszimmer einer Frau Lawrence geführt wurde. Die Ausstattung des Raumes, Mahagonimöbel und in der Ecke das Sternenbanner, ließ darauf schließen, daß Kate Lawrence einen höheren Posten innehatte. Für alle, die sie näher kannten, war es ein offenes Geheimnis, daß Kate Lawrence diesen Posten nicht ihren beruflichen Leistungen, sondern lediglich ihrer körperlichen Freizügigkeit zu verdanken hatte, mit der sie einflußreiche und für Beförderungen zuständige Männer beglückte.
Sie erhob sich hinter ihrem Schreibtisch, eine junge, attraktive Frau mit für ihr Alter auffallend harten Gesichtszügen, begrüßte Faith kühl und geschäftig und bat sie, Platz zu nehmen.
»Fräulein Williams«, begann sie ohne Umschweife, »ich habe beschlossen, Ihren Fall persönlich zu übernehmen. Das bedeutet unter anderem, daß Sie hier nicht als irgendeine Nummer durch die Bürokratie laufen, sondern daß ich meine Hand schützend über Sie halte.«
»Danke«, sagte Faith etwas betreten, aber auch beunru-

higt. Warum baute die Frau sich so groß vor ihr auf? Was wollte sie erreichen?
»Hat man Sie«, fuhr Kate Lawrence fort, »über Ihre Situation aufgeklärt?«
»Ich denke ja, aber ich verstehe immer noch nicht, weshalb ich nicht einfach bei Cheryl Dryer leben kann, ihre Eltern sind doch einverstanden.«
»Das ist uns bekannt, die Eheleute Dryer haben es vorher, als sie im Vorzimmer meiner habhaft wurden, oft genug wiederholt. Aber so einfach liegen die Dinge nicht. Lassen Sie mich das kurz ausführen.«
Faith nickte nur; sie begann sich elend zu fühlen. Das Quentchen Zuversicht und Mut, das sie mit Hilfe der Dryers wiedererlangt hatte, fiel schon in diesen ersten Minuten in sich zusammen.
»Zuallererst«, fuhr Frau Lawrence fort, »muß festgestellt werden, daß die Eheleute Dryer keine staatlich anerkannten Pflegeeltern sind. Dies zu beantragen dauert Monate.« Faith schüttelte ungläubig den Kopf. »Sie haben aber doch gesagt, Frau Lawrence, ich sei für Sie keine Nummer in der Bürokratie. Also könnten Sie mir doch helfen, daß ein solcher Antrag schneller...«
Die Frau winkte ab. »Lassen Sie mich das Problem zu Ende ausführen. Also, die Hinterbliebenen der drei Personen, die durch den Absturz Ihrer Eltern ums Leben kamen, stellen höhere Schadensansprüche, als die Versicherungen abdecken können.«
»Aber warum begnügen sie sich nicht mit der Versicherungssumme?«
»Ich vermute, der Verlust ihrer Angehörigen wird durch die Versicherung nicht hinreichend entschädigt. Jedenfalls hat das Gericht bis zur Klärung des Falles das ganze Anwesen Ihrer Eltern beschlagnahmt.»
»Und was bedeutet das alles?« fragte Faith leise.
»Das bedeutet, Fräulein Williams, daß Sie keinen Pfennig Geld in der Tasche haben, bis der Fall gerichtlich geregelt ist. Da Sie noch nicht volljährig sind, werden Sie zwangsläufig Staatswaise.«

»Um Gottes Willen, was heißt denn das?« fragte Faith mit belegter Stimme, »bin ich jetzt Eigentum des amerikanischen Staates?«
»Das heißt, der Staat kümmert sich um Ihr Wohlergehen. Sie bekommen eine staatlich anerkannte Pflegefamilie zugewiesen, da sonst keine Angehörigen Ihrerseits existieren.«
Faith beugte sich vor. »Kann ich mir aussuchen, bei wem ich leben werde?«
»Nein, Fräulein Williams, wir bestimmen diese Pflegeeltern, die vom Staat bezahlt werden, um Kinder und Jugendliche wie Sie aufzunehmen. Es ist wichtig, daß Sie mir vertrauen. Ihr Wohl ist mir ein persönliches Anliegen. Sollte es irgendwelche Probleme geben, so rufen Sie mich an, und nur *mich.*« Geschäftig öffnete sie den Aktenordner, auf dem in großen Buchstaben »Faith Williams« stand.
»Wollen wir mal sehen, wer für Sie in Frage kommt...«
Faith hörte kaum noch hin. Es ist also wahr, dachte sie, wenn man sagt, daß ein Unglück selten allein kommt, daß eine Misere die nächste und übernächste hinter sich herzieht; sie sind eng und unlösbar miteinander verknüpft. Sie nahm den Namen »Winowsky« wahr, bekam eine Adresse in die Hand gedrückt, aber die Einzelheiten interessierten sie kaum noch. Mochten sie doch machen, was sie wollten – irgendwie würde sie es durchstehen.
Dryers waren empört, als sie erfuhren, daß Faith nicht bei ihnen bleiben durfte. Sofort wollte Herr Dryer noch einmal mit Frau Lawrence sprechen. Sie sei leider nicht mehr abkömmlich, lautete die Auskunft der Sekretärin im Vorzimmer.
»Dann eben nicht«, schnaubte Herr Dryer, »dann stellen wir eben einen schriftlichen Antrag, und zwar umgehend.«
Doch auch die Formulare seien »bedauerlicherweise soeben ausgegangen«, erklärte das Fräulein, wandte sich ab und begann zu tippen.

Auf dem Weg zum Auto weinte Cheryl. »Ich hatte mich so drauf gefreut! Und das ist auch alles absolut hirnrissig. Faith will bei uns leben, und wir wollen sie auch – warum geht das nicht?«
Mitten auf der Straße blieb sie stehen und funkelte ihre Eltern zornig an.
»Weil die Bürokratie ein schwerfälliges Ungetüm ist«, erwiderte Frau Dryer, »und weil sie viel Macht hat...«
»...noch ist nicht aller Tage Abend«, unterbrach sie ihr Mann, »wir werden auf jeden Fall einen Antrag stellen.«
Faith schüttelte den Kopf. »Das hat gar keinen Sinn; bis der durchkommt, bin ich volljährig, in sieben Monaten werde ich achtzehn.«
Auf dem Heimweg, im Auto, als alle ihren Gedanken nachhingen, glaubte Faith wieder die Worte ihrer Eltern zu hören. Beiß dich durch, meinte sie ihren Vater zu hören: Paps hat recht, meldete sich auch ihre Mutter, und denk' immer dran, daß wir dich lieben...
»Ich werde mich da durchbeißen«, sagte Faith laut, und zu Cheryl gewandt: »Wir bleiben trotzdem Freundinnen; das ist doch klar; ich brauche dich jetzt mehr denn je.«

Spätabends packte sie ihre Sachen zusammen. Dabei fiel ihr aus einer bisher noch nicht geöffneten Büchertasche das Tagebuch von Johanna in die Hände. Ob ich's lesen darf? fragte sie sich lächelnd, und schon setzte sie sich auf ihr Bett, zog die Beine an und begann zu blättern. Vor allem die Eintragungen der letzten Wochen, seit ihrem Umzug nach Kalifornien, interessierten sie.
18. September.
Im Flugzeug auf der großen Reise in die neue Heimat. Faith neben mir ist über ihrem Buch eingeschlafen. Willy ist mit irgendwelchen Akten beschäftigt. Manchmal lächelt er über den Gang zu mir herüber, als wollte er sagen: Freu' dich bitte, ich bring' euch wirklich in ein schönes Land... Und ob ich mich freue! Abgesehen davon, daß ich mit Willy bis ans Ende der Welt ginge, habe ich noch niemanden kennengelernt, der von

Kalifornien, der Landschaft und den Menschen nicht begeistert gewesen wäre. Das bißchen Angst, das Willy in mir spürt, ist die Angst, die dieser Zustand der Schwebe mit sich bringt: Man hat das Gewohnte aufgegeben, aber im Neuen, Unbekannten noch nicht Fuß gefaßt. (Der Flug hier oben über den Wolken ist dafür geradezu symbolisch...).
Aber mit Willy und Faith an der Seite kann überhaupt nichts schiefgehen, sage ich mir. Die beiden sind sich so ähnlich, daß sich ihre guten Eigenschaften verdoppeln. Sie sind neugierig, mutig und zugleich verläßlich, das ist eine sympathische Mixtur!
Faith schaute hoch. Nur nicht heulen! befahl sie sich streng, damit Mom wenigstens recht hat mit dem, was sie über mich schreibt –
Dann las sie weiter.
23. September.
Herrliche Tage liegen hinter uns. Über die Schönheiten der Landschaft lasse ich lieber die vielen Fotos sprechen, die wir gemacht haben. In was für ein Land sind wir gekommen! Und die Gastfreundschaft der Amerikaner ist wirklich so, wie man sie aus Filmen kennt, großzügig, unkompliziert. Jetzt sind wir nicht mehr weit von Los Angeles entfernt, unserer neuen Heimat. Ich bin wahnsinnig gespannt...
30. September.
Nun haben wir's geschafft!! Die Möbel sind da, in unserem wunderschönen Haus verbreitet sich eine vertraute Atmosphäre. Hab' im Garten auch schon mit unserer neuen Nachbarin geplaudert, einer lebhaften, hilfsbereiten Frau. Als ich heute mit Faith im Supermarkt einkaufen ging, lernte ich Frau Dryer kennen, Cheryls Mutter. Ich bin glücklich über die Freundschaft der Mädchen. Es sind ausgesprochen nette Leute.
7. Oktober.
Willy ist im Dienst, Faith in der Schule. Ich fühle mich ein bißchen allein, hab' auf einmal Heimweh nach München. Vielleicht ist's die fremde Sprache hier, oder auch, daß München so weit weg ist, so unerreichbar... Meine Freundinnen fehlen mir. Aber bestimmt werde ich bald neue haben.

8. Oktober.
Willy hat sich eine Cessna 172 gekauft. Seit er beruflich nicht mehr fliegt, hat er mit so einem eigenen Vogel geliebäugelt. Er wird eben sein Pilotenfieber nicht los! Zwar wurde ich ganz brav gefragt, und er hörte sich auch meine Einwände an, aber an seinem Blick und seiner Beredsamkeit erkannte ich, daß nichts auf der Welt ihn davon abhalten konnte. Nun werde ich immer zittern, wenn er in seiner Freizeit abzieht... Hoffentlich erwartet er nicht, daß ich mitfliege. Ich bleibe nun mal lieber auf unserer guten, alten Erde und pflanze Blumen.
9. Oktober.
Heute hat Faith mir eine neue Nummer aus der Ballettstunde vorgetanzt. Mein Gott, tanzt das Mädchen schön! Ich bin überzeugt – und Jim Aldrich auch –, daß aus ihr eine große Ballerina wird. Möge sie gesund bleiben und weiterhin so glücklich wie bisher. Nichts im Leben wünsche ich mir so sehr.
Nun mußte Faith doch weinen. Sie legte das Tagebuch beiseite, erhob sich und packte weiter ihre Sachen in die Koffer. Erst als sie müde wurde und sich schon zum Schlafengehen ausgezogen und gewaschen hatte, nahm sie es noch einmal zur Hand und las die letzte Notiz.
14. Oktober.
Las Vegas. Nun hat es mich doch erwischt! Ich bin mit Willy hierher geflogen. Ein unheimlicher Anblick von oben, diese fast willkürlich in die Wüste gebaute Stadt. Wir wohnen sehr luxuriös im Golden Casino Hotel – neben amerikanischem Glamour ein Hauch von europäischer Gediegenheit. Erst wenn man auf die Straße kommt, wird man von der lauten, geschäftigen Spielhöllen-Atmosphäre überwältigt. Überall leuchten und zucken Lichtreklamen, Spruchbänder, kreiselnde Räder, Riesensterne, man weiß gar nicht, wo man zuerst hinschauen soll. Ich hab' mich fest bei meinem Willy eingehakt, um nicht den Boden unter den Füßen zu verlieren... Vorhin Anruf von Faith; Gott sei Dank, sie sind gut in San Diego angekommen und haben offensichtlich Spaß. Morgen abend gibt's zu Hause ein großes Erzählen.
»Das große Erzählen hat es nun nicht mehr gegeben«, flüsterte Faith, und sie lächelte die Fotografie ihrer El-

tern an, die neben ihr auf dem Nachttisch stand. »Aber ich habe eine gute Idee, Mom: ich werde das Tagebuch, *dein* Tagebuch mit den vielen freien Blättern weiterführen. Dann haben wir etwas Gemeinsames.«

Inzwischen war es halb eins geworden. Faith knipste das Licht aus und fiel, da ihr die Aussicht auf den kommenden Tag ziemlich zu schaffen machte, in einen oberflächlichen, unruhigen Schlaf.

Noch nie in ihrem Leben hatte Faith ein so kleines, armseliges Zimmer bewohnt. Aber auch die übrigen Räume in dem Häuschen ihrer Pflegefamilie, das in einer wenig noblen Gegend von Los Angeles stand, waren klein und mit den billigsten Möbeln ausgestattet. Wenn nur die Leute einigermaßen nett sind, dachte sie, alles andere soll mich nicht stören, schließlich bin ich kein wehleidiges Püppchen. In Gedanken versetzte sie sich noch einmal in das Vormundschaftsbüro zurück und hörte Kate Lawrence sagen: Die Familie Winowsky, das sind nette Leute, Stanley und Beatrice.
Sie stellte gerade die Fotografie ihrer Eltern auf das winzige, eiserne Nachtschränkchen, da klopfte es an die Tür, und Beatrice Winowsky trat ein. Sie trug einen verwaschenen, grau-grünen Hauskittel und auf dem Kopf rosafarbene Lockenwickler. Offensichtlich stand ihr für ihre persönlichen Bedürfnisse wenig Geld zur Verfügung.
»Wenn du mehr Platz brauchst«, schlug sie Faith vor, »dann bring' ein paar Sachen in Randys früheres Zimmer. Er ist vor zwei Wochen ausgezogen.« Seufzend setzte sie sich auf Faith' Bett und schaute ihr beim Auspacken zu.
»Wieviele Waisen«, fragte Faith, »haben hier schon gewohnt?«
»Bisher vierzehn, mit dir fünfzehn.«
»Und wo sind die jetzt alle?«
»Erwachsen geworden«, entgegnete Beatrice, und sie sah einen Moment lang traurig aus. »Einfach erwachsen geworden«, wiederholte sie nachdenklich.
Faith lächelte ihre Pflegemutter an. »Das ist nun mal der Lauf der Welt.«
»Hast recht.« Sie stand wieder auf und ging zur Tür. »Hoffentlich gefällt es dir bei uns. Für mich und Stanley ist es großartig, daß du hier bist.«
»Danke, Frau Winowsky.«
»Du kannst mich Bea nennen. Nun pack mal in aller Ruhe weiter aus, die Koffer kannst du auf den Schrank

legen, und wenn du was brauchst, sag' Bescheid. Bald gibt's dann Abendessen.«
Was ich brauche, kannst du mir nicht geben, dachte Faith, und sie holte, um sich ein wenig zu trösten, ihre Spieldose hervor, ließ die Musik erklingen und die kleine Ballerina über den Spiegelboden tanzen...
Nachmittags rief sie von einem Telefonhäuschen aus bei Cheryl an. »Komm doch gleich zum Farmers-Markt«, bat sie, »ich muß dich sehen und sprechen.«
»Bin schon da.« Cheryl warf den Hörer auf, hängte sich in aller Eile eine Jacke über und jagte davon.
Die beiden Freundinnen fielen sich um den Hals.
»Also«, begann Cheryl sofort, »wie ist es bei den Winowskys?«
»Bis jetzt geht es, aber ich hasse es, bei fremden Leuten leben zu müssen!«
»Und wie regeln die das mit der Schule? Kannst du bei uns in der Mt. Juliet bleiben?«
»Nein, Cheryl, es wird eine öffentliche Schule werden, die Winowskys zahlen nicht für die Privatschule.«
»Kann ich mir denken. Mein Vater stöhnt auch schon über das hohe Schulgeld.«
Faith blieb stehen und schaute die Freundin sehr ernst an. »Weißt du, seit meine Eltern nicht mehr leben, wird mir erst so richtig klar, wie gut ich es hatte. Finanzielle Sorgen, das gab's bei uns doch überhaupt nicht! Wenn ich Ballettstunden wollte, dann bekam ich sie, und wenn ich in meinem Zimmer eine Stange zum Trainieren brauchte, dann wurde die eben gekauft und montiert. Mensch, Cheryl, manchmal kommt's mir so vor, als würde ich erst jetzt anfangen, die Welt so zu sehen, wie sie wirklich ist.«
»Kann schon sein, daß wir einfach nur verwöhnte Dämchen sind, denen alles durch ihre Oldies in den Schoß gefallen ist...«
Eine Weile schlenderten sie über den Markt, Cheryl kaufte für Faith und sich eine Eistüte. »Ich soll dich übrigens sehr herzlich von Daddy und Mam grüßen«,

richtete sie aus, »und du sollst dich sobald wie möglich bei uns sehen lassen.«

Als Faith später ihr neues Domizil ansteuerte, das sie als eine billige Absteige und nicht im entferntesten als ein Zuhause empfand, erfüllte es sie mit Dankbarkeit, eine Freundin wie Cheryl zu haben. So mußte sie sich doch nie ganz alleingelassen fühlen.
Auch das Abendessen in Winowskys Wohnküche unterschied sich erheblich von den Mahlzeiten bei Dryers oder gar von denen, die sie immer zusammen mit ihren Eltern eingenommen hatte! Dabei war es noch nicht einmal so sehr der Anblick des schlampig auf einem wildgemusterten Wachstuch gedeckten Tisches und der alten, nicht gerade appetitlichen Lebensmittel, der sie störte. Es war vor allem Stanley, der dickwanstig und mit geplatzten Gesichtsäderchen vor seinen Bierflaschen saß, das große Wort führte und ihr hin und wieder zweideutige Angebote machte. Etwas ängstlich ging sie schon früh schlafen, nicht ohne vorher ihre Zimmertür abzuschließen.
Mitten in der Nacht erwachte sie von einem höllischen Spektakel, der aus dem Wohnzimmer und der Küche zu kommen schien.
»Halt' hier keine Reden, alte Nutte«, brüllte Stanley mit schwerer Zunge, »bring' mir ein Bier!«
»Du hast schon genug«, konnte Faith die keifende Stimme von Beatrice aus der Küche hören.
»Erzähl' mir nicht, was ich habe, bring' mir auf der Stelle ein Bier!«
Jetzt steigerte sich Beas Gekeife zu hysterischem Geschrei. »Du hast genug, du alter Bock; ich find's echt beschissen, wie du dich vollaufen läßt!«
»Komm' sofort mit dem Bier!« Offenbar schlurfte Stanley jetzt zu ihr hinüber. »Ich zeig' dir gleich«, lallte er, »was beschissen ist, du alte fette Sau!«
Im gleichen Augenblick hörte Faith Schläge.
»Ich polier' dir die Fresse«, schrie Stanley, »daß du wie

ein nasser Sack auf's Sofa kippst!«
Wieder hörte sie Schläge und anschließend die schneidende Stimme von Beatrice. »Wag' es nicht, mich noch einmal zu vertrimmen...«
Entsetzt zog sich Faith die Decke über den Kopf. Nur nichts mehr hören müssen! Doch es half nichts, der nächtliche Ehekrach ihrer Pflegeeltern, der noch lange nicht ausgestanden war, sondern seinen Höhepunkt erst erreichen sollte, wühlte sich mühelos auch durch Decke und Kissen, und das arme Mädchen konnte sich ihm nicht entziehen. In ihrer Verzweiflung stand Faith auf, holte die kleine Spieldose aus dem Schränkchen und hörte sich ihre Tanzmelodie an. Doch es half nichts. Stanleys Gebrüll und die Prügel, die er seiner Frau verabreichte, ließen keine andere Wahrnehmung mehr zu. Empört stellte Faith ihre Spieldose zurück, warf sich aufs Bett, zog sich Decke und Kissen über den Kopf und drückte beide Fäuste gegen die Ohren.

Am nächsten Morgen, noch vor dem Frühstück, schlich sie sich zum Haus hinaus, um vom nächsten Telefonhäuschen aus Kate Lawrence anzurufen. »Ich hatte eine entsetzliche Nacht, Miss Lawrence«, berichtete sie aufgeregt, »Stanley schlägt seine Frau im Rausch...«
»...haben Sie es gesehen?« fragte Kate scheinbar ungläubig. »Nein, aber gehört, mitten in der Nacht ein Höllenspektakel.«
»Manchmal verhört man sich in einer fremden Umgebung. Sie sind schließlich mitten in der Nacht aufgewacht, hatten vielleicht geträumt, waren durcheinander nach all dem, was Sie in letzter Zeit durchgemacht haben... Ich kenne die Winowskys seit vielen Jahren, und sie hatten schon viele Kinder vor Ihnen!«
Zornig stampfte Faith mit dem Fuß auf. »Aber ich sage die Wahrheit!« Am liebsten hätte sie den Hörer auf die Gabel geknallt.
»Ich glaube nicht«, erwiderte Kate Lawrence kühl, »ich denke ganz einfach, Sie haben sich geirrt letzte Nacht.

Falls Sie aber irgendwelche anderen Probleme haben, rufen Sie mich an. Und jetzt finden Sie sich erst mal zurecht bei den Leuten, dann wird es Ihnen schon gefallen. Und denken Sie dran, wenn irgendwas ist, rufen Sie mich an.«

Ehe Faith noch etwas sagen konnte, hatte Kate Lawrence eingehängt. Sie glaubt mir nicht, dachte sie bedrückt, als sie langsam zurück zu den Winowskys schlich, wo sie nichts als einen schlampig gedeckten Frühstückstisch und eine verprügelte Beatrice erwarten konnte, wenn sie Pech hatte, auch den verkaterten Stanley.

In der Küche, deren Möbel vermutlich aus einem Ramschladen stammten, stand Bea und wischte die Schränke aus. »Hast du gut geschlafen?« fragte sie, ohne sich umzudrehen.

»Ja, danke«, entgegnete Faith gedehnt, »so einigermaßen.«

Sie muß etwas gemerkt haben, fuhr es Bea durch den Kopf, und spätestens, wenn sie meine blaugeschlagene Birne sieht, kommt sie dahinter... Sie drehte sich noch immer nicht um, sondern putzte eifrig weiter und redete auf Faith ein. »Es wird dir schon gefallen, wenn du dich erst mal eingewöhnt hast. Wir sind nicht reich, aber bei uns ist es urgemütlich. Und was ich noch sagen wollte, was gestern ganz unterging, du bekommst fünf Dollar Taschengeld pro Woche, und wir bezahlen dir das Mittagessen in der Schule. Das ist doch ein Angebot, oder? Wie gesagt, wir sind nicht reich...«

»...wird schon werden«, unterbrach sie Faith, »ist das Frühstück hier für mich?« Sie deutete auf einen Teller, auf dem zwei Marmeladenbrote lagen.

»Freilich, laß es dir schmecken.«

Faith setzte sich an den Tisch, immerhin beruhigt, daß sie Stanley nicht ertragen mußte. »Und wie wird es in Zukunft mit meinem Ballettunterricht sein?« fragte sie vorsichtig. Nun drehte sich Bea doch um, und Faith sah ihr zerschundenes, angeschwollenes Gesicht. »Deinem *was*?« fragte sie laut, und fuhr etwas gedämpfter fort:

»Von Ballett hat Kate kein Sterbenswort gesagt.«
»Ich soll keinen Ballettunterricht haben?« begehrte Faith auf, »hör' mal, Bea, das gehört zu meinem Leben wie...«
»...liebes Fräulein, hier geht es um Notwendigkeiten, und ich glaube nicht, daß Ballettstunden notwendig sind, aber bitteschön, du kannst gern mit Stanley darüber reden.«
In diesem Augenblick betrat Stanley die Küche, und zu Faith' Verwunderung schien Bea sich aufrichtig darüber zu freuen. Auf seinem Gesicht hatte die vergangene Nacht keinerlei Spuren hinterlassen; er war sauber gewaschen und gekämmt, wirkte nüchtern, liebenswürdig und besorgt.
»Was gibt's zum Frühstück?« fragte er gutgelaunt, zauberte einen Blumenstrauß aus dem Jackett hervor und überreichte ihn seiner Frau.
Fassungslos beobachtete Faith, wie sie ihm glücklich um den Hals fiel, als ob nichts gewesen wäre. »Na na, nicht so stürmisch«, lachte er und drückte sie sanft von sich weg. »Und wie geht es unserer hübschen neuen Tochter?«
»Danke, gut.« Sie überlegte kurz, ob es nicht jetzt, in Anbetracht seiner guten Laune, am besten wäre, ihn wegen des Ballettunterrichts zu fragen. »Vor dem Unfall meiner Eltern«, begann sie mutig, »hatte ich Tanzunterricht. Und ich hoffte, ich würde das beibehalten können.«
»So?«
»Wenn es möglich wäre.«
»Und was soll der Spaß kosten?«
»90 Dollar im Monat, und der Unterricht ist dreimal in der Woche.«
Stanleys Miene verfinsterte sich. »90 Dollar kostet so ein Scheiß?« Doch als er bemerkte, wie entsetzt ihn Faith anschaute, nahm er sich zusammen und winkte ab. »Mal sehen«, murmelte er, »vielleicht im nächsten Monat.«
Unter dem Vorwand, ihr Zimmer aufräumen zu müssen, verließ Faith schnell die Küche, ehe er es sich anders

überlegte. Immerhin klang »im nächsten Monat« besser als »nein, auf keinen Fall«.
In ihrem Zimmer setzte sie sich auf den Bettrand, nahm Johannas Tagebuch und einen Kugelschreiber aus der Nachttischschublade und begann zu schreiben.
Ende Oktober.
Mein Leben ist im Augenblick so chaotisch, daß ich nicht einmal mehr das genaue Datum weiß. Außerdem kann ich mich kaum konzentrieren. Aber vielleicht hilft mir das Schreiben ein wenig, meine Gedanken zur Ruhe zu bringen. Ich gehe nicht zur Schule, habe keinen Ballettunterricht, nachts fürchte ich mich vor dem betrunkenen Stanley. Und Kate Lawrence glaubt mir nicht. Das kommt mir alles so absolut verrückt vor, so verrückt, daß ich nicht einmal mehr sicher bin, ob ich es Dryers erzählen kann. Die leben in ihrer heilen Welt und sind dadurch plötzlich ganz weit weg von mir. Trotzdem: Mit Cheryl werde ich darüber sprechen. Und heute Nachmittag gehe ich in die Ballettschule, nur so, zum Zuschauen.
Faith atmete erleichtert auf, als Stanley endlich das Haus verließ. Sofort zog sie sich ihre Trainingssachen an und trainierte, wobei sie die wackelige Stuhllehne als Stange benutzte. Und zum Schluß, nach einer anstrengenden Stunde, tanzte sie, um sich gleichsam selbst zu belohnen, zur Musik ihrer Spieldose. Um möglichst keinen Lärm zu verursachen und damit Bea auf den Plan zu rufen, stellte sie sich vor, sie sei so geschmeidig und leise in ihren Bewegungen wie eine Katze...
Später schaute sie noch etwas in ihre Schulbücher, so daß sie sich zum Schluß sagen konnte: Wenigstens in den letzten zwei Stunden hatte mein Leben eine gewisse Ordnung.
Das Mittagessen fand mit Bea allein statt. Es gab eine sehr scharfe Suppe aus der Konservendose, zum Nachtisch Vanillepudding. »Kräftige, gesunde Kost«, so umschrieb Bea ihre Kochkunst, und sie meinte es tatsächlich ernst.
Da sie offenbar gut gelaunt war, schnitt Faith noch einmal die beiden für sie so wichtigen Fragen an. »Wann

kann ich endlich in der neuen Schule anfangen? Wie wird es mit den Ballettstunden?«
Bea stand auf und räumte den Tisch ab. »Das hängt noch von ein paar bürokratischen Problemen ab«, erklärte sie ausweichend, »du mußt nur etwas Geduld haben.«
Die ist bald am Ende, dachte Faith, ihr laßt mich hier ja richtig verrotten...
Da heute eine Ballettstunde bei Jim Aldrich stattfinden mußte, nahm sie sich vor, dort einen Besuch zu machen und wenigstens zuzuschauen. Unter dem Vorwand, ausgiebig bummeln gehen zu wollen, verabschiedete sie sich von Bea und marschierte los. Erst für die letzte Strecke des weiten Weges leistete sie sich die Bahn.
Etwas wehmütig stand sie schließlich vor dem Gebäude, in dem sie noch vor kurzem aus- und eingegangen war wie jeder andere Tanzschüler auch. Nun gehörte sie nicht mehr dazu, war nur noch Besuch, die »Staatswaise«, für die eine teure Ausbildung nicht in Frage kam.
Plötzlich verließ sie der Mut, dort hineinzugehen, alle mit einem »Hallo« zu begrüßen, als ob nichts gewesen wäre, sich ihren mitleidigen Blicken auszusetzen. Schnell kehrte sie um, versteckte sich in der Nähe hinter einem Zeitungskiosk und wartete so lange, bis die Stunde angefangen haben mußte. Dann lief sie wieder zurück, ging ins Haus und schlich auf Zehenspitzen in das Vorzimmerchen des Übungsraumes, stellte sich in der kleinen Nische hinter den Garderobenständer und spähte durch die halbgeöffnete Tür. Eine der Tänzerinnen, die lustige, rothaarige Jane, trainierte genau in ihrem Blickwinkel. Sie hörte die Musik, die sie vom ersten bis zum letzten Takt kannte, hörte Jims prägnante Anweisungen, das kurze, schlurfende Geräusch der Tanzschläppchen auf dem Boden. Wie gefangen stand sie da hinter ihrem Ständer und machte alle Bewegungen andeutungsweise mit. So mußte einem Vogel zu Mute sein, dem man die Flügel gestutzt hat, dachte sie verzweifelt. Aber gleichzeitig spürte sie den unbändigen Willen, eines Tages hier wieder dabeizusein, aus ihrem

Leben, ihrer Begabung etwas zu machen, sich auf keinen Fall unterkriegen zu lassen.
Gegen Ende der Stunde schlich sie sich wieder davon. Diesmal jedoch, als sie geduckt draußen am Fenster vorbeihuschte, bemerkte sie Jim Aldrich. Sofort lief er ihr nach. Mein Gott, dieses hochbegabte Mädchen brauchte sich doch nicht zu verstecken! Doch so gründlich er auch Ausschau hielt, Faith war wie vom Erdboden verschluckt.
Sie hatte sich wieder hinter das Zeitungshäuschen geflüchtet. Erst als sie sicher sein konnte, niemandem mehr zu begegnen, machte sie sich auf den Rückweg.

Tage und Wochen gingen dahin, und je länger Faith das Ehepaar Winowsky ertragen mußte, desto stärker breitete sich das schmerzliche Gefühl in ihr aus, zu all dem, was ihr einmal lieb und wert gewesen war, nicht mehr dazuzugehören. Da war etwas gewaltsam durchtrennt worden, was sich nicht reparieren ließ; es sei denn, man gab sich mit Stückwerk zufrieden. Mochte Cheryl noch so treu an der Freundin hängen, und mochte sich Jim Aldrich noch so intensiv nach ihr erkundigen, das Schicksal mit seinem ihm eigenen Mechanismus hatte anders entschieden; und so etwas wie der heimliche Besuch der Ballettschule war eben nichts anderes als Stückwerk, so jedenfalls empfand es Faith. Gelegentlich traf sie sich noch mit Cheryl, doch ließ sie absichtlich – und unter allen möglichen Vorwänden – die Verbindung immer lockerer werden. Mittlerweile besuchte sie die neue Schule, deren Stoff sie von Anfang an mühelos beherrschte. Mit den Lehrern und Mitschülern kam sie gut aus, doch Freundschaften ging sie ganz bewußt aus dem Weg. Ihre Versuche, mit Kate Lawrence Kontakt aufzunehmen, waren so oft gescheitert, daß sie auch diese aufgegeben hatte. Mehr und mehr vergrub sie sich in ihrem Zimmerchen, lag auf dem Bett und hörte Musik aus dem Kassettenrekorder oder starrte auch nur zur Decke und dachte darüber nach, wie sie die nächste Nacht überstehen würde, wenn Stanley und Beatrice wieder aufeinander losgingen. Auch an ihre Eltern dachte sie; nun aber oft nicht mehr freundlich, sondern im Zorn. Hätten sie auf dieses unglückselige Unternehmen damals verzichtet, dann ginge es ihr jetzt besser, und sie fühlte sich nicht wie ein aus dem Nest gefallener Vogel mit kaputten Flügeln. Sie wußte, wie ungerecht solche Gedanken waren, aber sie hatte keine Lust, sie zu korrigieren.

Es war Dezember geworden, Weihnachten rückte näher. Seit Tagen schon tönten aus dem Fernsehapparat in der Küche Weihnachtslieder, vom frühen Morgen bis zum späten Abend. Beatrice, ihre rosafarbenen Lockenwickler auf dem Kopf, trällerte dazu und klapperte mit dem Geschirr. Sie hatte überall bunte Strümpfe aufgehängt, die Wände mit Lametta und goldenen Kugeln geschmückt. Faith bemühte sich – so gut es ihr eben gelang –, nicht an die Weihnachtsabende in München zu denken, die sie Jahr für Jahr mit ihren Eltern verbracht hatte: nicht an den mit kleinen Holzfiguren und honigfarbenen Kerzen geschmückten Baum, nicht an die Krippe auf dem Sekretär und nicht an die Mitternachtsmesse und den Heimweg danach durch die stillen Straßen...

»Eigentlich feiern wir ja morgens«, erklärte Beatrice am 24. Dezember, »aber dir zuliebe könnten wir mal deutsche Weihnachten am Abend machen, was sagst du dazu?«

Faith erschrak. Einen langen Abend mit Stanley verbringen zu müssen, war das Schlimmste, was sie sich vorstellen konnte. Er würde saufen, brüllen, Beatrice und schließlich auch sie verprügeln – und es wäre der Beginn für weitere derartige Zusammenkünfte zu dritt.

»Das ist nett von euch«, sagte sie rasch, »aber stell' dir vor, ich bin heute abend bei Dryers eingeladen...«

»...das hättest du mir aber weiß Gott eher sagen können«, schimpfte Bea, und ärgerlich drehte sie einen Lockenwickler über dem Ohr neu ein, der sich gelockert hatte. Nach einer Weile – wahrscheinlich, weil sie selbst einem solchen Abend besorgt entgegensah – gab sie nach. »Also gut, Faith, du kannst dich verdrücken. Aber mach' dich rechtzeitig aus dem Staub, ehe Stanley nach Hause kommt. Der läßt dich sonst bestimmt nicht weg!«

Faith hatte zwar keine Ahnung, wo sie hin sollte, doch sie fühlte sich unendlich erleichtert. Schon am späten Nachmittag verließ sie das Haus und steuerte sogleich das nächste Telefon an, um Dryers in ihre Notlüge einzuweihen; Stanley konnte auf die Idee kommen, dort anzurufen.

Am Apparat meldete sich Frau Dryer. »Warum kommst du denn aber nicht wirklich zu uns?« fragte sie, nach-

dem sie Faith zugehört hatte, »fühlst du dich denn gar nicht mehr wohl hier? Und bedeutet dir Cheryl nichts mehr? Sie hängt so an dir!«
»Ach, wissen Sie«, entgegnete Faith gepreßt, »ich weiß eigentlich überhaupt nicht mehr, wo ich mich wohlfühle und wer mir viel oder wenig bedeutet...«
»Das nennt man Depression, mein Kind, ist ja auch kein Wunder! Du müßtest zu einem tüchtigen Psychotherapeuten, der dich seelisch wieder auf die Beine stellt.«
»Ich müßte wieder nach Hause können zu meinen Eltern, Frau Dryer, sonst gar nichts.«
»Natürlich, Kind, das würden wir dir ja alle wünschen! Aber das Leben schreibt nun mal seine eigenen Gesetze, die wir oft nicht begreifen. Ich bitte dich nochmal, komm' doch zu uns heute Abend!«
»Damit ich Ihr schönes Haus sehe, Ihr heiles Familienleben mitkriege, vielleicht beim Spaziergang mal eben an unserem Haus vorbeischlendere, Frau Dryer, wieviel glauben Sie eigentlich, kann ein Mensch aushalten?« Faith hatte in ihrer Erregung lauter gesprochen als sie wollte. Deshalb lenkte sie sofort wieder ein. »Bitte nehmen Sie es mir nicht übel – ich kann mich zur Zeit selbst nicht leiden; manchmal bin ich unheimlich wütend auf alles und jeden, dann wieder absolut gleichgültig.«
»Deshalb wollen wir dir doch helfen!«
»Solange ich bei den Winowskys leben muß, kann mir niemand helfen.«
»Nur noch fünf Monate, dann bist du volljährig und frei.»
Die hat gut reden, dachte Faith, und dann verabschiedete sie sich schnell. »Ich komm' bestimmt bald mal wieder zu Ihnen, aber nur nicht gerade heute, ja? Und Grüße an Ihren Mann und Cheryl!«
»Halt' die Ohren steif, mein Liebes«, hörte sie Frau Dryer noch sagen, doch Faith antwortete nicht mehr, sondern legte hastig auf – zu ihrem Entsetzen hatte sie Stanley unter den Straßenpassanten entdeckt, der geradewegs auf sie zuzulaufen schien. Vermutlich hatte er

sie aber doch nicht gesehen, denn er beachtete sie nicht, sondern marschierte, ohne eine Miene zu verziehen, seines Wegs. Sofort wandte sie ihr Gesicht ab, schlug den Jackenkragen hoch, mischte sich ebenfalls unter die Passanten und bog in die nächste Querstraße ein. Als sie sicher sein konnte, daß die Gefahr vorüber war, atmete sie auf und blieb stehen.

Ziellos schlenderte sie nun durch die Straßen, schaute sich die Auslagen der bunt geschmückten Schaufenster an, leistete sich eine Bananenmilch und sehnte eigentlich nichts so sehr herbei wie den Abend und mit ihm das Ende des Tages. Wenn Heiligabend erst vorüber war, brauchte sie die Aktivitäten von Bea und Stanley nicht mehr zu fürchten und konnte selbst wieder in ihren dumpfen Wartezustand verfallen...

Vor der Eingangstür eines Kaufhauses blieb sie kurz stehen. Noch ehe sie sich entscheiden konnte, ob sie es betreten sollte, wurde sie von einer größeren Gruppe von Menschen erfaßt und einfach mit hineingeschleust. Wie eine Meereswoge fiel das weihnachtliche Treiben sie im nächsten Augenblick an, überrollte sie, riß sie mit. Aus sämtlichen Lautsprechern tönte Weihnachtsmusik, hier von gewaltigen Orchestern, dort von stimmgewaltigen Chören dargeboten. Überlebensgroße Teddybären aus rosafarbenem Plüsch verteilten bunte Luftballons, auf denen die Namen bekannter Firmen standen, Weihnachtsmänner boten vergoldete Nüsse und Lebkuchenherzen mit der Aufschrift »I love you« an. Faith blieb stehen und schloß für einen Moment die Augen. Ich hab's geahnt, dachte sie, ich hab's geahnt, daß mich die Erinnerungen heute abend auf irgendeine Weise einholen würden... In München hatte es für sie zum größten Vergnügen in der Weihnachtszeit gehört, mit ihrer Mutter durch die großen Kaufhäuser zu bummeln. Nicht nur, weil es Spaß machte, Geschenke für die Freundinnen auszusuchen, auch – und vor allem – weil sie sich von der Stimmung dieses weihnachtlichen Treibens gerne anstecken ließen. Waren sie dann vollgepackt mit

Tüten und Päckchen, so stellten sie sich auf die Rolltreppe und fuhren hinauf zur Caféteria, wo sie sich bei Kaffee und Kuchen stärkten und gleichzeitig alle sorgsam eingewickelten Geschenke noch einmal auspackten und begutachteten. »Wo bist du jetzt, Mom?« fragte Faith leise, aber ihre Frage, von niemandem gehört, wurde auch von niemandem beantwortet.

Sie hielt sich lange in dem Kaufhaus auf; die meiste Zeit verbrachte sie in der Spielwarenabteilung, wo Väter und Söhne hingerissen vor gewaltigen Eisenbahnanlagen standen, Mütter und kleine Töchter andächtig die schönsten, mit Traumkleidern ausstaffierten Puppen betrachteten. Und auf einmal stand sie vor einem Tisch mit unzähligen Spieldosen, in denen kleinen Ballerinen über Spiegelböden tanzten, jede anders angezogen, jede zu einer anderen Musik, leicht und graziös wie Elfen...

Wie von Panik ergriffen machte Faith kehrt, lief die Treppe hinunter, drängte an den Leuten vorbei dem Ausgang zu. Wenn schon Erinnerungen, dachte sie verzweifelt, dann auch richtig! Ohne noch lange zu überlegen, opferte sie ihr knappes Taschengeld, kaufte einen Blumenstrauß, setzte sich in die Bahn und fuhr zum Friedhof.

Inzwischen war es draußen dunkel geworden, doch der allgemeinen Hektik tat das keinen Abbruch. Faith empfand es als wohltuend, daß jeder mit sich selbst und seinen Vorbereitungen beschäftigt war, so daß niemand ihre Tränen bemerkte.

Gerade als Faith ankam, verließen ein paar Leute den Friedhof, traurige, dunkel gekleidete Leute, die vielleicht heute jemanden beerdigt hatten. Du bist also nicht die einzige, die traurig ist, sagte sie sich, und du solltest dieses schlimme Weihnachtsfest auf ehrenvolle Weise hinter dich bringen.

Auf der gleichen Bank wie damals saß wieder die alte Frau, diesmal jedoch schlief sie nicht. Freundlich schaute sie Faith an und lächelte ihr zu. Faith erwiderte ihr Lächeln und ging suchend weiter, bis das Grab von Robert und Johanna Williams auftauchte. »Da bin ich wieder«, sagte sie leise, »und heute ist Weihnachten.« Sie legte den Blumenstrauß vor den Stein mit den eingravierten Namen und blieb stehen. »Es geht mir nicht sonderlich gut«, fuhr sie fort, »ihr seid so brutal weit weg, und ich kriege den Dreh nicht mehr.«

Du *willst* ihn nicht mehr kriegen, schimpfte Willy.

Du *wirst* ihn wieder kriegen, tröstete Johanna.

»Aber wie soll ich das anfangen?« fragte Faith laut. Sie war sich ganz sicher, daß niemand auf dem menschenleeren Friedhof Zeuge ihres Selbstgespräches werden könnte.

»Kommst du etwa aus Deutschland?« hörte sie plötzlich eine Stimme aus dem Dunkel. Und als sic sich blitzschnell umdrehte, stand die alte, freundliche Frau hinter ihr. Erschrocken fuhr sich Faith mit der Hand über die Stirn. Da sprach jemand deutsch, und das ausgerechnet heute! »Ja, ich komme aus Deutschland, aus München«, erklärte sie, und sie ging auf die Frau zu und gab ihr die Hand.

»Wir haben früher in Frankfurt gelebt«, erzählte die Frau, »sind aber schon seit vielen Jahren hier in Los Angeles, mein Mann und ich. Jetzt ist er gestorben. Ich bin oft hier...«

»...meine Mutter war Frankfurterin«, unterbrach sie Faith, »und sie hat mir oft von der Stadt erzählt. Manchmal haben wir meinen Vater begleitet, wenn er dort zu tun hatte.«

»Dann kennst du sicher die Friedensbrücke und den Eisernen Steg und die Mainufer.«

»Klar kenne ich das, ich heiße übrigens Faith Williams, mein Vater war Amerikaner.«

»Mein Name ist Meta Sack, aber du kannst Meta zu mir sagen.«

Etwas unschlüssig wandte sie sich zum Gehen. »Willst du noch lange hier am Grab bleiben?« fragte sie, »oder hast du Lust..., ach bitte, Faith, hab' doch Lust, mit mir nach Hause zu kommen, wir könnten was Gutes essen,

Kerzen anzünden, Patiencen legen, einen schönen Abend zusammen verbringen!«

Ohne zu zögern, stimmte Faith zu. »Wenn es Ihnen nichts ausmacht, Meta...«

»...ich würde mich wahnsinnig freuen; ach Faith, dich schickt der liebe Gott persönlich.«

Da gehe ich nun am Heiligabend mit einer wildfremden alten Frau nach Hause, dachte Faith belustigt, als sie gemeinsam den Friedhof verließen, langsam, denn Meta war nicht mehr gut zu Fuß.

»Wieso hast du so früh beide Eltern verloren?« nahm Meta das Gespräch wieder auf.

»Durch einen Flugzeugabsturz im Oktober«, erzählte Faith, »und jetzt bin ich bei einer Pflegefamilie; aber bei der ist's ziemlich gräßlich.«

Meta blieb stehen und schaute das Mädchen bekümmert an. »Und wie lange lebst du schon in Kalifornien?«

»Seit September.«

Langsam setzten sie sich wieder in Bewegung. »In welchem Sternzeichen bist du geboren?« fragte Meta, winkte aber sofort wieder ab. »Nein, sag's mir nicht, ich will raten.«

Nachdenklich betrachtete sie die Sterne, murmelte etwas vor sich hin, schüttelte den Kopf, murmelte wieder. »Also du könntest ein Zwilling sein.«

Überrascht lachte Faith auf. »Stimmt – aber woher wissen Sie das?«

»Hab' so meine Intuition. Du bist eine Künstlerin, das seh' ich. Du bist ein Springer oder eigentlich sogar zwei, wobei jeder in eine entgegengesetzte Richtung hüpfen möchte.«

»Stimmt auch, jedenfalls im Augenblick. Ich will einerseits aus meiner mißlichen Situation heraus, andererseits stoße ich die Freunde vor den Kopf, die mir doch nur helfen wollen. Verstehen Sie das? Ich versteh' mich selbst nicht.«

»Zu Hause lege ich meine Karten, dann kann ich mehr dazu sagen.«

Metas Wohnung befand sich in der Nähe des Friedhofes. »Der Weg zum Grab«, erzählte sie, »ist mein täglicher Spaziergang.«
»Halten Sie auch manchmal Zwiesprache, Meta, mit Ihrem Mann?«
»Im Anfang oft; jetzt ist es mehr ein Sich-Erinnern, ein Sich-Zurückversetzen in vergangene Zeiten, gemeinsame vergangene Zeiten, weißt du.«
»Ich habe im Augenblick keine Lust, mich zu erinnern. Es macht nur traurig und bringt nichts.«
»Da hast du vollkommen recht, mein Kind. Bedenke, du bist jung, die Zukunft liegt vor dir. Und *dafür* brauchst du jetzt deine Kraft – nicht, um vergangene Zeiten heraufzubeschwören.«
»Aber zu den vergangenen Zeiten gehören schließlich meine Eltern, Meta, und wenn ich die nicht manchmal in mir sprechen lasse, weiß ich nicht weiter. Ein richtiges Dilemma: Ich will mich an nichts erinnern, aber ich brauche die Erinnerung, wenigstens die an meine Eltern.«
»Das ist normal, Faith, das würde allen jungen Leuten so gehen, nicht nur den Zwillingen.«
Metas Wohnung lag im dritten Stock eines einfachen Hauses. Sie war klein und zum Bersten vollgestopft mit Möbeln, Teppichläufern, Stofftieren, mit Bergen von Zeitungen, Souvenirs, Schachteln, Büchern, Kleidern, Taschen, Spielkarten und anderem Krimskrams.
»Ein bißchen durcheinander hier«, entschuldigte sie sich, »aber ich konnte ja nicht ahnen, daß ich Weihnachtsbesuch haben würde.«
»Ich find's sehr gemütlich.«
»Wenn du irgendwo einen leeren Platz findest, setz dich hin, ich geh' in die Küche und zaubere uns ein richtig deutsches Menü. Was hältst du von Kartoffelknödeln, Sauerkraut und Würstchen? Das wäre ein faires Arrangement zwischen München und Frankfurt!«
»Einverstanden«, lachte Faith, »wir haben am Heiligabend auch immer was Festliches gegessen, früher.«

Meta entschwand, während Faith sich einen Schaukelstuhl leerräumte. Auf dem einzig freien Sessel lag zusammengerollt eine schneeweiße Katze und schlief.
Bald schon zogen herrliche Düfte zu ihr herüber und machten ihr, zum ersten Mal seit langem, richtig Hunger.
Es wurde ein fröhliches, ausgiebiges Abendessen; irgendwie hatte Meta es geschafft, inmitten der chaotischen Umgebung einen hübschen Tisch zu decken, Kerzen anzuzünden und Weihnachtsstimmung zu verbreiten. Sie erzählte viel aus ihrem Leben, das sie mit ihrem unternehmungslustigen Mann in Frankfurt und nach dem Krieg in Los Angeles verbracht hatte, wohin er von seiner Firma geschickt worden war. »Er wollte dann nicht mehr zurück nach Deutschland«, sagte sie lächelnd.
»Und Sie, Meta, wollten Sie zurück?«
Meta schüttelte den Kopf. »Ich hatte ihn so gern, den alten Krautkopp, daß ich ihm zuliebe geblieben bin. Aber jetzt ist's natürlich einsam. Nur, in Deutschland wäre das wahrscheinlich auch nicht anders. Ich fühle mich nur noch wie eine Hälfte.«
»Ich werde Sie öfter mal besuchen, Meta.«
»Sag's mir nur rechtzeitig, ich habe Telefon, dann koche ich dir alles, was du willst!«
Faith drohte ihr mit dem Finger. »Aber ich darf nicht dick werden, hören Sie?«
»Weil du gerne tanzt?«
»Woher wissen Sie nun das schon wieder?«
»Intuition, alles Intuition. Wenn ich die Augen zumache, sehe ich dich als Ballerina vor mir. Mit meiner Wahrsagerei bin ich auch meinem Mann schon immer auf die Nerven gegangen.«
»Wenn Sie mir etwas Gutes wahrsagen«, erklärte Faith, »gehen Sie mir keineswegs auf die Nerven.«
Nach dem Essen räumten sie ab, spülten gemeinsam das Geschirr, und dann breitete Meta ihre Karten aus. Lange versank sie in Schweigen, nickte dann zufrieden,

murmelte etwas vor sich hin, legte eine Karte um, schaute Faith an. »Also, du stehst unter einem guten Stern, mein Kind, du brauchst dich nicht zu fürchten. Ein paar Monate wirst du es noch schwer haben, dann geht es aufwärts. Glaub' nur der alten Meta Sack, die sieht das alles ganz deutlich!«
Faith wußte nicht, was sie davon halten sollte, aber sie freute sich trotzdem. Das einzige, was ihr während dieses gemütlichen Abends zu schaffen machte, war der Gedanke daran, später zu Stanley und Bea zurückfahren zu müssen. Vorsichtig deutete sie es an.
»Ich wollte es dir sowieso schon vorschlagen«, erklärte Meta, »daß du heute Nacht auf meiner Couch schläfst. So ein junges Ding läßt man doch nicht mitten in der Nacht durch Los Angeles fahren!«
»Aber was mache ich mit Winowskys? Ich könnte höchstens bei ihnen anrufen und sagen, daß ich heute Nacht bei Dryers bleiben will.«
Schon brachte Meta ihr das Telefon. »Das tust du, das ist eine durchaus legitime Notlüge.«
Faith mußte lange warten, ehe Bea sich meldete. Sie war kaum zu verstehen, da sie im Fernsehen offenbar gerade einen Western laufen ließen und Stanley jeden Schuß, der fiel, mit lautem Gejohle kommentierte. Auch Bea konnte deshalb nur ahnen, worum es Faith ging, und stimmte vorsichtshalber zu. Das Mädchen war ja nicht übel und würde schon nichts Falsches tun. Sollte sie, wenn sie das wollte, ruhig bei Dryers übernachten. Stanley hatte soviel Bier getankt, daß er es wahrscheinlich gar nicht merkte. »Also dann bis morgen früh«, rief sie in den Hörer, »und komm' nicht zu spät, es ist Weihnachten!«
Erleichtert legte Faith auf. »Mann, hab' ich ein Glück! Endlich mal wieder eine ruhige Nacht in Aussicht.«
Meta war gerade damit beschäftigt, die herabgebrannten Kerzen auszuwechseln. »Das kommt alles in Ordnung«, murmelte sie, »nur noch etwas Geduld.«
Sie saßen zusammen und unterhielten sich bis lange

nach Mitternacht. Faith erfuhr, daß Meta keine Kinder hatte, nur Nichten und Neffen in Deutschland, die ihre Briefe aber nur selten beantworteten; daß sie ihr Leben seit dem Tod ihres Mannes nur noch als ein Abwarten empfand. »Ich möchte den Herbert bald wiedersehen«,-sagte sie bestimmt, »wenn man sechzig Jahre auf diesem Planeten zusammen gelebt hat, darf man das doch wohl erwarten!«

Erst als auch die neuen Kerzen herabgebrannt waren, machten sie sich zum Schlafen fertig. Was Faith bisher für einen ungeheuren Berg von Decken gehalten hatte, entpuppte sich unter Metas entwirrenden Händen als Couch, für die sogar von irgendwoher Bettwäsche zum Vorschein kam. »Genau gegenüber ist mein Schlafzimmer«, erklärte die Gastgeberin, als sie sich eine gute Nacht wünschten. »Wenn du noch was brauchst, komm' ungeniert rüber.«

»Ich brauche nichts, Meta, und meine Zähne müssen heute mal auf die Bürste verzichten.«

Faith lag noch eine Zeitlang wach. Da hab' ich nun ein richtiges Weihnachten gehabt, dachte sie, bei einer mir fremden Frau, der ich viel von mir erzählt habe. Vielleicht hatte Paps recht, wenn er immer sagte: Man muß Vertrauen ins Leben haben, man muß ihm einfach eine Menge zutrauen!

Zwischen Faith und Meta hätte sich eine wunderschöne Großmutter-Enkelin-Freundschaft entwickeln können, wenn nicht Meta immer wieder für einige Stunden am Tag in schwere Depressionen verfallen wäre, die sie selbst als »das tiefe schwarze Loch« bezeichnete, in dem sie gelegentlich Herberts Stimme hörte. Faith hatte es in den darauffolgenden Wochen mehrmals miterlebt, wenn sie zu Besuch gekommen war. Mitten im Gespräch konnte es passieren, daß Meta sich plötzlich abwandte, vollständig verstummte, ihren Stock nahm und die Wohnung verließ. So schnell sie konnte, trippelte sie zum Friedhof, setzte sich auf das Bänkchen vor dem Grabstein ihres Mannes, nahm die starre, unbewegliche Haltung einer Toten ein und war so lange nicht ansprechbar, bis sich, wie aus irgendeiner unsichtbaren Quelle, wieder Leben in ihr rührte und sie in die Gegenwart zurückversetzte.

»Das kommt davon«, schimpfte Cheryl, der Faith am Telefon davon erzählte, »wenn man sich an alte Omas hält anstatt an treue Freundinnen!«

»Die alte Oma kommt aus Deutschland«, verteidigte sich Faith, »wo ich immerhin groß geworden bin. Und sie hat meine Katastrophe nicht miterlebt, ist unbelastet und für mich jemand ganz Neues…«

«…quassel, quassel, Faith, sie ist schon halb im Jenseits, nun raff' doch endlich mal, daß du keine Grufties brauchst, sondern mich, klaro?«

Faith mußte lachen. »Klaro, Cheryl, aber nett ist sie doch, und sie hat mich über den Weihnachtsabend hinweggerettet und mich auch sonst wieder ein bißchen aufgemöbelt. Ich lag ja nur noch auf dem Bett und starrte in die Luft.«

»Wir hätten dich auch aufgemöbelt.«

»Glaub' ich dir ja, nur…«

»…also, wann sehen wir uns?«

»Bald. Ich rufe wieder an.«

Auf dem Weg von der Telefonzelle nach Hause – Faith vermied es, Winowskys Apparat zu benutzen, weil Bea

immer mithörte – befiel sie schon wieder die Angst vor der nächsten Nacht, nahm von ihren Gedanken Besitz wie jeden Nachmittag, so daß sie sich kaum noch auf etwas anderes konzentrieren konnte.
Mittlerweile war der Februar zu Ende gegangen, und nichts hatte sich an ihrer Situation geändert. Wie lange konnte sie das alles noch aushalten? In drei Monaten würde sie volljährig. Aber die Erfahrung der vergangenen Monate hatte sie gelehrt, daß gerade *die* Zeit besonders langsam verstrich, die mit dem Unglücklichsein im Bündnis stand. Was sollte sie machen, wenn Stanley, was er schon dauernd androhte, wirklich einmal nachts in ihr Zimmer eindrang? Faith wurde ganz übel bei diesem Gedanken. Cheryl hat recht, dachte sie, wozu ist eine gute Freundin da? Helfen kann sie zwar auch nicht, aber mit ihr zu reden ist immer noch besser, als die Dekke anzustarren. Kurzentschlossen kehrte sie um, lief noch einmal zum Telefon und wählte Cheryls Nummer. Sie war sofort am Apparat.
»Könntest du einen Bus nehmen«, drängte Faith, »und zum Farmer's-Markt kommen, jetzt gleich?«
»Bin schon unterwegs!«
Faith mußte nicht lange warten, bis Cheryl aus dem Bus sprang und ihr stürmisch um den Hals fiel. »Was gibt's, Kleines?« erkundigte sie sich, »wieder besonderen Ärger gehabt mit diesem Prolo Stanley?«
Faith nickte heftig. »Weißt du, ich hasse diese Leute, ich hasse alles: Winowskys, Kate Lawrence, sogar meine Eltern, einfach *alle*!«
Cheryl hakte sich bei der Freundin unter und steuerte einen Eisstand an. »Erstens spendiere ich dir jetzt ein süßes Trostpflaster, und zweitens, glaub' mir, wird sich alles zum Guten wenden, ganz, ganz bestimmt.«
»Das sagt die alte Meta auch. Aber was hilft mir die schönste Aussicht für später, wenn ich jetzt, Nacht für Nacht – drei Monate lang! – Angst vor dem besoffenen Stanley haben muß?«

»Ich erwürg' den Kerl! Oder wir tun ihm Gift ins Süppchen.«
»Besser ins Bier. Aber im Ernst, Cheryl, ich weiß nicht, wie lange ich es dort noch aushalte. Kaum zu fassen: Tagsüber liebt er sie und nachts kriegt sie die Hucke voll. Also echt, wie in einem Horrorfilm.«
»In drei Monaten bist du achtzehn und kannst tun und lassen, was du willst, den Staat geht das dann nichts mehr an. Ich werde dir den roten Teppich ausrollen, wenn du bei uns einziehst, so freue ich mich!«
»Ich freu' mich auch, und dein Eis schmeckt Klasse.«
Cheryl hatte es tatsächlich fertiggebracht, Faith für einen Augenblick ihre Angst vergessen zu lassen. Übermütig wie in alten Zeiten probierte sie einen lustigen Hut an, den Cheryl ihr sofort kaufte.
»Das sollst du nicht«, protestierte sie, »dein ganzes Geld für mich ausgeben!«
»Mit meinem Geld kann ich machen, was ich will, Kleines!« erwiderte Cheryl lachend und drückte ihr den Hut tief ins Gesicht.

Als sie sich später voneinander verabschiedeten, fühlte sich Faith etwas zuversichtlicher. Zwar konnte ihr jetzt niemand den Gang zu Winowskys abnehmen, und die Nacht mußte sie auch allein durchstehen, aber vielleicht hatte sie heute etwas Nervenkraft getankt.
Leider brauchte sie in dieser Nacht ihre Nervenkraft nötiger denn je!
Schon zu Beginn der Sauforgie steigerte sich der Lärm bei den Winowskys binnen weniger Minuten zum Höllenspektakel. Stanley brüllte nicht nur herum und schlug brutal auf seine Frau ein, er zertrümmerte auch alles, was ihm in die Hände fiel. »Mich kotzt die Bude an, dieser elende Saustall kotzt mich an!« Und krachend flog eine Lampe gegen die Tür.
»Beruhig' dich, Stanley«, weinte Bea, »sei doch still, ich hol' dir noch ein Bier!« Im nächsten Augenblick schrie sie, offenbar von einem Schlag getroffen, auf.

»Das ist eine gute Idee«, lallte er weiter, »du holst ein Bier, falls du in diesem Saustall eines findest.« Klirrend ging eine Vase zu Bruch. »Es ist ein Saustall! Ein Saustall«, brüllte Stanley so laut, daß die Wände bebten; irgendein Möbelstück zersplitterte am Boden.
So muß es wirklich in der Hölle zugehen, fuhr es Faith durch den Kopf. Wie gelähmt lag sie im Bett, ihr wurde eiskalt vor Angst. »Lieber Gott, hilf mir, daß der Kerl nicht in mein Zimmer kommt«, betete sie, »hilf mir, daß mir nichts passiert.« Hau ab von hier, sagte ihr eine Stimme, vertu' deine Zeit nicht mit Zittern und Beten, hau so schnell wie möglich ab!
Sie sprang aus dem Bett, zog sich mit fliegenden Händen an, warf ihre wichtigsten Klamotten und Papiere, ihre Handtasche, die kostbare Spieldose und Johannas Tagebuch in die Reisetasche, schlich sich zur Tür und blieb einen Augenblick stehen.
»Sei doch still, du Idiot, Faith hört dich!« zeterte Beatrice, »kannst du nicht endlich dein Maul halten?« Wieder heulte sie auf, während Stanley weitertobte.
»Ist mir scheißegal, was die Prinzessin hört, die vernasch' ich sowieso bald, wird Zeit, daß die mal einen Mann zu spüren bekommt...«
»...halt dein Maul, du alte Sau!«
»Und diesem Blutsauger Kate Lawrence zeig' ich's auch! Es hängt mir zum Hals raus, dieser miesen Nutte jeden Monat 100 Dollar Handgeld zu bezahlen, nur weil sie uns diese Scheiß-Pflegebälger vermittelt!«
»Um Gottes Willen, sei doch still, du Arsch, die hört das doch alles!« Auf die weiteren Schläge reagierte Beatrice nur noch mit einem Wimmern.
Faith traute ihren Ohren nicht. Was hatte der Kerl da gesagt? Kate Lawrence ließ sich ihre Vermittlungen bezahlen? Also war sie, Faith, nur eine Art Geschäft unter dem Ladentisch? Deshalb hatte Kate sich immer verleugnen lassen, deshalb stand sie grundsätzlich auf der Seite der von ihr ausgesuchten Pflegeeltern!
»Die Lawrence, diese Nutte, sieht wenigstens noch grif-

fig aus!« brüllte Stanley weiter, »ist nicht so 'ne dreckige Sau wie du!« Und plötzlich – Faith glaubte, ihr Herz bliebe stehen – brüllte er zu ihr hoch: »Hey, Prinzessin, gleich besuch' ich dich, dann treiben wir's zu dritt, dann lassen wir das Schweinchen raus und machen 'nen flotten Dreier!« Er lachte dröhnend, was sich allerdings sofort wieder in Gebrüll verwandelte, als Bea ihn angstvoll zur Küchentür hereinzog.
Diesen Augenblick benutzte Faith, um blitzschnell die Treppe herunterzuspringen und das Haus zu verlassen. Draußen begann sie zu rennen, als würde sie vom Teufel gejagt. Erst als sie sich vor den Winowskys sicher fühlte, blieb sie stehen und atmete tief durch. Obwohl sie noch immer gut durchtrainiert war, jagte ihr Puls wie ein überdrehtes Uhrwerk. Ich muß in die Innenstadt kommen, überlegte sie schnell, irgendwohin, wo ich untertauchen kann, wo mich niemand aufgreifen und in diese Hölle zurückschleifen kann. Weder bei Dryers noch bei der alten Meta wäre ich davor sicher, denn da werden sie zuallererst nach mir suchen!
Wieder rannte sie los, denn nicht weit entfernt hatte sie eine Haltestelle entdeckt, auf die gerade ein Bus zusteuerte. Glücklicherweise fuhr er zum Hollywood-Boulevard, so daß sie sich hinsetzen und erst einmal zur Ruhe kommen konnte. Was war jetzt als nächstes zu tun? Der noch immer lebhafte Autoverkehr auf den Straßen täuschte sie nicht darüber hinweg, daß das Publikum auf den Bürgersteigen gewechselt hatte, daß sich die Nacht dort anders präsentierte als der Tag. Ich habe keine andere Wahl, sagte sie sich, und mit Freaks und Punks werde ich immer noch besser fertig als mit Kate Lawrence und Konsorten.
Trotzdem war ihr nicht wohl zumute, als sie ausstieg, um nun, mit der Reisetasche in der Hand, hastig den nächtlichen Boulevard entlangzulaufen; ohne Ziel und damit ohne die beruhigende Vorstellung, am Ende des Weges vor den Bedrohungen der Nacht Schutz zu finden. Sie lief so schnell, daß sich das Interesse der in

größeren Gruppen herumlungernden Winos, Punks und Skinheads an ihrem Tempo zerschlug. Kaum fiel ihnen die hübsche Blondine auf, war sie auch schon wieder davon.

Erst von einer Gruppe jugendlicher Spanier wurde sie aufgehalten, eingekreist und gestellt. Und blitzartig erkannte Faith ihren Anführer: Es war Julio, der ihr mit Sonja und deren Straßenschwestern am Tag ihrer Aufnahmeprüfung in die Ballettschule über den Weg gelaufen war. Das hat ja fast etwas Schicksalhaftes, dachte sie entsetzt, daß ich ausgerechnet *dem* begegnen muß!

Grinsend rempelte er sie an. »Na, Mama, hat's dir die Sprache verschlagen«, tönte er, »aber laß nur, auf Sprache können wir eh verzichten, wir machen gleich mal Liebe und Kohle zusammen!«

Faith versuchte sich an ihm vorbeizuwinden. »Laß mich gefälligst in Ruhe!« fauchte sie ihn an.

»Bedaure sehr, Mama, das kann ich leider nicht. Man hat ja schließlich eine Verantwortung für hübsche Puppen. Die Straße ist ein gefährliches Pflaster, und Puppen wie dich muß ich beschützen!«

»Du mußt überhaupt nichts, laß mich in Ruhe, du Großmaul!«

Sie erschrak über ihre eigene Forschheit, zumal sie deutlich spürte, daß Julio, obwohl er ein hübscher Kerl war, es offenbar nötig hatte, sich vor seiner Gruppe zu profilieren, und es schon deshalb nicht hinnehmen konnte, von einem Mädchen abgewiesen zu werden. »Laß mich jetzt bitte weitergehen«, sagte sie etwas höflicher.

Doch er faßte sie am Arm und hielt sie mit hartem Druck fest. Wütend sah sie ihn an. »Laßt mich in Ruhe, ihr Mistkerle!« schrie sie, befreite sich mit einem heftigen Ruck aus der Umklammerung und lief weiter.

Doch Julio durfte sich diese Ablehnung unter keinen Umständen gefallen lassen. Mit ein paar Sprüngen hatte er sie wieder eingeholt. »Hör zu«, wanzte er sich noch einmal an, »du weißt einfach nicht, wie gut wir beide wären!«

Sie antwortete nicht. Vor ihr tauchten zwei Typen auf, die offenbar gerade ein Geschäft miteinander aushandelten. Der eine von ihnen, ein gutaussehender Italiener, bemerkte Faith und auch Julio, wandte sich aber gleich wieder ab.

»Sieht so aus, Jungs«, tönte Julio, »als müßte ich dieser Dame mal ein bißchen Nachhilfe geben in punkto Nachtleben!«

Vom Gelächter seiner Kumpels animiert, packt er sie noch einmal fest am Arm und zog sie in eine Toreinfahrt. Carlos, Julios Unterboß, entriß ihr die Tasche. Faith kochte vor Wut. »Laßt mich in Ruhe«, brüllte sie in die feixenden Gesichter, »laßt mich in Ruhe und gebt mir meine Taschc wieder!«

»Sie ist 'ne echt zähe Nutte, die Kleine«, bemerkte Julio, »aber das gefällt mir.« Und zu ihr gewandt: »Wie wär's, Mausi, wenn du uns ein bißchen unterhalten würdest?«

Faith atmete tief durch und antwortete betont ruhig: »Laßt mich in Ruhe, und wir vergessen die ganze Sache.«

»Hört nur, hört«, lachte Julio, »sie verzeiht uns, das heilige Nüttchen verzeiht uns!«

Carlos, der die Tasche vor ihren Augen hin und her schwenkte, drängte sich nah an sie heran und zog sie an den Haaren.

Im nächsten Augenblick wirbelte Faith herum und kickte ihm gegen das Knie, so kräftig und gezielt, daß er zusammenzuckte und sich vor Schmerz krümmte.

»Das geht ja wohl zu weit, Puppe«, empörte sich Julio, zog sein Schnappmesser aus der Tasche und hielt es ihr an die Kehle. »Sieht ganz so aus, Kleine, als müßtest du die Umgangsformen für die Straße erst lernen. Entweder du benimmst dich jetzt anständig, oder ich tranchiere dich mit dem Messerchen, kapito?«

Da seine Kumpels vor Begeisterung gröhlten, fühlte er sich zu weiteren Heldenaktionen animiert.

»Siehst geil aus, Mama«. Er steckte das Messer wieder weg und begann an ihr herumzufummeln.

»Sieh' sie dir noch einmal an, Julio«, hörten sie plötzlich eine Stimme aus der Dunkelheit, »denn wenn du sie auch nur anhauchen solltest, ist sie das letzte Gesicht, das du in deinem Leben gesehen hast!« Schlagartig hörten die Rowdies auf zu gröhlen, es wurde totenstill.
»Mann, ich bin's doch«, erwiderte Julio unsicher.
»Wenn du sie nochmal berührst, hörst du die Engel im Himmel singen.«
Jetzt glaubte Julio die Stimme zu erkennen. »Bist du's, Tony?« fragte er vorsichtig.
»Wie oft habe ich dir schon gesagt, du Schwachkopf, daß du mich Anthony zu nennen hast! Wirf das Messer hier herüber, aber dalli.« Julio gehorchte.
»Du hast wohl nicht genug zu tun«, fuhr Anthony fort, »daß dir noch Zeit bleibt, junge Mädchen zu belästigen!«
»Nein, so war es ja gar nicht«, verteidigte sich Julio schwach.
»Wir reden später darüber. Und ihr, du und dein Dreckhaufen hier, geht mir schleunigst aus den Augen, bevor ich es mir anders überlege und euch alle auspuste. Also, macht die Flatter!«
Offensichtlich war Anthony eine gefürchtete Autorität; so cool wie möglich, aber ruhig und widerspruchlos zog die Bande ab. Nur Julio konnte es sich nicht verkneifen, Faith ein »bis später, Mama« zuzuraunen.
Blitzschnell nahm Faith ihre Tasche, sprang in wenigen Sätzen aus der Toreinfahrt heraus und jagte davon, als ginge es um ihr Leben. Die Spieldose und ein Pulli fielen aus der Tasche, doch in ihrer panischen Angst beachtete sie es nicht. Ohne zu überlegen, bog sie in eine dunkle Seitengasse ein, stolperte über Penner, die auf dem Boden lagen und schliefen, wich entsetzt zurück, rannte planlos wieder auf die Hauptstraße. Anthony, dem das völlig verängstigte Mädchen leid tat, lief ihr nach, hob Spieldose und Pulli auf, hatte sie plötzlich aus den Augen verloren, entdeckte sie wieder, nahm die Verfolgung von neuem auf. Wenn sie nur stehen bliebe, er wollte ihr ja nur helfen!

Wohin sich Faith auch wandte, sie schaute nur noch in gespenstische, unheimliche, verbrecherische Gesichter – so jedenfalls kam es ihr vor. Wo rettende Türen offenstanden, wurden sie ihr vor der Nase zugeschlagen. Ihr Herz raste, sie rang nach Luft, aber stehenbleiben könnte das Ende bedeuten... So müssen sich Tiere bei einer Treibjagd fühlen, schoß es ihr durch den Kopf. Schon wieder drohte sie in eine Bande zu geraten. Verzweifelt drehte sie zur Fahrbahn hin ab und wäre um ein Haar von einem schweren Cadillac erfaßt worden, hätte der Fahrer sein Gefährt nicht in letzter Sekunde mit quietschenden Bremsen zum Stehen gebracht. Sofort stieg er aus, ein riesiger, grobklotziger Kerl, aber nicht, um mit ihr zu schimpfen, sondern um sie als Strichmädchen für sich zu gewinnen. Faith, in ihrer Panik völlig kopflos, rannte zurück in die Richtung, aus der sie gekommen war – und rannte direkt in Anthonys Arme. Ohne ihn anzuschauen machte sie sich los, bückte sich nach einer leeren Flasche, die im Rinnstein lag, schlug ihr an der nächsten Hauswand den Hals ab und hielt nun, umklammert wie eine Waffe, das abgebrochene Stück Glas in der Faust. Anthony redete beruhigend auf sie ein, zeigte ihr die Spieldose und den Pulli, lächelte sie an. Jetzt erst erkannte Faith in ihm den jungen Mann, der sie vor Julio und seiner Bande gerettet hatte und dem sie zuvor begegnet war, als er mit einem Partner irgendein Geschäft abwickelte. Anthony, ein Italo-Amerikaner mit schmalem, sympathischem Gesicht und dunklen Haaren sah sehr gut aus. Er mochte zwischen 22 und 25 Jahre alt sein.
Noch einmal hielt er ihr die Spieldose hin. »Daß du Angst hast, kann ich mir gut vorstellen«, sagte er leise, »aber damit ist's jetzt vorbei, du brauchst dich nicht mehr zu fürchten.« Zögernd nahm sie die Spieldose, warf aber die Flasche noch nicht weg. »Ich bin Anthony Martino«, stellte er sich vor und streckte ihr die Hand hin, »meine Freunde sagen »Tony« zu mir.«

»Bleib weg!« fauchte sie ihn an und hielt ihm die Flasche vor's Gesicht.
»Schon gut, ich will dir bestimmt nichts tun, glaub' mir das doch! Ich hab' dich schließlich auch vor Julio beschützt! Also, sei friedlich.«
»Ich hab' mich selbst beschützt - weil ich nämlich rennen kann!« In diesem Augenblick wurde ihr bewußt, daß sie zwar rennen konnte, daß sie aber noch immer nicht wußte, wohin. Außerdem nahm sie jetzt auch zur Kenntnis, daß Tony sich eigentlich sehr nett ihr gegenüber verhielt, daß man, im Grunde genommen, nichts gegen ihn haben konnte. Langsam ließ sie die Flasche sinken und warf sie schließlich in den Rinnstein zurück.
»Laß uns mal von der Straße verschwinden«, schlug er vor, »bevor es neuen Ärger gibt.«
Zögernd folgte sie ihm, ihre Tasche mit den wenigen Habseligkeiten fest an sich gepreßt. Schlimmer konnte es ja eigentlich nicht mehr werden!

In dieser Nacht kamen auch Winowskys nicht zur Ruhe. Das plötzliche Verschwinden von Faith hatte bei Stanley eine fast schockartige Ernüchterung zur Folge. Zornig, mit rotgeschwollenen Augen, tapste er durch ihr Zimmer, warf das Bettzeug zu Boden, hob das Bettgestell hoch, suchte im Schrank nach ihr, indem er die Kleider zur Seite schob, und wußte doch ganz genau, daß sie nicht mehr da war. »Dieses Miststück«, schimpfte er, »dieses gottverdammte, undankbare Miststück!«
»Wofür sollte sie dir dankbar sein?« wagte Bea zu bemerken, »dafür vielleicht, daß du sie seit Monaten Nacht für Nacht mit deiner Sauferei peinigst?«
»Dafür«, erwiderte er, »daß sie Familienanschluß hat, Nestwärme, zu Essen und zu Trinken kriegt – ist das vielleicht nichts?«
»Familienanschluß«, spottete Bea, »vor allem nachts, wenn du neuerdings auf sie drauf willst.«
»Ach halt's Maul, denk' lieber nach in deinem eingeschrumpften Hirn, wie wir das Aas wieder herkriegen.«
»Dir wird's wohl heiß unter'm Hintern? Weil du, wenn deine nächtliche Sauferei rauskommt, wohl kaum noch Pflegekinder kriegst und das gemütliche Geldverdienen dann aufhört?«
»Ist doch auch für dich gemütlich, diese Art, zu Geld zu kommen! Du machst doch einen feinen Reibach dabei.«
»Ohne das Schwarzgeld für Kate wäre es mehr.«
»Eine Hand wäscht die andere«, beendete er das Gespräch, »so ist das nun mal. Und jetzt sieh zu, wie du das Balg wieder herkriegst.«
Er verließ Faith's Zimmer und warf die Tür hinter sich zu. »Den Teufel werd' ich tun, Stanley«, rief Bea ihm nach, »du glaubst doch nicht etwa, daß ich mich jetzt, mitten in der Nacht, auf die Socken mache und durch Los Angeles spaziere? Im übrigen ist sie garantiert bei Dryers untergekrochen oder bei dieser alten Frau.«
Als sie kurz darauf die Küche betrat, suchte er bereits auf ihrem Kalender nach den Telefonnummern. »Ich ruf' nicht mitten in der Nacht bei fremden Leuten an«, sagte

sie, »das kannst du tun, wenn du es für klug hältst. Denn wenn sie dort *nicht* sein sollte, hast du dich selbst an den Strick geliefert! Dieser Dryer läßt doch dann nicht mehr locker, bis er den ganzen Misthaufen durchgewühlt hat!«

Stanley schaute seine Frau unsicher an. »Da ist was dran«, brummte er, »also, was schlägst du vor?«

»Kate Lawrence anzurufen. Es bleibt uns gar keine andere Wahl.« Kurzentschlossen wählte sie ihre Nummer. Es war halb vier Uhr morgens, Kate meldete sich verschlafen und äußerst unwillig. Als sie jedoch hörte, was geschehen war, wurde sie hellwach. »In einer halben Stunde bin ich da«, erklärte sie und legte den Hörer auf.

Diese halbe Stunde benutzte Stanley, um sich noch einmal zu betrinken, während Bea, mit verschwollenem Gesicht und schmerzendem Nacken Scherben aufkehrte, Decken über zerschlagene Möbel breitete, den zertrümmerten Lampenschirm in der Küche abmontierte. Kate mußte ja nicht alles mitbekommen - die Situation war ausweglos genug.

Stanley - offensichtlich weil er sich im Hinterkopf gemerkt hatte, daß Kate Lawrence sich im Anmarsch befand - wurde diesmal im Suff nicht gewalttätig, sondern ließ sich wie ein Sack auf die Couch im Wohnzimmer fallen und schlief im nächsten Augenblick ein. Keine Macht der Welt hätte es wohl fertiggebracht, ihn aufzuwecken.

Als wenig später Kate eintraf, wirkte sie nervös und äußerst ungehalten. Sie setzte sich mit Bea, die einen starken Kaffee gebraut hatte, an den Eßtisch. »Wir müssen sie finden«, begann sie sofort, »bevor sie irgend jemandem etwas erzählt.«

»Ich hab' unentwegt versucht, ihn zu stoppen, glaub' mir das bitte, Kate, aber der Kerl ist ja wie ein Teufel, wenn...«

»...man sieht es dir an, und der Wohnung auch, du brauchst mir nichts zu erzählen. Saubere Zustände bei euch! Hat er sie auch bedroht?«

»Heute Nacht, ja. Sonst hat er sie immer noch ausgelassen.«
»Warum hast du mir nicht schon früher von seiner Gewalttätigkeit erzählt? Wie lange geht das schon?«
»Ungefähr ein Jahr. Aber er ist nett und verträglich, wenn er nüchtern ist. Hat noch nie einem Kind etwas getan.«
Kate rieb sich die Stirn. »Aber Faith wird das alles ganz anders erzählen, das ist dir doch wohl klar?«
»Wahrscheinlich hat du recht, und dann...« Bea machte eine wegwerfende Handbewegung und sprach nicht weiter.
»...und was dann?« fragte Kate drängend, »raus mit der Sprache, was dann?« Sie beugte sich vor und schaute Bea forschend an.
»Faith hat wahrscheinlich auch gehört«, erzählte sie stockend, »was Stanley wegen deines Schmiergeldes von sich gab.« Kate sprang auf. »Was sagt du da? Sogar davon hat der Idiot geschwafelt?« Aufgeregt lief sie im Zimmer umher, rot vor Wut, blieb einen Augenblick vor dem laut schnarchenden Stanley stehen und schüttelte die Fäuste. »Wenn ich mit dem Kerl abrechne, wird er sich wünschen, nie auf die Welt gekommen zu sein! Ich wollte nie etwas Schlechtes für die Pflegekinder, verdammt noch mal. Meine Karriere, zum Teufel, mein ganzes Leben ist ruiniert, wenn Faith heute noch mit irgend jemandem darüber redet.«
»Was wollen wir tun?« fragte Bea leise.
»Du machst gar nichts«, ordnete Kate an, »außer, daß du deinen blöden Mann unter Kontrolle hältst und ihm das Maul zubindest!«
»Und was geschieht mit Faith?«
Kate setzte sich wieder. Ihr Gesicht hatte plötzlich einen sadistischen Ausdruck bekommen, und in ihrer Stimme schwang etwas Bedrohliches mit. »Genau weiß ich es noch nicht, Bea, erst muß ich sie mal haben, dann entscheide ich weiter.«

Tony schloß die Tür seines Hauses auf und ließ Faith eintreten. Es war ein hübscher, kleiner Bungalow, abseits der Highland Ave. Die Einrichtung, vor allem im Wohnzimmer, spiegelte in ihren krassen Gegensätzen von konservativen Möbeln, Antiquitäten und hochmodernen technischen Geräten genau das wider, was Faith an Tony nicht begreifen konnte: Wie war es möglich, fragte sie sich immer wieder, daß so ein netter, freundlicher junger Mann mit guten Umgangsformen irgend etwas mit nächtlichen Straßengeschäften und mit gewalttätigen Banden zu tun hatte?
Tony knipste überall das Licht an und forderte Faith auf, es sich bequem zu machen. Doch sie blieb lieber stehen und schaute sich um. Das also war das Zuhause ihres Retters! Fernseh- und Videotechnik schien sein Hobby zu sein. Alles war exakt montiert und hatte seinen sorgfältig und liebevoll ausgesuchten Platz.
Er hatte sich in die Küche verzogen, um zunächst einmal einen starken Kaffee zu brauen. »Was hast du eigentlich ganz allein da draußen auf der Straße gemacht?« rief er zu ihr herüber.
»'Ne lange Geschichte«, antwortete sie zögernd. Sie war sich immer noch nicht ganz sicher, ob sie ihm vertrauen sollte.
»Ich hab' Zeit«, lachte Tony.
»Ich nicht«, rief sie patzig.
»Wieso hast du keine Zeit?« Er kam mit dem Kaffee herein und gab ihr eine Tasse. »Halte ich dich von einem Rendezvous ab?«
Sie schüttelte den Kopf und nahm genüßlich einen Schluck.
»Das tut gut, Tony!«
»Na siehste. Und nun setz dich doch.«
Sie setzte sich auf einen Stuhl, ihre Tasche eingeklemmt zwischen den Füßen. Tony ließ sich auf dem Sofa nieder.
»Hast du eigentlich auch einen Namen?« fragte er lächelnd.
»Faith.«

»Eventuell auch einen Familiennamen?«
»Williams.«
»Faith Williams«, wiederholte er, »also, wie ich schon sagte, ich heiße Anthony Martino.«
Eine Weile schwiegen sie und schlurften ihren heißen Kaffee.
»Sag mal, wo wohnst du eigentlich?« nahm er das Gespräch wieder auf.
»Ich wohne... weder hier noch da.«
»Schon gut«, lachte Tony, »hab' schon viele Ausreißergeschichten gehört. Probleme mit den Eltern?«
»Nicht, was du denkst.«
Tony stellte seine Tasse hin. »Hör zu, ich weiß, wie es ist, allein zu sein und Angst zu haben. Hier bei mir bist du aber wirklich in Sicherheit.«
Faith lächelte ihn zum ersten Mal an. Aus irgendeinem Grund, den sie sich selbst nicht erklären konnte, begann sie ihm zu vertrauen – wenigstens in diesem Moment.
»Ich kenn' dich überhaupt nicht«, sagte sie, »woher kommst du? Woher wußtest du, daß ich da in der Toreinfahrt war?«
»Na ja, zuerst mal bist du mit Julio an mir vorbeigelaufen. Als sie dich dann in diese finstere Einfahrt zerrten, dachte ich, daß du das bestimmt nicht so toll finden würdest. Und da, na ja, da kam ich eben auf die Idee, dir zu helfen.«
»Warum haben die alle Angst vor dir?«
»Angst vor mir?« Die Frage schien ihm unangenehm zu sein. Blitzschnell erfand er eine Geschichte. »Julio war immer schon ein Aufschneider. Auch als Kind hat er schon geprahlt wie ein Weltmeister. Da hab' ich ihm halt mal das Maul gestopft, und das scheint er während all der Jahre nicht vergessen zu haben.«
Faith schaute ihn nachdenklich an. »Ach ja«, sagte sie etwas zweifelnd, »so war das also.«
»Und jetzt«, fuhr Tony fort, »macht er ein schönes Geld, indem er ab und zu für mich arbeitet.«
»Er arbeitet für dich?«

»Die Straße ist ein hartes Pflaster«, erklärte er ausweichend, »wenn du hier leben und arbeiten willst, mußt du härter sein als die anderen.« Er stellte seine Tasse ab und nahm die Fernbedienung des Fernsehapparates zur Hand.
»Julio und seine Verliererbande machen ab und zu Geschäfte für mich, auf die ich selber keinen Bock habe, also die weniger angenehme Arbeit, verstehst du? Zum Beispiel Straße saubermachen.«
Faith lehnte sich zurück und sagte nichts. Sie nahm ihm das nicht ab, was er da erzählte, wollte aber auch nicht in ihn dringen. Plötzlich wurde ihr wieder mulmig zumute. Was hatte sie in Tonys Haus zu tun? Am besten wäre es wahrscheinlich, wieder abzuhauen. »Weißt du«, sagte sie leise, »ich gehöre hier gar nicht her, ich kenne dich doch überhaupt nicht.«
»Okay, du kennst mich nicht«, erwiderte er, »aber du kennst die Leute, wer immer sie auch sein mögen, bei denen du vorher warst und vor denen du weggelaufen bist. Wie gut waren *die* zu dir?«
Faith nickte. »Da hast du recht.«
»Also bleib' hier und ruh' dich aus. Was hast du zu verlieren?« Sie starrte in die Tasse, als suche sie dort nach einer Antwort.
»Schau«, fuhr er fort, »ich weiß doch, daß du kein Zuhause mehr hast. Du kannst wirklich hierbleiben.«
Mißtrauisch schaute sie ihn an. Was wollte der fremde Bursche von ihr? Mußte sie nicht vorsichtig sein? »Nein«, erklärte sie, »ich bin nicht allein, ich habe eine gute Freundin, ich muß nicht unbedingt bei einem Mann übernachten...«
»...ach, woran denkst du denn gleich«, unterbrach er sie, »du kannst in meinem Schlafzimmer pennen, und ich schlafe hier auf dem Sofa. Du kannst die Tür abschließen. Hier bist du sicher, vor Julio und mir. Ich verspreche es dir.« Er lächelte so freundlich und herzlich, daß sie es ihm abnahm.
Sie stand auf, schlenderte durch den Raum und sah sich

zum ersten Mal aufmerksam um. Auf dem Plattenschrank stand, von Perlen umrahmt, die vergilbte Fotografie einer älteren Frau. »Wer ist das?«
»Das war meine Mutter. Sie starb letztes Frühjahr in Brooklyn.«
»Das tut mir leid«, sagte sie leise, und im gleichen Augenblick, wie in einer kurzen Überblendung, sah sie das Bild ihrer Eltern in diesem Rahmen. Dann bemerkte sie ein Kästchen aus Mahagoniholz neben dem Bild. Vorsichtig nahm sie es hoch.
»Darf ich's aufmachen?« fragte sie Tony, der sie amüsiert beobachtete.
»Aber klar, ich freu' mich doch, wenn dich mein Plunder interessiert.«
Es handelte sich um eine Spieldose, aus der, als Faith sie öffnete, eine Tarantella erklang, ein alter, süditalienischer Volkstanz. Lächelnd überlegte sie, welche Tanzschritte wohl dazu passen könnten. Am liebsten hätte sie es sofort ausprobiert, die Melodie und der schwungvolle Rhythmus fuhren ihr, trotz ihrer Erschöpfung, gewaltig in die Beine. Nicht hier, und nicht vor Tony, befahl sie sich streng, und sie schloß das Kästchen und stellte es wieder auf seinen Platz.
»Die gehörte auch meiner Mutter«, erklärte Tony, der aufgestanden war, um im Schlafzimmer Faith' Bett vorzubereiten. Er sah ihr an, daß sie völlig übermüdet war und dringend Schlaf brauchte.
Faith blieb noch eine Weile vor dem Schränkchen stehen und betrachtete eine kleine, holzgeschnitzte Madonna im Hintergrund. Vorsichtig strich sie ihr über den zarten Kopf. Jemand, der eine Spieldose hat und eine Mutter Gottes, dachte sie zufrieden, kann eigentlich nicht ganz schlecht sein.
Mit einer Decke unter dem Arm kam Tony zurück. »Ich habe morgen jede Menge Arbeit, und du mußt wahrscheinlich Pläne machen und wirst deine Kraft brauchen. Wie wär's, wenn wir uns ein bißchen Schlaf zu Gemüte führten?«

»Eine gute Idee, Tony, und – hab' vielen Dank!«
Er winkte ab. »Ist doch nicht der Rede wert, also, schlaf gut!«
Sie nickte ihm zu, nahm ihre Tasche, ging hinüber und brach auf dem Bett zusammen, als wären nun auf einmal alle Kraftreserven vollkommen verbraucht. Lange blieb sie regungslos liegen. Sie starrte zur Decke und registrierte einen ungeheuren Tumult, der sich ihrer Gedanken bemächtigt hatte und den sie weder steuern noch eindämmen konnte. Dabei verspürte sie, wie schon so oft, den dringenden Wunsch, in Ruhe über die Schrekken der letzten Zeit nachzudenken, sie einzuordnen in erklärbare und vielleicht sogar versöhnliche Zusammenhänge. Doch das wollte ihr einfach nicht gelingen, so sehr sie sich auch darum bemühte. Sie sah ihre Eltern beim Abschied auf dem Flughafen von Santa Monica; sie hörte ihre Mutter rufen: Tschüs, und paßt gut auf euch auf! Sie hörte sie laut beten und schreien, als das Flugzeug abstürzte, auf ein Haus krachte... Der Polizeikommissar klingelte. Sind Sie Fräulein Williams, Faith Williams? Sie floh vor dem betrunkenen Stanley, wurde von dem aufdringlichen Julio verfolgt und in die Toreinfahrt gezerrt...
Faith fuhr hoch und atmete tief durch. Vielleicht würde ihr die Spieldose helfen, den Tumult abzustellen und all die bedrückenden Bilder zu verdrängen. Also ließ sie die kleine Ballerina tanzen. Leise summte sie die vertraute Melodie mit, dachte an die Tarantella von Tony, an sein warmes Lächeln und an seine Worte: Bleib hier, ruh dich aus, was hast du zu verlieren? Und endlich schlief sie ein.

Auch Tony lag noch eine Zeitlang wach auf dem Sofa. Worauf hatte er sich da eingelassen? Warum fühlte er sich von dem Mädchen so seltsam berührt? Wer mochte sie sein, und warum war sie ausgerechnet ihm über den Weg gelaufen? Lauter Fragen, die ich nicht beantworten kann, dachte er, also schiebe ich sie auf und überlasse sie der Zeit. Irgendwann werden sie sich von selbst beantworten.

Als Faith am nächsten Morgen erwachte, fielen helle, warme Sonnenstrahlen auf ihr Bett. Verwirrt schaute sie sich um, ehe die Erinnerung an die vergangene Nacht über sie herfiel wie ein in der Ecke lauerndes, feindlich knurrendes Tier. Sie sprang aus dem Bett und blieb mitten im Raum wie angewurzelt stehen. Verwundert über sich selbst zuckte sie mit den Schultern, schaute ihre Reisetasche an und fühlte sich wie ein blinder Passagier, der den Überblick über die Richtung und den Grund seiner Reise verloren hat.
Draußen donnerte ein Auto heran, aus dessen offenen Fenstern laute Musik dröhnte. Tony schloß die Haustür auf. »Mensch, macht das blöde Radio leise«, rief er, »hier wird noch geschlafen!«
»Stimmt nicht«, lachte Faith, die mit ihrer Spieldose in der Hand ins Wohnzimmer gekommen war, »bin endlich aufgewacht. Hoffentlich hab' ich dich nicht von irgendeiner Arbeit abgehalten durch meine Langschläferei.«
»Hast du keineswegs«, erwiderte Tony, »und das mit dem Lärm eben tut mir leid.«
»Ich war schon wach, macht also gar nichts, außerdem hab' ich gut geschlafen.«
»Freut mich. Bei Tony schläft man eben gut. Und hast du dir schon was überlegen können?« Er ging in die Küche, um das Frühstück für seinen Gast zu holen.
»Nee«, rief sie ihm nach, »nee, überhaupt nichts.« Sie ließ sich auf das Sofa fallen, betrachtete nachdenklich ihre Spieldose, zog sie auf und schaute der kleinen Ballerina zu, wie sie über den Spiegelboden tanzte. Und auf einmal wurde sie von einem solchen Gefühl der absoluten Hilflosigkeit überwältigt, daß sie zu weinen begann. Tony, der mit dem Tablett aus der Küche kam, stutzte, als er sie in ihrer Verzweiflung sah, stellte rasch sein Tablett ab und setzte sich zu ihr. »Komm«, sagte er leise, »ist ja schon gut.«

»Ich hab' keine Pläne«, schluchzte sie, »und auch sonst-nichts mehr. Ich weiß nicht, wohin ich gehen soll, und ich weiß nicht, was ich tun soll.«
Tony lächelte sie freundlich an. »Hör mal, du hast hier ein Haus, in dem du bleiben kannst – und außerdem hast du auch schließlich noch mich.« Soviel Freundlichkeit war nun endgültig zuviel für ihr angeschlagenes Gemüt. Laut schluchzend drückte sie sich in seine Arme und glaubte in diesem Augenblick, sie könnte nie mehr aufhören zu weinen.
Tony hielt sie fest und streichelte sie wie seine kleine Schwester; und das war es auch, was sie dringend brauchte. Als plötzlich jemand an die Haustür klopfte, fuhr sie erschrocken zusammen. Das kann nur wieder Unheil sein, dachte sie und hätte sich am liebsten unsichtbar gemacht.
Tony stand auf. »Bleib hier«, sagte er, »ich wimmle alles ab.«
Vorsichtshalber spähte er aber, ehe er öffnete, durch den Spion. Draußen stand, in Hut und Mantel, sein Onkel Salvatore Martino, ein gutaussehender, älterer Herr mit strengen Gesichtszügen, die auf Anhieb Respekt einflößten. Sofort öffnete Tony die Tür. »Du bist's, Onkel Sal, guten Tag«, begrüßte er ihn.
»Buon giorno, Antonio.« Herr Martino machte Anstalten, einzutreten, doch Tony stellte sich ihm, scheinbar zufällig, in den Weg. Etwas erstaunt blickte Martino seinen Neffen an. »Sag mal, willst du deinen Lieblingsonkel nicht ins Haus bitten?«
Tony wurde klar, daß keine noch so gut erdachte Ausrede den Onkel davon hätte abhalten können, hereinzukommen. Also machte er aus der Not eine Tugend und spielte den freundlichen Gastgeber. »Aber sicher, Onkel Sal«, sagte er einladend, »komm nur rein.« Er küßte ihn auf beide Wangen.
An der Tür zum Wohnzimmer stutzte Martino einen Moment. Ein fremdes Mädchen hier? Wer mochte das sein? Höflich wandte er sich an Tony. »Du hast mir

nicht gesagt, daß du Besuch hast. Ich kann später wiederkommen...«

»...nein, nein«, winkte Tony ab, »ist kein Problem, setz dich doch. Möchtest du Kaffee?«

Onkel Salvatore schüttelte den Kopf. »Es ist schon spät, Antonio, ich hatte schon zweimal Kaffee auf meinen Rundgängen, mehr wird für mein Herz zuviel. Aber jetzt solltest du mich endlich deiner Freundin vorstellen, oder bist du kein Gentleman mehr?«

»Doch, doch, natürlich. Entschuldige bitte. Das ist Faith. Faith, das ist mein Onkel Salvatore Martino.«

Schüchtern streckte sie ihm die Hand entgegen. »Freut mich, Sie kennenzulernen, Sir«, sagte sie leise.

Onkel Sal nickte kurz und wandte sich Tony zu. »Wir müssen uns privat unterhalten, bitte hab' Verständnis, daß ich dich um eine Unterredung unter vier Augen ersuchen muß.«

Faith erhob sich sofort. »Schon gut, Herr Martino, ich wollte sowieso hinübergehen und packen.« Leise schloß sie die Tür hinter sich.

»Wer ist das?« fragte der Onkel, und er schaute Tony mißtrauisch an.

»Ach, nur ein Mädchen, dem ich heute Nacht auf der Straße geholfen habe.«

»Ist das die, die Julio haben wollte?«

Tony beugte sich interessiert vor. »War der etwa schon bei dir?«

»Nein, aber ich habe davon gehört. Er ist ziemlich sauer.«

»Der Idiot kann froh sein, daß er noch lebt. Du glaubst gar nicht, wie hinterhältig und gemein er sich mitsamt seiner Drecksbande gegen Faith benommen hat!«

Onkel Sal nickte verständnisvoll. »Ich will dir nicht vorschreiben, Antonio, wie du dein Leben zu gestalten hast. Aber gerade jetzt, wo die Kolumbianer versuchen, ihren eigenen Drogenabsatz zu organisieren, ist es keine günstige Zeit, die Banden zu verärgern. Diese Jungs machen unseren Straßenabsatz, vergiß das bitte nicht!«

»Ja, ich weiß, Onkel Sal. Aber das heute nacht ging

wirklich zu weit. Ich konnte sie den Kerlen nicht überlassen; wer weiß, was die mit ihr gemacht hätten.« Martino ging nicht darauf ein. »Du leistest gute Arbeit, Antonio«, spann er seinen Gesprächsfaden weiter, »wir können in diesen Zeiten keinen Streit mit den Banden gebrauchen. Nimm dir das zu Herzen, oder besser: Laß deinen Verstand walten.«

Tony nickte. »Ich verstehe, was du meinst. Und sei sicher, es wird keinen Streit geben. Die Sache heute nacht spielte sich ausschließlich zwischen Julio und mir ab. Das hat überhaupt nichts mit dem Geschäft zu tun; es ist eine rein private Angelegenheit.«

Väterlich legte Salvatore seine Hand auf Tonys Schulter. »Du weißt doch, mein Junge, daß ich nur dein Bestes will. Laß dir eines sagen: Geschäftliches und Privates muß man streng getrennt halten, sonst klappt die Chose nicht.« Um seinen Worten das nötige Gewicht zu verleihen und sie in ihrer Bedeutung voll wirken zu lassen, machte er eine kurze Pause. Ernst schaute er dabei Tony an. Schließlich erhob er sich. »Laß bloß niemanden außerhalb ›la famiglia‹ zu nahe an dich ran, Junge!«

»Ich weiß schon, Onkel, ich weiß.« Höflich hielt er die Tür auf und verabschiedete sich von ihm.

Faith hatte währenddessen wieder einmal ihre Reisetasche gepackt; und wieder hatte sie sorgfältig ihre Spieldose in den Pulli gewickelt. Als sie die Haustüre zufallen hörte, wagte sie sich ins Wohnzimmer zurück. Die Tasche nahm sie gleich mit. Tony schaute sie erschrocken an. »Wohin gehst du?«

»Weiß ich noch nicht, vielleicht zu Freunden oder…«

»…warum tust du das?« unterbrach er sie, »ich verstehe einfach nicht, was das jetzt soll!«

Faith überlegte, was sie ihm antworten könnte. Der Besuch des Onkels hatte sie verunsichert. Was wollte er hier, was waren das für Geschäfte, über die sie unter vier Augen reden mußten? Ausweichend erklärte sie schließlich: »Ich will mich nicht in dein Leben drängen, Tony,

aber nochmals vielen Dank für alles, was du bisher für mich getan hast.«Tony nahm ihr die Tasche ab und stellte sie auf den Boden.
»Also so geht das ja nun nicht, einfach abhauen, ohne Grund! Setz dich doch noch einen Moment, mir zuliebe – bitte!« Er führte sie zum Sofa. »Und nun der Reihe nach. Ich habe Kaffee und Toast fertig, und zumindest frühstücken könntest du noch mit mir.«
»Also gut, aber dann geh' ich.«
»Schon recht. Willst du Musik hören?«
Faith nickte. »Wäre ganz schön, ich höre gern Musik.«
Sofort machte er sich an seiner Musikbox zu schaffen, während sie den Kaffee einschenkte. Als die »Rhapsodie in Blue« von Gershwin erklang, regte sich in Faith wieder Lust am Tanzen, und es fiel ihr schwer, die hübschen Beine ruhig zu halten.
»Woher bist du eigentlich?« fragte Tony und setzte sich wieder zu ihr an den Frühstückstisch.
»Ich bin Amerikanerin, geboren in Deutschland, in München. Nach Los Angeles sind wir erst letzten September gekommen.«
»In München war ich auch schon mal, gefiel mir ganz gut.«
»Und wo bist du geboren?«
»In New York. Nach Kalifornien sind wir gezogen, als ich sieben war.«
Und wieder drängte sich Faith die Frage auf, deren Beantwortung sie zwar fürchtete, die sie aber auch nicht einfach verdrängen wollte. »Und was arbeitest du?«
Tony trank einen Schluck Kaffee und setzte dann die Tasse übertrieben bedächtig auf den Unterteller. Offenbar wollte er Zeit gewinnen, um sich die richtigen Formulierungen zurechtlegen zu können. »Also das ist so«, erklärte er, »ich arbeite für das Familienunternehmen: Einzelhandel, Versicherungen, pharmazeutische Artikel, im Grunde langweiliges Zeug. Also ich bin, wenn du eine Bezeichnung brauchst, Geschäftsmann.«

Nachdenklich schaute Faith ihn an, was er mit einem etwas hilflosen Lächeln erwiderte. »Und jetzt erzähl' du mir mal«, lenkte er ab, »was dich in der vergangenen Nacht auf die Straße getrieben hat.«
»Ich bin meinen Pflegeeltern weggelaufen – und zwar für immer.«
»Und wo sind deine richtigen Eltern?«
»Tot.«
Eine Weile schwiegen beide. Die Musik erfüllte den Raum und überließ sie ihren Gedanken und Erinnerungen.
»Meine Eltern leben auch nicht mehr«, sagte Tony schließlich, und leise fügte er hinzu: »Meine Mutter, das war schlimm, als sie starb, und es ist noch gar nicht lange her. Manchmal kommt's mir so vor, als wäre es gestern gewesten... und mein Vater starb, als ich zehn war.«
Faith beugte sich zu ihm. »Ich weiß, wie es ist, Tony, das kannst du mir glauben. Und ich habe überhaupt keine anderen Angehörigen. Da fühlt man sich manchmal ziemlich mies.«
»Ich glaub's dir. Möchtest du vielleicht noch etwas Kaffee?«
Faith schüttelte den Kopf. »Nein danke; aber jetzt mach' ich mich mal auf den Weg.« Zögernd stand sie auf und griff nach ihrer Tasche. »Meine Probleme lösen sich ja nicht dadurch, daß ich hier sitze, dir auf den Keks gehe und den lieben Gott einen guten Mann sein lasse.«
Tony mußte lachen. »Lauter sinnvolle Beschäftigungen, die du da aufzählst. Aber im Ernst: Warum willst du denn unbedingt gehen? Du kannst bei mir bleiben, solange du willst. Das meine ich genauso, wie ich es sage. Ich würde mich riesig freuen.«
Zögernd, doch zugleich erleichtert, nahm Faith wieder Platz. Sie spürte, wie ehrlich er es meinte, und für sie war jeder gewonnene Tag wertvoll. »Also bleibe ich noch für ein, zwei Tage, wenn es dir wirklich nichts

ausmacht, bis dahin habe ich dann vielleicht was gefunden.«
»Abgemacht.«
Sie blieben noch sitzen und hörten die Musik weiter, bis der letzte Akkord verklungen war.

Kate Lawrence war fest entschlossen, Faith zu finden. Für sie stand alles auf dem Spiel: Ihr Ruf, ihre Karriere, ihr Privatleben. Niemals würde sie es hinnehmen, von einem siebzehnjährigen Mädchen ruiniert zu werden, niemals, koste es, was es wolle! Und da sie kaum mit jemandem über ihre schmutzigen Geschäfte reden und auch keinerlei Hilfe erwarten konnte, machte sie sich selbst auf den Weg, nachdem ihre Nachforschungen bei Familie Dryer und Frau Sack ohne Erfolg geblieben waren.
Sie nahm sich den Hollywood-Boulevard vor, denn hier kannte sich Faith aus, wie Beatrice berichtet hatte. Ausgestattet mit Fotos, die sie zusammen mit Bea aus Faith' Fotoalbum gerissen hatte, ging sie langsam über die Straße, sprach Passanten an, Ladenbesitzer, Angestellte, Kellnerinnen, zeigte die Bilder und forderte die Leute auf, sich unbedingt genau zu besinnen. Doch die schüttelten den Kopf und gingen ihres Weges. Auch eine alte, schlampig gekleidete Frau, die einen Einkaufswagen schob und so aussah, als sei sie überwiegend auf der Straße zu Hause, konnte ihr keine Auskunft geben, oder, wie Kate glaubte, sie wollte nicht. »Entschuldigung«, wiederholte sie ihre Frage drängend, »haben Sie dieses Mädchen wirklich nicht gesehen?«
Das machte die Frau nun erst recht mißtrauisch. Ob die gestelzte Ziege ihr ihre Sachen wegnehmen wollte? Geschwind zog sie ein Stück Preßpappe aus ihrem Wagen und schlug damit auf Kate ein. »Verschwinde hier, aufgetakeltes Miststück, das hier gehört alles mir! Hab' ich von ehrlichem Geld gekauft!«
»Ich will doch deinen Kram gar nicht«, beschwichtigte sie Kate und hielt ihre Hand fest, »ich will nur was wissen.«
Die Alte grinste zahnlos, sie stank höllisch nach klebrigem Schweiß. »Antworten kosten Geld«, sagte sie listig und trat dicht an Kate heran. Kate holte einen Fünf-Dollarschein und noch einmal das Bild von Faith aus der Tasche. »Für fünf Dollar guck' ich überhaupt nicht hin«, brabbelte die Alte, »Bilder angucken kostet mindestens zwanzig Dollar.«

Hastig zog Kate einen Zwanzig-Dollarschein heraus, auch weil sie das ungute Gefühl hatte, die alte Zecke sonst nicht mehr loszuwerden und damit Aufsehen zu erregen. »Hier, also jetzt sag' schon, hast du das Mädchen gesehen?«

»Nee.«

»Und was ist mit meinem Geld?« fragte Kate wütend.

Mürrisch wandte sich die Alte ihrem Wagen zu und schob langsam ab. »Du hast für die Information gezahlt«, kreischte sie zurück, »und die Information war nee.«

Da entdeckte Kate einen Farbigen, der sich gerade die Schuhe putzen ließ. Er stand an der Ecke zu einer Seitenstraße und schien, da er sich lebhaft mit allen möglichen Leuten unterhielt, in seiner Gegend Bescheid zu wissen.

»Verzeihung«, sprach Kate ihn an, »vielleicht können Sie mir helfen.«

Der Mann musterte sie von oben bis unten, als hätte sie nicht einen Zentimeter Stoff am Körper. »Sie wünschen, meine Dame?« fragte er gedehnt.

»Ich muß wissen, ob Sie dieses Mädchen hier gesehen haben.«

Lester nahm das Foto und betrachtete es lange. Dabei verzog sich sein Mund zu einem breiten Grinsen. »Sieht gut aus, die Kleine, verdammt gut, ist die noch zu haben?«

»Ich will nur wissen«, fauchte Kate ihn an, »ob Sie sie gesehen haben.«

»Kann mich nicht erinnern.«

Noch einmal holte Kate zwanzig Dollar aus der Tasche. Sofort schnappte Lester ihr den Schein aus den Fingern.

»Wissen Sie was?« tat er geheimnisvoll und legte nachdenklich die Hand ans Kinn, »da fällt mir gerade was sehr Interessantes ein!«

Kate beugte sich vor. »Was fällt Ihnen ein?«

»Daß ich sie noch nie in meinem Leben gesehen habe.«

Er schlug sich auf die Schenkel vor Lachen, nahm seinen

phosphorgelben Hut ab und stülpte ihn Kate über. Wütend riß sie ihn herunter und warf ihn zu Boden.
»Und wie wär's mit uns beiden?« fuhr er unbeirrt fort, »wollen wir nicht endlich mal über dich und mich reden?«
»Sie sind ekelhaft«, fauchte sie ihn an und wandte sich ab.
Lester machte eine tiefe Verbeugung. »Ich bemühe mich jedenfalls nach Kräften!«
»Ich werde sie finden«, murmelte Kate vor sich hin, »ich muß sie finden!« Sie fühlte sich hundeelend, war unausgeschlafen und unheimlich nervös. Nicht auszudenken, was da auf sie zukommen konnte! Plötzlich wurde ihr schwarz vor den Augen, der Straßenlärm um sie her verebbte zu einem leisen entfernten Rauschen. Kalter Schweiß brach ihr aus. Verzweifelt griff sie nach der Hauswand, krallte sich fest, kämpfte mit Schwindel und Übelkeit. Nur nicht umkippen, hämmerte es in ihrem Kopf, nur um Gottes willen nicht umkippen! Eine Frau mittleren Alters blieb besorgt stehen. Ob sie behilflich sein könne?
»Nein, nein«, stöhnte Kate, »es geht gleich wieder, nur eine kleine Kreislaufgeschichte.«
Die Frau blieb trotzdem bei ihr und stützte sie. »Sowas kann schon mal passieren«, tröstete sie, »ist jedem von uns schon mal passiert. Das hat bestimmt was mit dem Wetter zu tun. Soll ich Sie ganz langsam nach Hause bringen?«
Kate schüttelte den Kopf. »Lassen Sie nur, ich habe noch etwas Dringendes zu erledigen.« Nach einigen Minuten ließen Schwindel und Übelkeit nach. »Sehr freundlich von Ihnen«, wandte sie sich nun an die Frau, »aber mir geht's schon wieder leidlich. Ich suche ein junges Mädchen, das aus dem Heim davongelaufen ist, verstehen Sie?« Treuherzig lächelte sie die Frau an. »Sie wissen sicher, was ich meine, schwer erziehbar und so weiter...«
Die Frau nickte verständnisvoll. »Sie sind bestimmt So-

zialarbeiterin und haben eine schwere Verantwortung zu tragen. Kann ich etwas für Sie tun? Mein Name ist Laura Beat.«
Rasch holte Kate ihre Fotos hervor. »Jeder kann mich bei meiner schwierigen Aufgabe unterstützen«, erklärte sie betulich, »jeder, der sich dem Wohl der Allgemeinheit gegenüber verantwortlich fühlt. Kennen Sie dieses Mädchen?«
Aufmerksam betrachtete Laura Faith' Gesicht, kam jedoch, trotz gründlicher Überlegung, zu dem ehrlichen Schluß, sie noch nie gesehen zu haben. Ob man da jetzt nicht die Polizei einschalten müsse?
»Nein, nein«, erwiderte Kate, »das ist zunächst mal unsere Sache. Die Polizei hat genug am Hals, da müssen wir die Kompetenzen fair aufteilen.«
Beeindruckt verabschiedete sich Frau Beat und setzte ihren Weg fort. Mit welch aufreibenden Problemen sich die Helfer der Gestrauchelten doch täglich herumschlagen müssen, dachte sie, man muß diesen Menschen für ihre aufopfernde Arbeit von Herzen dankbar sein!
Kate suchte weiter. Sie befragte Kinder, an die sie Bonbons verteilte, Radfahrer, Gäste einer Eisdiele, und zwischendurch ganz allgemein Passanten. Und mit der Erfolglosigkeit ihres Unternehmens wuchs das Ausmaß ihrer Entschlossenheit. Heute Nacht komme ich wieder, befahl sie sich, jeden Tag und jede Nacht komme ich wieder, bis ich das Aas habe!
Gegen Mittag machte sie sich mit ihrem Auto auf den Weg zur Mt. Juliet School, um Cheryl Dryer nach Unterrichtsschluß dort abzufangen. Allein ließ sie sich möglicherweise besser weichmachen als im Beisein ihrer Eltern. Heute früh jedenfalls hatte sie sich vollkommen zugeknöpft verhalten.
Da sie etwas zu früh bei der Schule ankam und warten mußte, zündete sie sich eine Zigarette an. Mit jedem Zug wurde ihr wohler, und mit der wiederkehrenden Kraft kehrte auch ihre Selbstsicherheit zurück. »Wäre

doch gelacht«, murmelte sie, »wenn ich das nicht schaffen würde – bisher habe ich doch *alles* geschafft!«
Endlich ertönte die Schulglocke, und wenig später stürmten und drängten die jungen Leute zum Portal heraus. Als sie dann Cheryl entdeckte, sprang sie aus dem Auto und winkte ihr zu. »Ich habe noch eine Bitte!«
Cheryl näherte sich zögernd. »Und die wäre?«
»Daß du mir ehrlich sagst, ob du Faith gesehen hast.«
»Das habe ich doch heute früh schon erzählt. Ich habe sie nicht gesehen, und ich finde das alles verdammt mies!«
»Was findest du mies?«
»Daß sie vor diesem alten Suffkopf derart Angst haben mußte. Denn das ist mit Sicherheit der Grund dafür, daß sie verschwunden ist, damit Sie es wissen. Hätte man sie damals bei uns gelassen, dann wären wir jetzt alle viel glücklicher.«
»Du weißt nicht, was du redest, Cheryl.« Kate versuchte ein gewinnendes Lächeln. »Du bist noch sehr jung und kennst die Probleme nicht…«
»…Probleme hat es erst durch Sie gegeben, um das mal klarzustellen.«
Urplötzlich verschwand das Lächeln auf Kates Gesicht und verwandelte sich in Wut. »Ruf mich an, wenn du was von ihr hörst«, befahl sie streng und hielt Cheryl ihre Visitenkarte hin.
Ohne überhaupt hinzuschauen, machte Cheryl auf dem Absatz kehrt und nickte grüßend einem Klassenkameraden zu.
»Na warte, Früchtchen«, fauchte Kate, »wir sprechen uns noch.« Sie stieg in ihren Wagen, ließ den Motor laut aufheulen und brauste davon. An der nächsten Telefonzelle hielt sie an. Sie mußte mit Beatrice sprechen. »Hör zu«, begann sie ohne Umschweife, als Bea endlich den Hörer abnahm, »hör mir gut zu! Wenn Faith bei euch anruft, sag mir sofort Bescheid, so-fort! Und merk dir eins: Falls jemand erfährt, was da gestern bei euch gelaufen ist, könnte ich ins Gefängnis kommen, *wir* könn-

ten ins Gefängnis kommen, verstehst du: Ge-fäng-nis!« Eine Antwort wartete sie nicht ab. Sie knallte nur den Hörer auf und sprang wieder in ihren Wagen.

Cheryl lief auf dem kürzesten Weg nach Hause. Es hatte sie große Mühe gekostet, sich Kate Lawrence gegenüber cool zu verhalten. In Wahrheit machten Angst und Sorgen um Faith sie fast krank, und sie wollte möglichst schnell zu Hause sein, für den Fall, daß Faith sich melden würde. Ihren Eltern ging es nicht besser. Nervös und unkonzentriert versuchten sie zu arbeiten, immer wieder von der Frage gequält, ob sie nicht entschiedener und mit größerer Ausdauer um die Pflegestelle für Faith hätten kämpfen müssen. Doch alle Vorwürfe und Zweifel halfen nichts mehr. Faith war verschwunden, und man konnte nur darum beten, daß es ihr einigermaßen gut gehen und sie den Kopf über Wasser behalten würde.

Am späten Vormittag, während Kate Lawrence noch immer den Boulevard absuchte, kam Faith auf die Idee, dort einen Schaufensterbummel zu machen. Tony hatte sich wegen dringender Geschäfte verabschiedet, war in seinen weißen Mustang gestiegen und weggefahren.

Zunächst räumte sie in der Küche noch das Frühstücksgeschirr ein, strich ihre Bettdecke glatt, stellte die Spieldose und das Bild ihrer Eltern auf den Plattenschrank neben Tonys Tarantella-Kästchen und das Bild seiner Mutter. Sie machte ein paar Tanzschritte, holte sich ein Buch über Italien aus Tonys Regal, blätterte etwas darin herum und stellte es wieder zurück. Es wollte sich nicht die rechte Ruhe bei ihr einstellen, alles war noch zu neu, zu unbekannt und ohne klar erkennbares Ziel. Also nahm sie schließlich ihre Handtasche und machte sich auf den Weg. Am hellen Tag würde sie vor Julio und seiner Bande sicher sein, sagte sie sich, ohne zu bedenken, daß noch eine ganz andere Gefahr drohen konnte: Kate Lawrence.

Daß sich die beiden tatsächlich nicht begegneten, lag an einer Reihe von Zufällen, wie sie meist dem Schicksal zugeschrieben werden. Jedenfalls hatte Faith an diesem Vormittag, wenn nicht gerade das Glück, so doch einen Schutzengel zur Seite.

Sie stand gerade vor einem Schaufenster, als sie plötzlich von mehreren Kerlen eingekreist wurde. Erschrocken schaute sie hoch – und erkannte Julio und seine Bande. »Hey«, ließ Julio sich vernehmen, »wenn das mal nicht unsere Lieblingsfrau ist!«

»Laßt mich bitte weitergehen«, sagte sie laut, »ihr habt kein Recht, einfach Straßenpassanten festzuhalten.«

»Hattest du vielleicht das Recht, einfach abzuhauen? Für uns steht nämlich fest, daß du abgehauen bist, durchgebrannt. Das ist bekannt, Lady!«

»Das geht dich nichts an.« Erneut machte sie den Versuch, aus dem Kreis herauszukommen, doch er schloß sich umso dichter.

»Wir hätten da einen tollen Job für dich, Alte«, schlug Julio vor, »damit kannst du dir dicke Dollars verdienen bis heute nachmittag.« Er legte den Arm um sie und zog sie an sich. »Eine Menge Geld, Alte, wäre das nichts?«
»Laß mich los«, fuhr sie ihn an und ließ ihre Handtasche fallen, »laß mich endlich in Ruhe.«
»Wir würden uns freuen«, fuhr Julio fort, »wenn wir dir dabei helfen könnten – mit der Kohle, verstehst du. Ich brauch' dir nur eine kleine Einweisung zu geben, zusammen mit meinen Kumpels hier. Wir haben Kundschaft, die auf exotischen Stoff fliegt. Du wärest genau die richtige Lady für uns...«
In diesem Augenblick tauchte Tonys weißer Mustang auf. Mit quietschenden Bremsen hielt er hart am Bürgersteig. »Los, steig ein!« schrie er durch das heruntergekurbelte Fenster. Faith hob ihre Handtasche auf, Julio wich zur Seite und ließ sie laufen. Da vorne neben Tony jemand saß, kletterte sie auf den Rücksitz.
»Und jetzt zu dir, Julio, komm her!« Widerwillig gehorchte Julio.
»Wir müssen uns unterhalten, du und ich, mein Freund«, sagte Tony, »heute Nacht, hinter Musso Franks, genau um Mitternacht. Sieh zu, daß du da bist!« Er klopfte ihm leicht auf die Backe und schubste ihn weg.
So schnell, wie der weiße Mustang gekommen war, verschwand er wieder.
»Das ist übrigens mein Vetter Joe«, wandte sich Tony an Faith, »meine rechte Hand sozusagen.«
Freundlich nickte sie ihm zu. »Hallo, Joe, ihr seid gerade zur rechten Zeit gekommen.«
Tony schüttelte den Kopf. »Du bist aber auch leichtsinnig, Faith, gehst lustig spazieren, obwohl dir doch sicher deine Pflegeeltern auf der Spur sind.«
»Aber doch nicht auf dem Hollywood-Boulevard...«
»...warum denn nicht? Die Spürhunde können doch überall sein, ich wäre da nicht so sicher!«
»Okay, du magst recht haben. Übrigens: Ich müßte

dringend nochmal jemanden anrufen. Geht das von deinem Telefon aus?«

»Besser, ich setze dich an einer öffentlichen Telefonzelle ab – wir warten solange im Auto.«

Faith wollte Dryers benachrichtigen; inzwischen würde Cheryl sicher zu Hause sein.

Wie der Blitz war Cheryl am Apparat. »Mein Gott, du kannst einen vielleicht in Atem halten«, stöhnte sie, »also wirklich, ich bin völlig am Ende mit meinen Nerven!«

»Nur kurz soviel«, erklärte Faith, »ich mußte vor Winowsky, dem Suffkopf, fliehen, hab' seither ziemlich viel erlebt und bin jetzt gut untergetaucht. Also mach dir keine Sorgen, und ich melde mich demnächst ausführlich!«

»Oh Gott, Faith, du schaffst mich, kann ich denn gar nichts für dich tun?«

»Im Moment nicht, danke, mein Schatz, aber es geht mir wirklich gut. Tschüs, bis bald, adios, arrivederci!« Sie legte schnell auf, da Tony es offenbar heute sehr eilig hatte.

An diesem Nachmittag blieb Faith allein im Haus. Sie zog sich ihre Trainingssachen an, legte Musikkassetten ein und trainierte, bis sie sich nach eineinhalb Stunden erschöpft und außer Atem auf einen Stuhl fallen ließ. Später sah sie sich im Fernsehen einen Film von Charly Chaplin an.

Als es zu dämmern begann, holte sie sich Johannas Tagebuch und legte sich damit im Wohnzimmer auf die Couch. Sie blätterte ein wenig darin herum und blieb an einem 28. Mai hängen.

Faith wird heute acht, schrieb Johanna, *unten im Hobbyraum tobt die Geburtstagsparty. Natürlich tanzen die Kleinen, was auch sonst! Sie wollen es der Ballerina in der Spieldose gleichtun, die so graziös über ihren Spiegelboden wirbelt; für Faith wahrscheinlich das schönste Geburtstagsgeschenk, das sie je von uns bekam. Jedenfalls hat sie heute für nichts anderes Augen!*

Ein wunderschöner, sonniger Tag. Ich meine, daß die Kinder nachher noch etwas in den Garten gehen und Sonne tanken sollten. Hoffentlich kommt Willy heute früher nach Hause. Ich würde gerne mit ihm auf dem Balkon Geburtstagskaffee trinken. Habe extra für ihn Nußkuchen gebacken.
Lächelnd legte Faith das Tagebuch zur Seite. Sie sah ihre Eltern auf dem Balkon sitzen und Kaffee trinken – sie erinnerte sich genau – denn sie war damals für ein paar Minuten mit der Spieldose hochgerannt, um noch einmal mit ihnen gemeinsam das herrliche Geschenk zu bewundern...
Plötzlich riß jemand Faith aus ihren Erinnerungen. Es war Joe, Tonys Vetter, der hereingekommen war und sich suchend umschaute. »Tony ist wohl schon weg?« fragte er und nahm sich zwei Flaschen aus dem Regal, um sich einen Drink zu mixen. »Möchtest du auch was zu trinken?« wandte er sich an Faith. Sie schüttelte den Kopf.
»Danke, nein. Aber weißt du, wo Tony heute abend ist?«
»Der hat einen Auftrag zu erledigen für Onkel Sal, du hast ihn ja heute früh kennengelernt.« Um zu vermeiden, weitere Erklärungen über Onkel Sal und seine Geschäftsgepflogenheiten abgeben zu müssen, nahm Joe die Spieldose und zog sie vorsichtig auf. »Wo hast'n die her?«
»Ein Geschenk von meinen Eltern.«
»Tanzt du auch?«
»Bis zum Tod meiner Eltern viel und regelmäßig.«
»Warum hast du dann aufgehört?«
»Geld, beziehungsweise kein Geld.«
Nachdenklich sah er der kleinen Ballerina in ihrem Glitzergehäuse zu. Er war ein netter Kerl; Faith fühlte sich bei ihm ebenso sicher und geborgen wie bei Tony.
»Weißt du«, unterbrach er das Schweigen, »ich würde dich unheimlich gern mal tanzen sehen.«
»Tu ich gerne für dich – und auch für Tony.«
»Dafür koche ich uns jetzt Spaghetti mit einer selbst kreierten Soße. Magst du Spaghetti?«

»Und wie! Ich finde das eine phantastische Idee, und du kannst mich ja als Handlanger in der Küche anstellen. Ich bin nicht ungeschickt.«
Joe nickte. »Das glaub ich dir aufs Wort. Aber Handlanger machen mich nervös. Deshalb wirst du abgeordnet, den Tisch zu decken, aber feierlich mit Kerzen und Rotweingläsern und so weiter. Du kannst auch die Spieldose zur Dekoration draufstellen.«
Da sie beide hungrig waren, machten sie sich sofort an die Arbeit. »Und nachher spielen wir Schach«, rief Faith in die Küche hinüber, »hier gibt's doch hoffentlich ein Schach?«
Joe – in einer großen blauen Schürze – erschien einen Augenblick an der Tür. »Aber ja. Nur leider wirst du mit mir als Partner ganz fürchterlich verlieren!«
»Ein typischer Fall von Überheblichkeit«, lachte Faith, »du kennst nämlich Cheryl nicht! Die ist eine Meisterin, und ich war ihre gelehrige Schülerin.«

Gegen Mitternacht fuhr Tony mit seinem weißen Mustang von Gower in Richtung La Brea, den Hollywood-Boulevard entlang. An vielen Straßenecken hielt er an, winkte seine Leute heran, die ihn dort erwarteten, sammelte Tagesberichte ein. Mit dem Einsammeln von Geld gab er sich nicht ab, das überließ er anderen. Er hatte die Oberaufsicht, war derjenige, der lobte oder tadelte und hier und da Anweisungen gab. Wer die einzelnen Szenen von weitem beobachtete, konnte meinen, es handle sich jedesmal um die herzliche Begrüßung von Freunden.

Auch an der Ecke Hollywood-Boulevard und Cahuenga hielt er an; doch nicht, um Berichte abzuholen. Hier wartete, an eine Hauswand gelehnt, ein etwas verwahrlost aussehender Italiener. Er mochte etwa zehn Jahre älter sein als Tony.

»Steig' ein, Dom«, rief Tony ihm zu und öffnete einladend die Wagentür. Rasch nahm der Mann auf dem Beifahrersitz Platz, und Tony reihte sich wieder in den Verkehr ein. »Na, wie war dein Tag, Dom?«

»Ist gut gelaufen. Aus der Pizzeria haben wir gehört, daß etwas über eine viertel Million zusammengekommen ist.«

»Das wird Onkel Sal aber freuen!« Tony schaute kurz zu Dominic hinüber. »Hör mal, Dom, ich brauche deine Hilfe heute nacht.«

»Was immer du willst, Tony, das weißt du ja.« Schweigend fuhren sie weiter, bis sie in der Nähe der Cherokee Straße den Parkplatz hinter Musso Franks erreicht hatten. »Wie geht es Alexandra?« fragte Tony, bevor sie ausstiegen.

Der Italiener lächelte zufrieden. »Ihr und unserem Jungen geht's gut, wirklich gut.«

»Grüß' sie von mir, vergiß es nicht.«

Inzwischen war der Parkwächter herangekommen. Auch ihn kannte Tony. »Wie steht's, Lou?« begrüßte er ihn freundlich. »Alles okay?«

»Sehr gut, alles okay, Herr Martino!«

Tony gab ihm einen Hundert-Dollarschein. »Damit wäre meine Parkgebühr für diesen Abend beglichen, oder? Kannst ruhig früher nach Hause gehen heute.«
Lou verbeugte sich leicht. »Jawohl, Herr Martino, dann werde ich mal gleich abmarschieren.«
Auf ein Zeichen von Tony setzte sich nun Dominic in das Wächterhäuschen. Zwei Herren, offenbar Gäste des Restaurants, gingen langsam zu ihren Autos.
Mittlerweile war es Mitternacht geworden, aus der Dunkelheit einer gegenüberliegenden Gasse tauchte Julio mit seinen drei »Soldaten« auf. Zögernd näherten sie sich dem Parkplatz. Dominic im Wächterhäuschen duckte sich, damit sie ihn nicht entdeckten.
»Was willst du mit mir besprechen, Anthony«, rief Julio leise herüber.
»Für dich bin ich heute nacht »Herr Martino«, verstanden?«
»In Ordnung, Boss«, grinste Julio und gab seinen Soldaten ein Zeichen, »du bist der Boß.«
Sofort begannen sie Tony auf ihre altbewährte Weise zu umzingeln. Im gleichen Moment machten die beiden »Restaurantgäste« kehrt, zogen ihre Pistolen und stellten sich bedrohlich dicht hinter Julio und seine Leute. »So, ihr Saftsäcke«, erklärte Richie, der ältere der beiden, »nun bleibt mal schön brav stehen, damit man sich hier in aller Ruhe unterhalten kann.« Nun tauchte auch Dominic aus seinem Wächterhäuschen auf.
Entsetzt schaute Julio sich um, zog sein Messer aus der Tasche, ließ es aufschnappen.
»Aber nicht doch, Bürschchen«, meldete sich Dominic, »du wirst doch nicht mit deinem Messerchen herumstechen.« Blitzschnell packte er von hinten Julios Handgelenk und drehte es so heftig herum, daß Julio mit schmerzverzerrtem Gesicht das Messer fallen ließ. Scheinbar höflich hob Tony es auf, hielt es ihm ganz nah vors Gesicht. Dann begann er mit ihm zu sprechen wie mit einem ungehorsamen Kind. »Ich weiß nicht«, seufzte er theatralisch und schüttelte den Kopf, »was ich mit

dir noch machen soll. Wolltest du das Messerchen etwa gegen mich benutzen?«

Julio brach der Schweiß aus. »Nee, Mann«, beeilte er sich, »das hab' ich nur zur Selbstverteidigung, also wirklich, reiner Selbstschutz.«

»Gegen wen mußt du dich denn verteidigen?« fragte Tony mit sanfter Stimme, »vielleicht gegen kleine Mädchen, du Armer?«

Er bückte sich, rammte das Messer in den Boden und trat mit dem Fuß dagegen, so daß die Klinge am Schaft abbrach. Mit eiskaltem Blick wandte er sich wieder an Julio. »Vermutlich wirst du das nächste Mal etwas anderes brauchen«, sagte er scharf, »deshalb rate ich dir, laß es nicht zu einem nächsten Mal kommen!« Er versetzte ihm einen gezielten Schlag in die Magengegend. Julio heulte auf und klappte zusammen. Sofort stellte Dominic ihn wieder auf die Beine – wie ein Pappmännchen – und versetzte ihm seinerseits noch einen gelungenen Nierenschlag.

Der Versuch von Julios Männern, ihrem Anführer beizustehen, scheiterte kläglich an Richie und Dominic, die sie einfach zurückschoben wie eine bewegliche Kulisse. Noch einmal bedachten sie Julio mit einem Schlag in den Magen und einem kräftigen Kinnhaken, so daß er zu Boden taumelte und stöhnend liegenblieb.

»Dominic, komm, stell' ihn wieder senkrecht«, befahl Tony, und zu Julio gewandt: »Wir sind nämlich noch nicht quitt, mein Sohn.« Gelassen holte er seine Pistole heraus und schraubte seelenruhig den Schalldämpfer auf.

»Mann, komm, laß das«, winselte Julio, »mach doch nicht so'n Scheiß!«

»Ich mußte dir leider zweimal sagen, daß du das Mädchen in Ruhe lassen sollst, einmal in der vergangenen Nacht und dann schon wieder heute.« Der Schalldämpfer saß jetzt fest, Tony kontrollierte, ob die Waffe geladen war, spannte den Hahn und zielte.

»Sieht so aus«, sagte er hart, »als müßte man deinem

Gedächtnis und deinem Gehorsam etwas auf die Sprünge helfen.«
»Mann, Anthony, halt das Ding doch nicht auf mich – bitte, Mann!«
»Wenn ich dir etwas sage«, erklärte Tony drohend, »dann dürfte *ein* Mal genügen.«
»In Ordnung, Anthony«, heulte Julio, »in Zukunft denke ich dran. Du kannst dich drauf verlassen, ehrlich, aber bitte schieß nicht!«
Bedauernd zog Tony die Augenbrauen hoch. »Leider, leider kann ich dich nicht verschonen, Julio, was würden denn meine anderen Angestellten von mir denken?«
»Ich flehe dich an, schieß nicht, mach' eine Ausnahme mit mir!« Julio heulte inzwischen wie ein kleines Kind.
»Da es scheinbar ein Problem für dich ist«, fuhr Tony ungerührt fort, »deine Pfoten von jungen Mädchen zu lassen, habe ich, glaube ich, einen Weg gefunden, der uns beiden gerecht wird...«
Verzweifelt machte Julio Anstalten, sein Gesicht mit den Händen zu schützen. Doch Dominic riß sie ihm hoch, und im nächsten Augenblick schoß Tony mit einem dumpfen Knall Julio durch die linke Hand. Julio schrie auf, Blut spritzte – die drei Soldaten wichen entsetzt zurück.
»Bedank' dich bei mir, Julio«, sagte Tony ruhig, »daß ich Gnade vor Recht ergehen ließ.«
»Danke«, wimmerte Julio.
Tony schraubte den Schalldämpfer wieder ab. »In Zukunft«, bemerkte er, »behalte deine Flossen bei dir!«
Dominic packte Julio und legte ihn vor dem Wächterhäuschen ab wie einen Sack Kartoffeln. Richie wandte sich an die drei Soldaten: »Und ihr macht jetzt die große Flatter, ihr hirnlosen Saftsäcke«, befahl er, und es verging keine Minute, da waren sie in der Dunkelheit verschwunden.
»Du hast ja fabelhafte Beschützer, Julio!« spottete Tony, ehe er mit Dominic in seinen Wagen stieg. Auch Richie und sein Partner fuhren davon. Zurück blieb Julio mit seiner blutenden Hand.

Bevor Tony seinen Begleiter wieder absetzte und nach Hause fuhr, mußte er von einer Zelle aus noch ein dringendes Telefongespräch führen. Er wählte eine Nummer, die er auswendig kannte, wartete einen Augenblick und sprach dann ganz ruhig: »Ich bin's. Hör zu, ich habe keine Zeit. Wenn das jemand erfährt, präsentiere ich Julio und die anderen Typen auf einem Silbertablett. Merk' dir eins, laß meinen Onkel Sal in Ruhe. Keine Fehler. Ich melde mich wieder.«
Ohne eine Antwort abzuwarten, legte er den Hörer auf und atmete tief durch. Endlich hatte er die wichtigsten Dinge für diesen Tag erledigt.

Am nächsten Morgen, als Faith aus dem Schlafzimmer kam, stand Tony schon mit dem Frühstückstablett vor dem Tisch.
»Guten Morgen, Faith«, begrüßte er sie, »Joe erzählte mir, ihr hättet euch gut unterhalten gestern abend.«
»Er ist nett.«
»Klar ist mein Vetter nett, wie könnte es anders sein, schließlich ist er mit *mir* verwandt.«
Faith mußte lachen. »An Minderwertigkeitskomplexen scheinst du nicht zu leiden.«
»Wie sollte ich? Weiß ja gar nicht, was das ist. Übrigens weiß ich von Joe auch, daß du bis zum Abschluß nur noch für ein paar Wochen auf die High School müßtest.«
»Stimmt, aber ich werde sie wohl jetzt nicht zu Ende machen.«
»Und warum gehst du nicht in die Hollywood High? Ich fahre dich gern hinüber, sobald du dich angezogen hast und fertig bist.«
»Geht doch nicht, Tony! Du hast doch selbst gesagt, daß ich wahrscheinlich gesucht werde...«
Tony tippte sich gegen die Stirn. »Du hast recht, ich bin ein Idiot. Aber wir werden das Kind schon irgendwie schaukeln, verlaß dich da ganz auf mich. Jetzt muß ich erst mal einige Erledigungen für Onkel Sal machen. In

ein paar Stunden bin ich zurück. Aber geh nicht wieder ohne mich raus – bitte!« Er winkte ihr zu, nahm seine Autoschlüssel und verschwand.
Faith erinnerte sich noch, daß der Unterricht für Cheryl heute erst um elf Uhr begann. Deshalb holte sie sich das Telefon, stellte es neben sich auf die Couch, wählte Cheryls Nummer und führte mit ihr ein nicht enden wollendes Gespräch.

Erschöpft saß Kate Lawrence vor ihrem Fernsehgerät, schaltete alle möglichen Programme durch, stand auf, holte sich einen Whisky, lief nervös hin und her, riß den Vorhang zu und ließ sich wieder in den Sessel fallen. Ein schrecklicher Tag lag hinter ihr, schrecklich und erfolglos. Wo, verdammt nochmal, mochte dieses Biest untergetaucht sein? Heute nacht wollte sie weitersuchen, und wenn sie vor Müdigkeit auf den Knien rutschen müßte! Morgen würde sie dann die alte Madam, Meta Sack, wieder in die Mangel nehmen, diesmal, wenn es der Sache diente, etwas nachdrücklicher als bisher. Ein Segen nur, daß die Winowskys mit ihr im gleichen Boot saßen und daher gezwungen waren, sie zu unterstützen!

Sie stellte den Wecker auf zehn Uhr, trank noch einen Whisky und warf sich auf die Couch. Wenigstens zwei Stunden wollte sie sich ausruhen, ehe sie sich in das Nachtleben stürzen und noch einmal den Hollywood-Boulevard abklappern würde.

Sie schloß die Augen und versuchte, sich zum Schlafen zu zwingen. Doch sofort tauchten, laut und bedrängend, die Ereignisse des Tages wieder vor ihr auf und reihten sich willkürlich aneinander zu verwirrenden Bildern, die abliefen wie ein falsch zusammengefügter Film. So muß es Menschen zumute sein, die verrückt werden, dachte sie verzweifelt und preßte beide Fäuste gegen die hämmernden Schläfen. Völlig entnervt sprang sie schließlich auf und lief in die Küche, um sich einen starken Kaffee zu brauen.

Es dauerte nicht lange, da kehrten – mit jedem Schluck mehr – ihre Lebensgeister zurück, und sie konnte sich mit halbwegs klarem Kopf überlegen, wie sie in den nächsten Stunden am besten vorgehen würde. Auf jeden Fall mußte sie sich Zugang verschaffen in die Kreise der Prostituierten und ihrer Zuhälter, der großen »Geschäftsleute« und ihrer kleinen Unterhändler, eben zu all den Leuten, die das nächtliche Leben der Straße bestimmten.

Anstelle eines Kleides zog sie ihren kurzen, engen Sexschlauch aus roter Seide an, mit dem sie auf ihrem Weg nach oben schon so manches Liebesabenteuer bestanden hatte, schlüpfte in rote Pumps mit dünnen hohen Absätzen und legte sich ihre weiße Nerzstola um.

Kate Lawrence erregte Aufsehen, und das mehr, als ihr lieb sein konnte. Die Prostituierten, wo immer sie in dieser Nacht mit ihnen zusammentraf, reagierten wütend und vertrieben sie, weil solche in Seide und Pelz gehüllten Edelnutten ihnen das Geschäft verdarben, und die Zuhälter reagierten interessiert, weil sie sich von einem solchen Paradiesvogel eine Belebung des Geschäfts versprachen. Nur mit ihrem eigentlichen Anliegen kam sie nicht recht zum Zug; wem auch immer sie die Fotos von Faith zeigte, man zuckte bedauernd die Achseln und ging zur Tages- beziehungsweise zur Nachtordnung über. Doch Kate gab nicht auf, besuchte weiterhin elegante Nachtlokale ebenso wie verräucherte Kneipen, meist mit den ihr an den Fersen klebenden »Beschützern« im Gefolge, verwickelte die Leute, von denen sie annahm oder auch wußte, daß sie zur Szene gehörten, in Gespräche und zeigte zu guter Letzt ihre Bilder.
Es half nichts: Faith schien wie vom Erdboden verschluckt.
In den frühen Morgenstunden, als das Straßenleben etwas nachgelassen und Kate sich weitgehend von ihren Anhängern befreit hatte, lief sie an einem alten Mann vorbei, der in einem Hauseingang stand und sie mit geheimnisvoller Miene heranwinkte. Zögernd kam sie näher.
»Wissen Sie, wen ich suche?« fragte sie und zog die Fotos aus der Handtasche, »haben Sie von meiner Suchaktion schon gehört?«
»Klar«, antwortete er und starrte sie an, »sowas spricht sich doch allmählich herum. Was zahlen Sie denn für eine Auskunft?«
»Zehn Dollar«, sagte sie, doch als er mit einer wegwer-

fenden Handbewegung auf dem Absatz kehrtmachte, verbesserte sie sich schnell und bot ihm fünfzehn Dollar.
»Dreißig Dollar«, bestimmte der Alte, »darunter läuft bei mir überaupt nichts.«
»Und wenn Sie mir gar nicht helfen *können*?«
»Dann ist das Ihr Problem.«
Keine Chance auslassen, sagte sich Kate, nur ja nicht jetzt, zum Schluß, etwas Wichtiges versäumen! Also zog sie das geforderte Geld aus der Handtasche – viel hatte sie ohnehin nicht mehr – und übergab es ihm. »Schauen Sie sich bitte diese Bilder an und sagen Sie mir dann, ob Sie das Mädchen in letzter Zeit gesehen haben.«
Umständlich stopfte er sich die Geldscheine in die Hosentasche, tief hinein, damit sie ihm ja nicht wieder abgenommen werden konnten. Dann begann er zu kichern.
»Wie soll ich sie gesehen haben, verehrte Lady, wo ich doch seit dreißig Jahren blind bin wie ein Maulwurf?« Und im nächsten Augenblick verschwand er hinter der Haustür, die krachend ins Schloß fiel.
»Verbrecher«, schrie Kate ihm nach, »elender Verbrecher!«
Nun standen also nur noch die obdachlosen Penner auf ihrer Liste. Die »Verhandlung« mit ihnen hatte sie die ganze Zeit vor sich hergeschoben, weil ihr davor am meisten graute.
In einer engen Gasse, die sich durch besonders schlechte Beleuchtung auszeichnete, lagen sie auf dem Straßenpflaster und schliefen ihren Rausch aus. Sie sind viel zu betrunken, sprach sie sich Mut zu, um mich anzugreifen; aber auch viel zu betrunken, meldeten sich sogleich Zweifel bei ihr, um mir eine vernünftige Auskunft zu geben…
Sie sollte sich nicht getäuscht haben. Die Männer schliefen, bis über die Köpfe in ihre Mäntel gewickelt, wie die Murmeltiere, und weder gutes Zureden noch grobes Schütteln hätte sie an dieser, ihrer zweiten Lieblingsbeschäftigung, hindern können.

Zerschlagen, mit brennenden Augen und ausgetrocknetem Mund, fuhr sie endlich nach Hause. Die Füße in den hochhackigen Schuhen taten ihr höllisch weh, im Rückspiegel bemerkte sie ihre zerzausten Haare und das verschmierte Make-up auf ihrem Gesicht. Auch der weiße Nerz hing angeschmutzt und schlaff an ihr herunter. Das Licht am Horizont mischte sich mit dem der Straßenlaternen zu einer diffusen, irritierenden Beleuchtung.
Nicht nur die Entschlossenheit, Faith zu finden, auch die Wut gegen sie, steigerten sich bei Kate von Stunde zu Stunde und verliehen ihr ungeahnte Kräfte. Heute vormittag mußte sie sich ins Büro schleppen und ganz normal Dienst tun, nachmittags dann würde sie sich die Alte vorknöpfen.

Meta Sack hatte heute keinen schlechten Tag. Durch Cheryl wußte sie, daß es Faith gut ging und sie sich nicht zu sorgen brauchte. Irgendwann in nächster Zeit würde sie sicher auch bei ihr anrufen. Offensichtlich blieb Meta heute nachmittag auch von ihren Depressionen verschont, so daß sie in aller Ruhe ihren Beschäftigungen nachgehen konnte. Sie nahm Musch auf den Arm, ihre weiße Katze, trug sie ans Fenster, zeigte ihr die Blumen in den Blumentöpfen und redete mit ihr. Musch belohnte es mit lautem Schnurren. Sie räumte das Wohnzimmer ein wenig auf, brachte die Küche in Ordnung und füllte eine Tüte mit trockenem Brot für die Enten. Gleich wollte sie in der Parkanlage spazierengehen und sich an den großen Ententeich setzen. Ihr Mann würde es ihr sicher verzeihen, wenn sie den Friedhof heute einmal ausließ.
Sie nahm gerade ihre Jacke vom Kleiderhaken, als es an der Wohnungstür klingelte. Da sie niemanden erwartete, öffnete sie nur zögernd. Zu ihrem Schrecken stand schon wieder diese unsympathische Sozialarbeiterin vor der Tür. An der Art, wie sie kurz grüßte und dann unaufgefordert die Wohnung betrat, spürte Meta sofort,

daß sie etwas Unangenehmes im Schilde führte. »Hören Sie«, begann Kate im Flur, und sie bemühte sich erst gar nicht um einen freundlichen Ton, »hören Sie, meine Liebe, das Spielchen, das Faith da mit uns treibt, ist übel und muß ein Ende haben. Die Polizei ist selbstverständlich auf meiner Seite. Vermutlich ist Faith in schlimme Kreise geraten, und jeder, der sie deckt, macht sich mitschuldig, ist Ihnen das klar?«
»Wie kommen Sie darauf, daß ich sie decke? Ich weiß ja gar nichts von ihr!«
Kate lachte schrill auf. »Für wie blöd halten Sie mich eigentlich? Dryers wissen – mit Sicherheit – wo sie steckt, folglich wissen Sie es auch.«
»Aber ich schwöre Ihnen...«
»...leisten Sie mal besser keinen Meineid, Frau Sack, sagen Sie mir lieber endlich, wo Faith untergetaucht ist, sonst fackle ich nicht lange.«
»Was meinen Sie damit?« Meta bekam es mit der Angst zu tun. Was hatte die Frau mit ihr vor?
Kate nahm ihr ängstliches Gesicht befriedigt zur Kenntnis. Sie mußte die Alte solange einschüchtern, bis sie sich nicht mehr traute, ihre eigenen, verschwiegenen Wege zu gehen.
»Also, zum Beispiel könnte da eine nette kleine Entmündigung für Sie die Folge sein, wenn Sie Informationen über den Verbleib von Staatswaisen geheimhalten.«
»Um Gottes Willen, was sagen Sie denn da?« Metas Stimme zitterte. »Entmündigung, Staatswaise, warum machen Sie mir denn solche Angst?«
»Das sind Tatsachen, Frau Sack, weiter nichts.« Plötzlich drängte sie sich an Meta vorbei ins Wohnzimmer, packte die zutrauliche Katze, hastete mit ihr zurück zur Tür. Ehe Meta eingreifen konnte, hatte sie die Tür schon aufgerissen und war ins Treppenhaus gelaufen. »Die nehme ich in Verwahrung«, rief sie leise, »keine Sorge, bei Winowskys wird's ihr gut gehen. Sollte Ihnen in der Zwischenzeit nun doch etwas zum Thema Faith einfallen, haben Sie ja meine Telefonnummer und auch die

von Winowskys. Zur Belohnung gibt es dann das Vieh zurück!«
Meta wollte schreien, doch sie brachte keinen Ton heraus. Wie gelähmt stand sie an der Tür und starrte Kate Lawrence nach, die mit ihrer Musch auf dem Arm verschwand.
»Und keine Polizei, wenn Sie schlau sind«, rief Kate noch von unten herauf, »Sie wissen ja, was das für Sie und Ihre Katze bedeuten kann!« Kate war bei dieser Aktion nicht gerade wohl zumute. Sie wußte, daß sie da ein gewaltiges Risiko einging. Würde das Großmütterchen die Polizei einschalten, so flog die Geschichte auf und sie, Kate Lawrence, war für immer erledigt. Andererseits blieb ihr nichts anderes übrig, als alles auf diese eine Karte zu setzen. Dryers und die Alte waren in den vergangenen Monaten für Faith die wichtigsten Kontaktpersonen gewesen, und es sollte doch mit dem Teufel zugehen, wenn sie über diesen Draht nicht eine Falle konstruieren könnte, die im geeigneten Moment zuschnappte...
In panischer Angst jagte die Katze im Auto über die Sitze, preßte ihren Kopf gegen die Scheibe, jammerte laut.
»Dein Pech«, murmelte Kate, »warum hast du dir so eine dusselige Alte ausgesucht?« Sie brachte sie zu Winowskys, da sie selbst kein Tier um sich haben wollte, schon gar nicht eins mit weißem Angorafell, das überall an den Kleidern seine Spuren hinterließ.
»Unsere letzte und einzige Chance«, sagte sie zu Beatrice, »ich nehme an, daß die eingeschüchterte Alte sich bald bei dir melden wird. Ich habe ihr eure Nummer dick unterstrichen auf meine Visitenkarte geschrieben. Leg dir Papier und Bleistift bereit, damit du sofort notieren kannst, was sie von sich gibt.«
»Und was machen wir«, fragte Bea ängstlich, »wenn sie zur Polizei geht?«
»Wird sie nicht tun!« Kate lächelte zufrieden. »Du kannst Gift drauf nehmen – sie wird es nicht tun!«

Sie steckten Musch in das Zimmer von Faith und schlossen die Tür ab. »Nimm den Schlüssel zu dir«, schlug Kate vor, »damit Stanley sie nicht rausläßt, wenn er Bier getankt hat.«

Wie eine Schlafwandlerin tapste Meta in ihr Wohnzimmer zurück, starrte auf das leere Katzenkörbchen, rieb sich die Stirn, als könnte sie nicht glauben, was soeben geschehen war. Was hatte man ihr angetan? Und warum? Staatswaise – Entmündigung – Polizei, die Worte hämmerten in ihrem Kopf, und ehe sie sie in ihrer Bedeutung erfassen konnte, waren sie schon wieder weg – um sie von neuem anzufallen. Und wieso war das Körbchen leer? Sicher träumte sie nur, so wie auf der Friedhofsbank, sicher schlief Musch in ihrem Schlafzimmer auf dem Bett... Sie tapste hinüber, schaute nach, im Bett, unter dem Bett, in allen Ecken, im Kleiderschrank. Sie rief nach ihr, erst leise, dann immer lauter, lief in die Küche, lief zurück ins Wohnzimmer – bis sie schluchzend auf ihrem Sofa zusammenbrach. Wenn es wirklich stimmte, wenn man ihr wirklich die Katze weggenommen hatte, das Liebste, was sie auf der Welt noch besaß, dann wollte sie nicht mehr leben.
Als das Telefon klingelte, brauchte sie lange, ehe sie begriff und den Hörer abnahm. Wieder die Stimme dieser schrecklichen, teuflischen Frau. »Hallo, Frau Sack, Ihrer Katze geht es gut. Ist Ihnen zum Thema Faith schon etwas eingefallen? Nein? Na schön, ich kann warten. Und Sie wissen ja, kein Wort zur Polizei, sonst werden Sie entmündigt, und wir lassen Faith und Ihre liebe kleine Musch über die Klinge springen. Ist das klar?«
Ehe Meta etwas erwidern konnte, knackte es in der Leitung, und das Gespräch war beendet. Meta schloß die Augen. Lieber Gott, betete sie, laß mich bewußtlos werden oder laß mich wenigstens in meine Depressionen und Träume verfallen...
Doch je mehr sie sich danach sehnte, vergessen zu können, desto klarer kam ihr die neue Situation zu Bewußt-

sein. Sie war das Opfer einer Kidnapperin und Erpresserin geworden, und wenn sie die Polizei einschaltete, konnte etwas Schreckliches passieren.
Mit zitternder Hand wählte sie die Nummer von Dryers.

Faith, am späten Nachmittag allein in Tonys Haus, war mitten im Training, als das Telefon klingelte. Atemlos nahm sie den Hörer ab, meldete sich aber vorsichtshalber nicht mit ihrem Namen. Zu ihrer Erleichterung war es Cheryl, die sofort loslegte. »Ich bin's, hör zu, da ist eine riesige Schweinerei passiert!«

Faith setzte sich im Schneidersitz auf den Boden. »Sag' schon, was los ist, spann mich nicht auf die Folter.« Sie fühlte sich nicht allzu sehr beunruhigt, da sie Cheryls theatralische Art kannte.

»Hast du Winowskys mal von deiner Freundschaft mit Meta erzählt?«

»In irgendeinem Zusammenhang, ja.«

»Kate Lawrence, dieses edle Früchtchen, ist bei ihr in der Wohnung gewesen und hat ihre Katze gekidnappt, um Meta weichzuklopfen!«

Entsetzt sprang Faith auf, ihr wurde glühendheiß. »Das kann doch nicht wahr sein! Cheryl, du machst doch Spaß?«

»Schön wär's! Aber dieses Luder von Kate ist wirklich mit allen Wassern gewaschen. Weil sie sich an mich und meine Eltern nicht richtig herantraut, geht sie an die alte Frau, die sich nicht wehren kann.«

»Cheryl, an dieser Musch hängt Meta wie an ihrem Leben!«

»Soll mein Vater jetzt nicht doch die Polizei über Kates Machenschaften informieren?«

Faith nickte. »Ich hätte so wahnsinnig gerne damit gewartet, bis ich volljährig bin. Aber wahrscheinlich sollte ich doch jetzt schon aufgeben, unter diesen Umständen…«

»Du mußt doch deswegen nicht aufgeben. Oder glaubst du, daß die Polizei dich sofort findet?«

»Ich weiß nicht, Cheryl, jedenfalls wird dann das Pflaster sehr heiß – und zum Schluß muß ich wieder zu irgendwelchen Pflegeeltern.«

»Nur noch drei Monate!«

Nur noch drei Monate; wie oft hatte sie sich diesen Satz

in letzter Zeit nicht schon selbst gesagt! Wie oft war sie fest entschlossen gewesen, durchzuhalten. Nun hatte sie einen gangbaren Weg gefunden, und schon war er wieder versperrt. Sie spürte, wie die Ruhe, die sie sich in den letzten Tagen mühsam erkämpft hatte, sie wieder verließ.

»Paß auf, Cheryl«, sagte sie gepreßt, »unternehmt bitte im Augenblick nichts, bis ich mit Tony gesprochen habe. Ich will ihn in dem ganzen Schlamassel nicht auch noch in die Pfanne hauen, verstehst du?«

»Okay, und vielleicht fällt ihm da was ein.«

»Hast du eine Ahnung, wo diese miese Person die Katze untergebracht hat?«

»Bei Winowskys.«

»Du hörst heute abend wieder von mir, Cheryl, und danke, daß du zu mir stehst.«

»Immer, Kleines, das weißt du doch.«

Faith stellte die Musik ab, betrachtete einen Augenblick das Bild ihrer Eltern und rückte dann die Möbel wieder zurecht, die sie, um Platz zu gewinnen, zur Seite geschoben hatte. Wo blieb nur Tony? Sie brauchte ihn jetzt so dringend, und ausgerechnet heute ließ er auf sich warten...

»Setz dich mal ganz ruhig hin und überlege«, redete sie sich ernsthaft zu, »um einen guten Plan auszuhecken, brauchst du doch nicht unbedingt einen Mann!« Wieder schaute sie hinüber zum Bild ihrer Eltern, diesmal eigentlich mehr auf ihren Vater. »Also, die Katze ist bei Winowskys«, erklärte sie ihm, »und von Winowskys Haus besitze ich noch die Schlüssel.« Jawohl, Faith, schien er zu sagen, Meta ist durch dich jetzt unglücklich geworden, also mußt du dafür sorgen, daß sie wieder glücklich wird. Deine Idee ist gut!

»Meine Idee ist sogar *sehr* gut«, erklärte sie laut, holte sich noch einmal das Telefon und wählte Metas Nummer. Sie mußte lange warten, bis Meta sich leise und zögernd meldete.

»Meta, ich weiß, was Frau Lawrence mit dir gemacht hat«, begann Faith hastig, »aber verlaß dich drauf, bald holen wir deine Musch da heraus!« Sie konnte nicht länger mit ihr sprechen, weil sie die Tür gehen hörte; offenbar kam Tony nach Hause. »Also keine Sorge, Meta, verstehst du? Du kannst dich auf mich verlassen!« Sie legte auf, lief Tony entgegen und erzählte ihm in kurzen Worten die Geschichte.

Schlechtgelaunt kam Stanley an diesem Abend nach Hause. Die Sache mit dem Balg belastete ihn, da er keine Lust hatte, ins Kittchen zu wandern. Und Kate Lawrence, diese alte Nutte, brachte offenbar nichts zuwege. Ohne Bea zu begrüßen, marschierte er zum Kühlschrank und holte sich ein Bier. Ein böses Zeichen, dachte sie, wenn er schon vor dem Abendessen damit anfängt. Um ihn nicht zu reizen, sagte sie nichts. Was aber leider nicht zu überhören war, war das Miauen der Katze. Mißtrauisch schaute Stanley seine Frau an. »Was ist das denn?« fragte er mit drohendem Unterton, »bist du etwa zu den Samaritern in Sachen Tierschutz gegangen?«
»Die Katze ist ein kostbares Pfand«, erklärte Bea schnell, »du solltest froh sein, daß wir sie haben.«
Sofort sprang er auf. »Wo ist das Biest? Du weißt genau, daß ich Katzen nicht ausstehen kann!«
»Im Zimmer von Faith. Kate Lawrence hat sie hergebracht. Wenn du ihr was tust, finden wir das Mädchen nicht, und du kommst ins Gefängnis.« Bea wollte ihn am Arm zurückhalten, doch er stieß sie weg und marschierte nach oben.
»Schlüssel her«, befahl er, als er bemerkte, daß der Raum verschlossen war, »sofort den Schlüssel her, oder ich trete die Tür ein!«
Da Bea damit rechnen mußte, daß er es in seiner momentanen Wut wirklich tat, gab sie ihm den Schlüssel. Stanley schloß auf, drückte die Katze, die erschrocken an ihm vorbeihuschen wollte, zu Boden, packte sie im Genick, lief zum Fenster und warf sie hinaus.

»Du bist wahnsinnig«, schrie Beatrice, »du bist vollkommen wahnsinnig!« Sie rannte hinunter, stürzte zur Haustür hinaus, sah die Katze liegen und nahm sie vorsichtig hoch. Das Tier wimmerte leise und schaute sie mit großen, ängstlichen Augen an. Es tat ihr leid. Was war ihr Mann doch für ein brutaler Kerl! Leise öffnete sie die Kellertür und verschwand mit Musch in der Waschküche.
»Vorerst mußt du hierbleiben«, flüsterte sie, »wenn sich die Wogen geglättet haben, darfst du wieder hoch.« Behutsam setzte sie die Kleine ab und sah, daß sie stark hinkte. Es hätte schlimmer kommen können, sagte sie sich und machte ihr aus herumliegenden Kartoffelsäcken ein weiches Lager.
Musch hatte den Sturz aus dem Fenster besser überstanden, als Beatrice gefürchtet hatte. Nach einer schlimmen Nacht mit Stanley, dem die Rettung der Katze offenbar entgangen war, schaute sie am nächsten Morgen nach ihr und stellte fest, daß sie nur noch wenig hinkte. Ihr Futter allerdings ließ sie unberührt, trank nur etwas Milch und legte sich wieder hin.
Als Stanley endlich das Haus verlassen hatte, trug sie das weiße Pelzbündel zurück in Faith' Zimmer. Später machte sie sich auf den Weg zum Einkaufen.

In der Nähe, unauffällig zwischen vielen anderen Wagen, parkte der weiße Mustang. Tony hatte Faith eine dunkle Kurzhaarperücke besorgt, mit der sie völlig verändert aussah. Dennoch ließ sie sich tief in den Beifahrersitz rutschen, um möglichst nicht gesehen zu werden. Kaum hatte nun auch Bea das Haus verlassen – Stanley war bereits von Joe observiert worden –, sprang Faith aus dem Auto, ging hinüber zum Haus und schloß auf. Niemand aus der Nachbarschaft sollte mißtrauisch werden. Drinnen dann lief alles wie am Schnürchen. Sie schaute sich überall gründlich um, entdeckte Musch schließlich in ihrem Zimmer, nahm sie auf den Arm, verließ mit ihr das Haus, lief zum Auto, das inzwischen mit

geöffneter Beifahrertür unmittelbar vor dem Haus stand – und weg waren sie.
»Keine fünf Minuten«, stellte Tony zufrieden fest, als sie sich wieder in den Verkehr einreihten.
Zu Hause – nachdem sie Musch auf ihr Bett gelegt hatte – rief sie sofort bei Meta an, um ihr über die gelungene Aktion zu berichten.
Meta weinte vor Glück. »Das vergesse ich dir nie, Kind«, betonte sie immer wieder, »daß du dich für mich in solche Gefahr begeben hast, vergesse ich dir nie!«
»Wenn du einverstanden bist«, schlug Faith vor, »behalte ich die Katze ein Weilchen bei mir, damit das gleiche nicht nochmal passiert.«
Meta stimmte zu. »Ich werde mich zwar in Zukunft ganz anders vorsehen«, versprach sie, »aber sicher ist sicher. Und wenn alles überstanden ist, Faith, lade ich dich ein und koche dir…«
»…Kartoffelknödel, Sauerkraut und Würstchen«, lachte Faith, »da freu' ich mich heute schon drauf. Und wie füttere ich deine Musch am besten?«
»Mit gekochtem Fisch und gebratenem Hühnchen – sie ist ziemlich verwöhnt, weißt du.«
Faith mußte lachen. »Den Eindruck hab' ich auch, Meta.«
»Hast du denn Geld, mein Kind?«
»Kaum«, gab sie zu, »aber ich bin hier in guten Händen, und Musch wird es auch sein, verlaß dich drauf. Und noch eins, Meta: Laß dich nicht wieder einschüchtern. Kate Lawrence hat soviel auf dem Kerbholz, daß ihre Tage gezählt sind! Wenn ich erst achtzehn bin, bringe ich ihre Machenschaften ans Tageslicht, und dann muß sie ihren lukrativen Job an den Nagel hängen.«

Als Stanley am Abend nach Hause kam, empfing ihn Bea mit gepacktem Koffer. »Ich hau' ab«, sagte sie kurz, »was du machst, ist mir egal.«
Ihre Entschlossenheit überforderte entschieden sein Fassungsvermögen. Das hatte es ja noch nie gegeben. Bea auf dem Selbstverwirklichungstrip? Grob tippte er ihr

an die Stirn. »Bist wohl übergeschnappt, oder hältst du das für witzig?« Er schob sich an ihr vorbei, um den Eisschrank anzusteuern. Das Thema war für ihn erledigt.
»Du, ich meine es ernst«, rief sie hinter ihm her, »du hast heute vormittag zum zweiten Mal die Katze verschwinden lassen, und deshalb...«
»...*was* habe ich?«
»Die Katze weggeschafft. Kate war schon da, sie hat mich geschüttelt und angeschrien, also kurz, ich mach' da nicht mehr mit, ich hab' die Nase gestrichen voll.«
Stanley stand da wie vom Donner gerührt. »Sag mal, soll ich vielleicht die Männer mit den weißen Anzügen holen, damit sie dich in die Klapsmühle schaffen? Wovon redest du überhaupt?«
Bea setzte den Koffer ab. »Willst du ernsthaft behaupten, du hast die Katze nicht...« Sie machte die Bewegung des Halsumdrehens.
»Abgemurkst? Ich habe sie zum Fenster rausgeworfen gestern, in der Hoffnung...«
»...deine Hoffnung war umsonst. Ich habe sie zurückgeholt, nebenbei bemerkt ziemlich verletzt, und sie heute wieder ins Zimmer gesperrt.«
»Und da ist sie nicht mehr?«
Sie warf ihm die Schlüssel hin. »Überzeug' dich selbst.«
Er fing die Schlüssel auf und knallte sie wütend auf den Tisch. »Du kannst nicht so weit denken, wie du spucken kannst«, fuhr er sie an, »vielleicht kommt dir trotzdem sowas Ähnliches wie ein Geistesblitz, wer hiergewesen und das Vieh abtransportiert haben könnte!«
Unsicher schaute sie ihn an. »Du meinst doch nicht etwa...«
»...natürlich meine ich; wer denn sonst als unsere feine Lackprinzessin hat noch Schlüssel zu diesem Saustall hier?«
Bea ließ sich auf einen Stuhl fallen. »Großer Gott«, stöhnte sie, »hören denn die Aufregungen nie auf?« Dann stand sie schwerfällig auf – sie war plötzlich sehr müde –, nahm ihren Koffer und trug ihn zurück ins Schlafzimmer.

Sie sollte recht behalten, die Aufregungen hörten nicht auf. Spätabends klingelte das Telefon, und es meldete sich Kate.

»Hört zu, ihr Versager«, begann sie mit harter Stimme, »wenn ihr euch einbildet, ich allein hole für uns die Kohlen aus dem Feuer, dann habt ihr euch getäuscht! Jetzt seid ihr dran, und wenn ich euch einen guten Rat geben darf: es eilt!«

»Was sollen wir tun?« fragte Bea leise.

»Eurer Phantasielosigkeit sind wohl keine Grenzen gesetzt, was? Es ist doch klar, daß wir es jetzt, nachdem ihr das mit der Katze vermasselt habt, noch einmal mit den Dryers versuchen müssen. Die wissen garantiert, wo Faith steckt. Stanley muß irgend etwas vortäuschen.«

Bea holte tief Luft. »Um Gottes willen, Stanley als Schauspieler, wie stellst du dir das vor?«

»Das stelle ich mir so vor, daß er dort als Fernsehtechniker oder Telefonmann auftaucht und gründlich schnüffelt. Ob Schauspielertalent oder nicht, es bleibt ihm gar nichts anderes übrig.«

Frau Dryer arbeitete gerade im Garten, als es an der Haustür klingelte. Rasch trat sie sich die Schuhe ab, lief zur Tür, schaute durch den Spion und sah einen ordentlich gekleideten Mann mit einer Arbeitstasche. »Ja bitte?« rief sie hinaus, »wer ist da?«

»Schneider mein Name«, antwortete Stanley, »ich bin von der Störstelle, ein Telefonteilnehmer hat uns angerufen...«

»...unser Telefon ist aber in Ordnung«, unterbrach ihn Frau Dryer, »jedenfalls weiß ich nichts Gegenteiliges.«

»Wie gesagt«, erklärte Stanley, »ein Teilnehmer von auswärts versucht es schon seit Stunden und kommt nicht durch, ich würde gerne nachschauen...«

Frau Dryer öffnete die Tür und ließ ihn eintreten. Zwar hatten ihr Mann und Cheryl sie gewarnt, doch konnte sie aus ihrem Haus ja keine Festung machen! Außerdem sah der Mann ordentlich aus, und seine Stimme wirkte sympathisch.

Stanley, der sich ziemlich unwohl in seiner Rolle fühlte, ließ sich von Frau Dryer ins Wohnzimmer zum Telefonapparat führen. Die blöde Ziege wird mir doch wohl nicht dauernd auf der Pelle hocken? dachte er verzweifelt, als sie bei ihm stehenblieb und zuschaute, wie er seinen Schraubenschlüssel aus der Arbeitstasche zog. Etwas unschlüssig nahm er den Hörer ab, schraubte an ihm herum, lächelte Frau Dryer an.

»Sie kommen ja sicher allein zurecht«, sagte sie endlich, nickte ihm zu und verließ den Raum.

Sofort schnappte er sich das lederne Telefonnotizbuch, das neben dem Apparat lag, blätterte hastig darin herum, fand unter »W« die frühere Nummer der Familie Williams, unter »F« jedoch überhaupt keinen Eintrag. Ich müßte unter den Zetteln suchen, dachte er, denn in dem Verzeichnis wimmelte es von losen Zetteln. Gerade wollte er das komplette Notizbuch in seine Arbeitstasche fallen lassen, als Frau Dryer unvermutet hereinkam. Erschrocken warf er es auf das Telefontischchen. Die Zettel flatterten zu Boden, er schloß mit zitternden

Händen seine Arbeitstasche, murmelte etwas von »repariert« und »in Ordnung«, eilte an Frau Dryer vorbei zur Haustür und verschwand.

Ein seltsamer Abgang, dachte sie, schaute dem Mann kopfschüttelnd nach und machte sich dann daran, die Zettel einzusammeln. Auch später, als sie sich wieder mit ihren Blumen im Garten beschäftigte, kam ihr kein Verdacht. Erst als sie während des Mittagessens, ganz nebenbei, Cheryl davon erzählte, ließ diese Messer und Gabel sinken und starrte ihre Mutter fassungslos an. »Du grüne Neune, Mam, was hast du dir da wieder geleistet! Garantiert war das ein Schnüffler, der Faith' Adresse herauskriegen wollte. Oh Gott, oh Gott, was mach' ich nur mit dir, du bist ja genauso ein ›arm' Ding vom Land‹ wie Faith!«

»Also nach allem, was Faith jetzt durchgestanden hat, ist sie wahrscheinlich wesentlich reifer als du, mein Schatz.«

»Reifer als ich kann man gar nicht sein, Mam«, kicherte Cheryl und lief zum Telefon, um ihrem Vater »von Mams neuester Leistung in Sachen Menschenkenntnis« zu berichten.

Stanley aber, schweißgebadet, war nach Hause gelaufen; er kochte vor Wut über Kate, die ihn mit ihrem schwachsinnigen Auftrag derart in die Klemme gebracht hatte.

»Wußte ich gleich«, sagte sie später am Telefon, als er ihr von der mißglückten Aktion berichtete, »daß du außer zum Saufen und Mädchen in die Flucht schlagen zu nichts fähig bist.«

»Wenn du es gleich wußtest«, schimpfte er zurück, »warum hast du mich dann erst losgeschickt?«

»Weil manchmal gerade die Dummen Glück haben, deshalb.«

»Mir reicht's!« Er knallte den Hörer auf die Gabel und packte seine Arbeitstasche wieder aus, wobei ihm Bea schweigend zur Hand ging.

Kates Aktivitäten auf dem Hollywood-Boulevard waren nicht ohne Wirkung geblieben; allerdings auf eine andere Weise, als sie es sich gewünscht hatte. In dem einschlägigen nächtlichen Milieu war es allmählich durchgesickert – und also auch bis zu Tony vorgedrungen – daß ein hübsches, blondes Mädchen gesucht wurde, und zwar von einer unbekannten, nuttenhaften Person, der die Sache, beobachtete man ihren unermüdlichen Einsatz, aus irgendeinem Grund offensichtlich gewaltig auf den Nägeln brannte.

Während des Abendessens, bei dem auch Tonys Vetter Joe anwesend war, wurde die Angelegenheit besprochen.

»Wieder Kate Lawrence«, erklärte Faith, »sogar der arme Stanley mußte für ihre Suchaktion herhalten, wie mir Cheryl heute erzählt hat.«

»Ich glaube, die braucht endlich einen Denkzettel«, wandte sich Tony an Joe, »die wird sonst zu üppig.«

»Bei Lester ist sie auch schon gewesen.»

»Lester ist eine gute Adresse, Joe, wenn sie überhaupt noch weitersucht, wird sie ihn bestimmt auch ein zweites Mal nicht auslassen.«

»Tony, wer ist Lester?« fragte Faith, die sich in der Zwischenzeit Musch geholt und auf den Schoß gesetzt hatte.

»Ein Farbiger, witzig und rotzfrech, der sich viel auf der Straße herumtreibt und alle einschlägigen Leute kennt. Wenn der so richtig loslegt, biegt man sich vor Lachen.«

»Und was soll der mit Kate?«

»Das laß mal unsere Sorge sein. Jedenfalls wird sie ihre Sucherei anschließend aufgeben.« Tony und Joe schauten sich an und mußten lachen. Sie hatten zwar noch keine genaue Vorstellung, was man mit der Dame anstellen könnte, aber Lester würde da schon etwas einfallen.

»Ich hab' sowieso noch in seiner Nähe zu tun«, erklärte Tony, »werde ihm schon mal ein paar Instruktionen geben.«

»Gehst du heute abend schon wieder weg?« fragte Faith enttäuscht, »ich dachte, wir wollten ein bißchen Musik zusammen hören.«
»Werden wir morgen, Faith, heute gibt's noch so einiges abzuwickeln. Und leider muß ich dir auch Joe entführen.«
»Okay«, tröstete sie sich, »dann höre ich eben mit meiner Musch Musik, außerdem muß ich noch bei Meta anrufen und ihr erzählen, wie gut es ihrem Liebling geht.«

Spätabends, nach einem langen Telefongespräch mit Meta, holte sich Faith Johannas Tagebuch, aber nicht, um darin zu blättern, sondern um endlich einmal wieder selbst eine Eintragung zu machen.
8. März.
Bei Tony. Seit Paps und Mom nicht mehr leben, fühle ich mich wie ein Eisenbahnzug, der auf ein falsches Gleis geraten ist. Aber ich bin nicht mehr verzweifelt, denn mit Tonys Hilfe werde ich bestimmt wieder auf das richtige Gleis kommen. Er ist so wahnsinnig nett und fürsorglich – hoffentlich verliebe ich mich nicht in ihn. Manchmal glaube ich, daß ich schon knapp davor bin. (Absolutes Tagebuchgeheimnis!) Wenn ich nur wüßte, was das für »Geschäfte« sind, von denen er lebt – und ich mit! Mir ist nicht wohl, wenn ich daran denke. Aber ich kann nichts tun, denn seine Erklärungen dazu sind immer so allgemein gehalten, daß ich mir keinen genauen Reim darauf machen kann. Sollte er etwas mit Drogenhandel zu tun haben, steckt er ja ganz schön im Schlamassel, der arme Kerl. Auch so ein aus der Bahn Geworfener wie ich! Wer nicht weiß, wie es ist, so früh die Eltern zu verlieren, kann überhaupt nicht mitreden. Ich jedenfalls werde Tony, sollte ich mit meiner Vermutung recht haben, nicht verurteilen, sondern ihm helfen, da wieder herauszukommen. Einer wie er gehört nicht hinter Gitter.
Und damit ich nicht nur von Tony schreibe, noch eine kleine Ergänzung zu mir: Ich fiebere nach meinen Ballettstunden bei Jim Aldrich. Es ist kaum noch auszuhalten. Außerdem wird es höchste Zeit, die Schule zu Ende zu bringen. Pläne, Pläne…
»Solange man Pläne hat im Leben, kann eigentlich nichts schiefgehen.« *Eine Devise von Paps, mit der er wahrscheinlich recht hatte.*

Im Grunde genommen wußte Kate Lawrence ganz genau, daß sie das Spiel längst verloren hatte, daß das endgültige Aus nur noch eine Frage der Zeit sein würde. Sie saß in ihrem schönen Büro, rauchte eine Zigarette nach der anderen, trank starken schwarzen Kaffee und versuchte, wie in den letzten Tagen des öfteren, so etwas wie eine Bilanz zu ziehen. Waren die vielen kurzen Beziehungen, mit deren Hilfe sie schneller auf der Erfolgsleiter hochgeklettert war als andere, nicht überwiegend langweilig gewesen und – manchmal – dazu noch abstoßend? Hatte sich der hohe Einsatz gelohnt, wenn es nun tatsächlich möglich war, daß die Launen eines siebzehnjährigen Mädchens sie zu Fall brachten? Was sie nicht bedachte, nicht bedenken wollte, war die Tatsache, daß sie nicht über Faith gestolpert war, sondern darüber, daß sie die vom Staat ihr anvertraute Position dazu benutzt hatte, sich mit Schmiergeldern persönlich zu bereichern. Da sie aber diesen Grund nicht wahrhaben wollte, fühlte sie sich nach wie vor nicht als Täter, sondern als Opfer. Und so schaute sie, uneins mit sich und der Welt, zum Fenster hinaus, sah auf der Straße unten die Autoschlangen des späten Nachmittagsverkehrs, hörte die Wagen anfahren, bremsen, ungeduldig hupen, fühlte sich durch all das entnervt.

Plötzlich klingelte des Telefon. »Hier ist Lester«, meldete sich eine Männerstimme, »wir kennen uns.«

Irgendwo hatte sie die Stimme schon gehört. »Woher soll ich Sie kennen?«

»Meine dunkelhäutige Wenigkeit stand an der Straßenecke, ließ sich die Schuhe putzen, sollte Ihnen Auskunft geben über die kleine Blonde…«

»…ich erinnere mich«, unterbrach sie ihn, »Sie haben mir unverschämterweise Geld abgeknöpft, ohne mir auch nur einen Millimeter weiterzuhelfen.«

»Stimmt. Aber so schlecht, wie Sie glauben, bin ich gar nicht. Ich hätte jetzt eine ziemlich heiße Spur, mit anderen Worten, ich kann Ihnen ein gewisses blondes Mädchen liefern, für ein kleines Entgelt, versteht sich.«

»Was verstehen Sie unter ›kleines Entgelt‹ ?
»Fünfzig Dollar – und das ist ein entgegenkommender Preis!«
»Und Sie haben Faith wirklich?«
»Sie werden's ja sehen, Lady; ist sie es nicht, so dürfen Sie Ihr Scheinchen wieder heimtragen.«
»Wohin soll ich kommen, und wann?«
»Dahin, wo uns das Schicksal schon einmal zusammenführte, und möglichst gleich.« Es knackte in der Leitung; er hatte aufgelegt.
Obwohl sie der ganzen Angelegenheit mißtraute, war in ihr sofort ein Fünkchen Hoffnung aufgeflammt, das zwar von Minute zu Minute größer wurde, aber trotzdem wenig Wärme und Zuversicht gab. Was sollte sie mit Faith anfangen? Sie zu Winowskys zurückbringen? Sie auf irgendeine sauber und unverdächtig aussehende Weise verunglücken lassen? Für beide Lösungen war es wahrscheinlich zu spät. Faith hatte, wo immer sie sich aufhalten mochte, schon viel zu fest Fuß fassen und ihre Geschichte überall verbreiten können. Kommt Zeit, kommt Rat, beruhigte Kate sich dann wieder, erst muß ich sie mal haben, dann denke ich über den nächsten Schritt nach.
Lester wartete schon auf sie. Diesmal gab er sich wesentlich honoriger. »Hallo, Madam«, begrüßte er sie höflich mit einer angedeuteten Verbeugung. »Darf ich Sie hereinbitten in meine gute Stube?« Er hielt ihr die Haustür auf und führte sie in seine winzige, dunkle Parterrewohnung.
»Warum so feierlich, Lester?«
»Warum denn nicht, wenn es um eine so große Sache geht.«
Auf einem uralten, durchgesessenen Sofa nahm sie Platz.
»Und nun richten Sie Ihren geschätzten Blick auf diese Tür«, forderte er sie auf, »denn dort wird sie in den nächsten Sekunden erscheinen.« Er ging hinaus – und es passierte überhaupt nichts.

Kate wollte schon resigniert aufstehen, als sich durch die angelehnte Tür – sie traute ihren Augen nicht – eine blonde, automatische Laufpuppe schob, die lieblich lächelnd auf sie zuwackelte. »Ich bin Faith Williams« stand auf einem Zettel, den Lester ihr auf das rosafarbene Ballettröckchen geheftet hatte... Empört sprang Kate auf, trat nach der Puppe, daß sie umfiel und nun mit den aufgezogenen Beinen weiterstrampelte.
»Aber nicht doch«, tadelte sie Lester, der hinter der Puppe hereingekommen war, »das Plastikfräulein war teuer! Und ganz so spaßig, wie Sie denken, Lady, ist die Sache auch gar nicht!«
Sein sonst so breit grinsendes Gesicht wurde ernst, und er blickte sie kalt an. »Sie ist nur ein Symbol, Lady, verstehen Sie, aber ein ernstzunehmendes! Ich soll Ihnen nämlich eine Botschaft von jemandem überbringen, mit dem nicht gut Kirschen essen ist...«
»...Sie können mich nicht einschüchtern, Lester, *Sie* doch nicht! Hören Sie zu, mein Herr, ich kenne da jemanden, der hat mir erzählt, Sie wären schon mal ein bißchen im Knast gewesen wegen Hehlerei. Sie sind nur auf Bewährung draußen, stimmt's?«
»Au weia«, grinste Lester, »wir sind heute aber sauer!«
Kate nickte. »So sauer, mein Herr, daß ich dafür sorgen werde, daß Sie das nette Hotel noch einmal von innen sehen werden.«
»Ich bin untröstlich, wirklich untröstlich, Mama! Aber um auf meine Botschaft zurückzukommen: Faith Williams will nie wieder etwas mit Ihnen zu tun haben, nie wieder, haben Sie das kapiert? Denn wie ich mit Hilfe meiner unmaßgeblichen Lauscherchen gehört habe, könnten Sie in dem netten Hotel womöglich meine Zimmernachbarin werden.«
Kate überhörte die Andeutung. »Wo finde ich sie?«
Lester schüttelte den Kopf. »Auf der Straße ändert sich alles so schnell, Mama«, jammerte er in gespielter Verzweiflung, »ich wüßte auch gar nicht, wo ich anfangen sollte zu suchen. Aber bitte, vergessen Sie die Botschaft

nicht, die Ihnen zu überbringen ich die Ehre hatte! Und grüßen Sie die Herren in Blau in der Stadt drinnen!« Lachend vollführte er einen gekonnten Kratzfuß, während Kate schnaubend vor Wut das Haus verließ.

Draußen, an seinen Mustang gelehnt, stand Tony. Lächelnd nickte er Lester zu und bedeutete ihm »alles okay«, dann setzte er sich in seinen Wagen und fuhr zur Hollywood High School, wo er sich bereits angemeldet hatte.

Im Sekretariat empfing ihn Fräulein Hill, eine freundliche ältere Dame mit gepflegten Umgangsformen, wie Tony sogleich feststellte.

»Ich habe eine Cousine, Faith Nicola«, erklärte er höflich, »die von New York hier herübergekommen ist und nun weiter die Schule besuchen muß, um ihr letztes Jahr zu absolvieren.«

»Herr Martino«, erklärte Fräulein Hill, »wir brauchen zuerst alle Unterlagen und einen Impfpaß, bevor wir Ihre Cousine aufnehmen können.«

Tony wollte gerade antworten, da tauchte aus dem Nebenzimmer Frau Terelli auf, die Tony zu kennen schien. Freundlich lächelte sie ihm zu. »Kann ich irgendwie helfen?«

Fräulein Hill nickte. »Ich habe Herrn Martino nur eben erklärt, daß wir eine Überweisung der vorhergehenden Schule benötigen und die Impfbescheinigungen, damit wir seine Cousine aufnehmen können.«

»Geht schon in Ordnung, Fräulein Hill«, sagte Frau Terelli, »ich bin ganz sicher, Herr Martino wird uns alles rechtzeitig besorgen. Stellen Sie ruhig schon die Unterlagen aus.«

»Kein Problem«, erwiderte die Sekretärin und holte die nötigen Formblätter.

»Danke, Angela«, flüsterte Tony, »das ist riesig nett.«

Angela winkte ab. »Aber du bist doch Familie, Tony! Geht es hier um diese Faith, die du aufgenommen hast?«

Tony nickte.

»Komm doch bitte nochmal zu mir rein, Tony.«
Mit den Anmeldeformularen, die ihm Fräulein Hill noch schnell in die Hand gedrückt hatte, folgte er Angela in das Nebenzimmer und schloß die Tür.
»Ich denke, du solltest wissen«, erklärte sie ernst, »daß Kate Lawrence, die Sozialarbeiterin, alle Register zieht, um Faith zu finden. Und diese Frau ist nicht ganz ungefährlich...«
»...weiß ich, Angela. Aber die steckt selbst gewaltig in der Klemme und kann ihr deshalb eigentlich nicht mehr gefährlich werden.«
»Da wäre ich nicht so sicher, Tony. Man weiß ja nicht, wie abgebrüht sie ist und ob sie nicht einfach alles abstreitet, worum es auch immer gehen mag...«
»...um Schmiergelder geht es, die sie sich für jede vermittelte Staatswaise auszahlen läßt.«
»Sie wird auf jeden Fall versuchen, ihre relativ hohe Position zu retten, deshalb sucht sie auch so verzweifelt nach Faith.«
»Was könnte sie denn anrichten, Angela, gesetzt den Fall, sie bringt sich tatsächlich durch Abstreiten über die Runden?«
Angela schaute ihn nachdenklich an.
»Wir sollten es nicht darauf ankommen lassen, daß sie Faith findet. Im besten Fall steckt sie das Mädchen in eine neue Pflegefamilie, im schlechtesten Fall... Ich weiß nicht, Tony, aber ich glaube, die ist zu allem fähig.«
Tony schüttelte den Kopf. »Hör zu, Angela, ich hab' ihr durch einen Mittelsmann ausrichten lassen, daß wir über ihre Machenschaften informiert sind und sie Faith in Ruhe lassen muß. Ich bin überzeugt, daß sie sich daran hält, aus Angst.«
»Wenn das so ist, glaube ich das auch«, stimmte Angela zu.
»Wir freuen uns herzlich auf Faith, richte ihr das aus!«
Auf dem Heimweg kaufte Tony ein kleines Margeritensträußchen für Faith. Er fühlte sich gut. Kate Lawrence

war – weitgehend – ausgeschaltet, die Anmeldung in der Hollywood High School hatte mit Hilfe der netten Angela geklappt –; die Dinge, die Faith betrafen, kamen nun endlich wieder in Fluß.

Dieser Nachmittag, so hatte Faith es sich vorgenommen, sollte ganz dem Tanztraining gehören. Sie war allein im Haus, konnte sich ungeniert austoben, Neues ausprobieren, schon Bekanntes üben. So rückte sie im Wohnzimmer alle Möbel zur Seite und legte wilde Jazzmusik auf. Zuerst probierte sie einige Bewegungen, die sie von Cheryl abgeguckt hatte, dann verfiel sie mehr und mehr in ihre Ballettschritte.
Was sie jetzt noch nicht wissen konnte: Mit diesem Tanz in freien jazzorientierten Ballettbewegungen wurde ein neuer, bisher unbekannter, phantastischer Stil geboren, der für Faith von großer Bedeutung werden sollte!

Als Tony nach Hause kam, empfingen ihn dröhnende Rhythmen aus dem Wohnzimmer. Vorsichtig steckte er seinen Kopf zur Tür herein, was aber Faith sofort zum Aufhören veranlaßte.
»Als Tanzschule«, lachte er, »hab' ich mir mein Wohnzimmer noch nie vorgestellt.«
»Tut mir leid«, keuchte Faith und sank erschöpft auf einen Stuhl.
»Braucht dir weiß Gott nicht leid zu tun, Faith, es gefällt mir nämlich!«
»Hast du mich tanzen sehen?« fragte sie ängstlich.
»Leider nicht. Ich finde aber, das wenigste, was du für mich tun könntest, wenn ich schon die Halle und die Musik bereitstelle, wäre, daß du mir endlich mal vortanzt.«
Faith stand auf und begann die Möbel zurechtzurücken; sofort half Tony ihr dabei.
»Weißt du«, erwiderte sie zögernd, »ich tanze dir gern mal vor, ich brauche nur vorher noch etwas Unterricht.«
»Okay, aber ich will nicht mehr allzulange warten.« Er

ging hinaus und holte das Blumensträußchen. Als er es ihr überreichte, machte er eine kleine Verbeugung und lachte sie an.
»Für dich, Faith.« Zum Dank versank sie in einen tiefen Ballerinaknicks. »Und du kannst morgen in die Hollywood High School gehen«, fuhr er fort, »brauchst nur noch ein paar Formulare auszufüllen.«
Energisch schüttelte Faith den Kopf. »Das geht nicht, Tony, du weißt das doch! Vorläufig gehe ich in keine Schule; ich hab' nämlich keine Lust, von Kate geschnappt und zu den Winowskys zurückbefördert zu werden!«
»Wirst du doch gar nicht, Faith!«
»Woher willst du das wissen? Woher willst du wissen, wie das ist, Nacht für Nacht vor einem Stockbesoffenen Angst haben zu müssen...«
»Faith!« Tony packte sie an den Schultern. »Hör doch erst mal zu, Faith! Du brauchst dich nicht mehr zu fürchten, wir haben dieser Schmiergeld-Tante nahegelegt, daß sie dich in Ruhe lassen muß, weil sie sonst schneller hochgeht, als sie überhaupt denken kann!«
»Mein Gott, Tony, ist das wahr?« Stürmisch umarmte sie ihn, und auf einmal – für beide völlig überraschend und als hätten sich für einen Augenblick alle inneren Schranken gelöst – küßten sie sich leidenschaftlich. Erschrocken wichen sie zurück und schauten sich an; und für einen Augenblick spürten sie beide – was sie sich nur noch nicht eingestehen wollten –, daß aus ihrer Freundschaft mehr geworden war.
»Nochmals tausend Dank für alles«, murmelte Faith.
Tony lächelte. »Hab ich gern gemacht – für dich.«

In dieser Nacht konnte Faith nicht schlafen. Immer wieder knipste sie das Licht an, schaute in das verdutzte Gesicht von Musch, die gar nicht verstand, warum man die Nacht nicht zum behaglichen Schlafen benutzte.
»Was weißt du denn auch vom Verliebtsein?« flüsterte Faith und kraulte ihr schneeweißes Fell, »und von Tony weißt du schon gar nichts!« Musch gähnte gelangweilt,

rollte sich zusammen und schlief weiter. »Dann vertraue ich mich eben dem Tagebuch an, Papier ist sowieso geduldiger.« Sie angelte es unter dem Bett hervor und begann zu schreiben.

9. März.

Nun hat's mich voll erwischt, und ich glaube, Tony auch. Als wir uns heute geküßt haben, dachte ich, es haut mich um. Ein unbeschreibliches Gefühl. Paps und Mom, eure Ballettratte ist glücklich, und sie ist sogar der Meinung, daß jetzt wirklich nichts mehr schiefgehen kann. Ist das nicht irgendwie verrückt? Ohne euer schreckliches Flugzeugunglück hätte ich Tony nie kennengelernt! Freilich würde ich ihn dann ja auch nicht vermissen. Jetzt bin ich noch keine achtzehn und habe schon die Erfahrung gemacht, daß das Schicksal manchmal auf eine seltsame und verworrene Weise agiert. Aber ich weiß nun auch, daß sich Unglück in Glück verwandeln kann, wenn man sich nur durchwurstelt und auf keinen Fall aufgibt.

Morgen erster Schultag in der Hollywood High. Hoffentlich kann ich überhaupt noch an was anderes denken als an Tony. Bin wahrscheinlich total unkonzentriert. –

Tony saß währenddessen auf dem Sofa und starrte in die Dunkelheit. Er hatte sich einen Drink gemixt in der Hoffnung, er werde ihn endlich müde machen. Doch es war nichts zu wollen, der Gedanke an Faith, dieses schöne, liebenswerte Mädchen, das so tapfer seinen Weg ging, hielt ihn wach.

Schließlich holte er leise seinen Walkman, setzte den Kopfhörer auf und hörte Musik. Träumend schloß er die Augen.

Etwas verloren stand Faith in ihrer neuen Schule, unter dem Arm eine hübsche bunte Schultasche, die Tony ihr zur Feier des Tages geschenkt hatte. An ihr vorbei drängten und schubsten sich, undiszipliniert und wild, ganze Scharen von Schülern und Schülerinnen. Endlich kam Angela Terelli aus ihrem Zimmer.
»Hallo Faith«, rief sie freundlich, »da bist du ja schon, pünktlich auf die Minute.«
»Ich bin Ihnen sehr dankbar, Frau Terelli, daß Sie mich trotz aller Schwierigkeiten aufgenommen haben«, sagte Faith, »ich werde mich hier bestimmt wohlfühlen.«
Frau Terelli schaute sie zweifelnd an. »Na ja, wir wollen es sehr hoffen! Es entspricht natürlich ganz und gar nicht dem, was du gewöhnt bist. Hier herrschen leider ziemlich rauhe Sitten.«
Faith lachte. »Das hat Tony mir schon erzählt, aber wissen Sie, ich bin nicht aus Watte. Und in den letzten Wochen – von der Pflegestelle aus – war ich ja schon in einer öffentlichen Schule, und...«
»...du siehst aber so zart aus, Faith«, unterbrach sie Angela, »und manche müssen ganz schön Federn lassen, ehe sie sich in einer solchen Schule zu behaupten lernen.«
»Ich habe schon als Kind gelernt, mich zu wehren, auf dem Airforce-Stützpunkt bei meinem Vater.«
»Das ist gut, vielleicht wirst du's brauchen. Halte dich aber möglichst aus allem heraus, laß dich mit keiner der vielen Banden ein, und bleib' um Gottes willen von den Drogen weg – dann kannst du es schaffen.«
»Klingt ja einladend«, murmelte Faith und preßte die neue Schultasche fest an sich.
Vor der Klassenzimmertür verabschiedete sich Angela. Aufmunternd klopfte sie ihr auf die Schulter. »Hals- und Beinbruch!« Und da schon wieder jemand nach ihr rief, ging sie eilig davon, während Faith zögernd die Tür öffnete.
Das erste Gesicht, das sie sah – war das von Sonja. Das kann ja heiter werden, fuhr es ihr durch den Kopf, ausgerechnet die Freundin von Julio, ausgerechnet die!

Doch niemand sollte merken, wie ihr zumute war; deshalb ging sie mit betont energischen Schritten auf den nächstbesten Platz zu, der noch frei war, und setzte sich. Ein kurzer Blick in die Runde genügte, um festzustellen, daß auch Sonjas Freundinnen, die ihr von der Geschichte auf dem Abrißgrundstück durchaus bekannt waren, zu ihren neuen Klassenkameradinnen zählten.
Sonja fackelte nicht lange. Da noch kein Lehrer in der Klasse war, schlenderte sie, die Arme provozierend in die Hüften gestemmt, auf Faith zu. Um gewappnet zu sein, stand Faith auf.
»Wie ich gehört habe«, begann Sonja das unerquickliche Gespräch, »seid ihr euch neulich nähergekommen, du und mein Julio.«
»Nicht mit Absicht.«
»Wie man sagt, bist du nachts die Straße entlanggewackelt und hast alle Jungs angemacht.«
»Da bist du falsch informiert.«
Wütend machte Sonja einen Schritt auf ihre Feindin zu. »Du alte, miese Schlampe«, schrie sie, »wegen dir, du Miststück, hat Julio ein Loch in der Hand!«
Faith, die keine Ahnung hatte, wovon Sonja redete, tippte sich an die Stirn. »Was?«
»Hier haste dein blödes ›Was‹!« schrie Sonja und schlug Faith so heftig ins Gesicht, daß sie hinfiel. Im nächsten Augenblick stand sie jedoch schon wieder auf den Beinen, um sich gegen Sonja, die einen neuen Angriff startete, zu wehren. Blitzschnell packte Faith Sonjas Arm und drehte ihn herum, bis Sonja mit schmerzverzerrtem Gesicht in die Knie ging und dann schließlich zu Boden fiel. Jetzt endlich erschien ein Lehrer; mit einer Trillerpfeife machte er dem Kampf ein Ende und schickte die beiden Kampfhennen unverzüglich zu Frau Terelli.

Angela Terelli hatte heute einen anstrengenden Tag mit mehreren Konferenzen vor sich; die Termine mußten in aller Eile vorbereitet werden, pausenlos klingelte das

Telefon – und jetzt mußte sie sich auch noch mit zerstrittenen Schülerinnen aufhalten... Unwirsch empfing sie die beiden. »Du bist noch keinen Tag hier, Faith«, sagte sie ungehalten, »und schon machst du Ärger!«
»Tut mir leid«, erwiderte Faith. Sie fühlte sich elend; ausgerechnet mit Angela mußte sie nun aneinandergeraten, und nur wegen dieser eifersüchtigen Kuh.
Jetzt nahm sich Frau Terelli Sonja vor. »Und nun zu dir – für dich ist es bereits das dritte Mal in einem Monat. Ich sollte euch beide feuern.« Betreten betrachteten die Mädchen ihre Fußspitzen.
»Ich muß rasch mal rüber in mein anderes Büro, um zu telefonieren«, erklärte Angela, »in der Zwischenzeit könnt ihr euch überlegen, wie ihr hier miteinander klarkommen wollt. Überlegt es euch gründlich!« Sie stand auf und verließ das Zimmer.
»Tut mir leid«, wandte sich Faith an Sonja, nachdem sie sich eine Weile angeschwiegen hatten, »aber schließlich hast *du* angefangen.«
»Du hast angefangen, weil du Julio angemacht hast.«
Faith schüttelte den Kopf. »Also, jetzt hör' mir mal gut zu! Warum machst du deinem Freund nicht endlich mal die Hölle heiß? Du weißt wohl nicht, wie die Sache wirklich läuft. *Er* ist hinter *mir* her, nicht umgekehrt.«
Sofort ergriff Sonja Partei für ihren Freund. »Julio ist wohl nicht gut genug für dich, was?«
»Ich interessiere mich für jemand ganz anderen.«
Sonja wurde etwas zugänglicher. »Also«, meinte sie, »wenn das so ist, wenn du ihn mir wieder läßt...«
»...mir ist es recht«, unterbrach sie Faith, »wenn ihr beide glücklich werdet bis an euer Lebensende.«
Als Angela zurückkam, sah sie gleich, daß das Kriegsbeil, wenn nicht begraben, so wenigstens niedergelegt war. »Nachdem ihr euch in der Zwischenzeit nicht umgebracht habt«, stellte sie trocken fest, «kann ich für die Zukunft ja hoffen.«
Etwas gequält lächelten sich die beiden Mädchen an.
Auf dem Heimweg nahm Faith sich vor, Tony von dem

Zusammenstoß vorläufig nichts zu erzählen. Sie wollte ihn nicht belasten, und – vor allem – er sollte sich nicht wieder mit Julio anlegen.

Der zweite Schultag verlief bereits wesentlich ruhiger. Sonja kümmerte sich um ihre Freundinnen, Faith ließ sich von Mable, ihrer hilfsbereiten Tischnachbarin, ausführlich erklären, in welchen Fächern und auf welchen Gebieten es Lehrstoff nachzuholen galt.
Zufrieden wanderte sie später nach Hause, träumte von Tony, den sie heute wahrscheinlich erst abends sehen würde, weil er »in Sachen Onkel Sal« unterwegs war, und träumte davon, auf irgendeine Weise bald wieder tanzen zu dürfen. Sie machte ein paar Tanzschritte, schaute sich verstohlen um, ob niemand es bemerkt hatte, und stellte zufrieden fest, daß sich um diese ruhige Mittagszeit nur wenige Leute auf der Straße aufhielten. Und wieder dachte sie an Tony...
So ganz in Gedanken versunken, nahm sie keine Notiz von dem Auto, das dicht am Bürgersteig, seit einiger Zeit neben ihr herfuhr. Als sie, eher zufällig, den Wagen bemerkte, war es bereits zu spät. Ein fremder Mann sprang heraus, packte sie am Arm, schob sie auf den Rücksitz, zog die Tür zu und drückte sie mit beiden Händen tief in die Polster, so daß sie für Passanten unsichtbar blieb. Jemand trat aufs Gas – mit quietschenden Reifen raste der Wagen davon.
»Dich hätten wir, du mieses Früchtchen«, hörte sie eine weibliche Stimme. Sofort erkannte sie Kate Lawrence.
»Was wollt ihr von mir?« keuchte Faith und versuchte, den brutalen Kerl in die Hand zu beißen. Doch umso fester drückte dieser zu und hielt sie gefangen wie in einem Schraubstock. Ihr Herz klopfte zum Zerspringen. Sie bekam nur schwer Luft. Doch es war in diesem Augenblick nicht so sehr Angst, die in ihr tobte, es war das hämmernde, alles andere überwältigende Verlangen, sich so schnell wie möglich aus dieser gefährlichen Situation zu befreien. Bilder tauchten in ihr auf – vom

Training gegen Terroristen, das sie als Kind hatte absolvieren müssen. Doch unter dem übermächtigen Druck des Schraubstocks verschwanden sie wieder und ließen auch nicht die geringste Hoffnung zurück. Sie hatte diesen Mann noch nie gesehen. Mit dumpfen, ausdruckslosen Augen stierte er sie an, als wüßte er gar nicht, was hier vor sich ging. Wahrscheinlich einer, den sich Kate Lawrence für dieses schmutzige Geschäft gekauft hat, fuhr es Faith durch den Kopf...

Kate fuhr wie der Teufel, um möglichst schnell in den etwas ruhigeren Außenbezirk zu gelangen. Nach einer guten Stunde etwa hielt sie an. Sie atmete tief durch. Endlich war sie am Ziel ihrer Wünsche. Sie hatte erreicht, was sie sich seit langem so brennend gewünscht hatte. Und in ein paar Stunden würde sie mit Stanleys Hilfe das Problem ein für allemal lösen. Niemand würde ihnen etwas nachweisen können – Faith hatte ja von sich aus die Winowskys verlassen, um unterzutauchen. Und niemand würde sie finden.

»Du wirst jetzt mit uns gehen, ohne zu schreien«, wandte sie sich nach hinten, »erstens hört dich sowieso niemand, außer vielleicht ein paar Hasen und Igel, und zweitens kassierst du sonst ein paar Ohrfeigen, ist das klar?« Sie stieg aus und hielt den beiden die Tür auf. Der Fremde zerrte Faith aus dem Wagen und zog sie über ein Stück Rasen zu einem winzigen Holzhaus. Nachdem Kate Lawrence aufgeschlossen hatte, drückte er Faith auf einen Stuhl und band sie mit einem Seil, das Kate ihm eilfertig gab, an der Lehne fest. Dann streckte er die Hand aus, nahm wortlos ein Bündel Geldscheine entgegen, verließ die Hütte und verschwand.

Faith wunderte sich über sich selbst. Noch nie in ihrem Leben hatte sie sich in einer so gefährlichen, ausweglosen Situation befunden; und doch befiel sie nicht die gleiche Panik wie in ihrer Fluchtnacht. Vielleicht lag es an ihrer Liebe zu Tony und der damit verbundenen Gewißheit, daß er alle nur denkbaren Hebel in Bewegung setzen würde, sie wieder zu finden, vielleicht aber

lag es auch an Kate selbst, die in ihrem Haß und ihrer Uneinsichtigkeit so seltsam ohnmächtig wirkte. Deshalb redete Faith ganz ruhig auf sie ein.
»Glauben Sie denn wirklich, daß Ihnen diese Entführung etwas bringt?«
»Zerbrich dir mal nicht meinen Kopf«, erwiderte Kate und zündete sich mit fliegenden Händen eine Zigarette an. »Und merk' dir außerdem, *ich* stelle hier die Fragen. Also: bei wem bist du untergekrochen?«
Faith gab keine Antwort.
»Ich habe Zeit«, sagte Kate, »und irgendwann wirst du mürbe, verlaß dich drauf.«
Eine Weile herrschte Schweigen, bis Faith von neuem anfing. »Ich werde das alles erzählen, was Sie mit mir machen, und ich weiß immer noch nicht, was Sie sich davon versprechen.«
»Du wirst gar keine Gelegenheit mehr haben, irgendetwas zu erzählen.«
»Aber auch dann weiß doch jeder, daß Sie es waren, die mir was angetan hat.«
»Ist mir dann völlig gleichgültig.«
»Das glaub' ich Ihnen nicht.«
»Ach glaub' doch, was du willst.« Kate machte ein paar tiefe Züge und starrte zu dem kleinen Hüttenfenster hinaus. Der Raum selbst war kärglich eingerichtet mit einem Tisch, vier Stühlen, zwei alten Sofas und einem schäbigen, sperrigen Schrank, dessen Tür halb offenstand.
Faith spürte schon jetzt, daß sich das Seil, mit dem der Kerl sie festgebunden hatte, lockerte. Offenbar hatte er es nicht fest verknotet – möglicherweise mit Absicht. Kate durfte das unter keinen Umständen merken. Da der Stuhl mit der Lehne zur Wand stand, konnte sie es zum Glück nicht sehen. Und Faith hielt ganz still. Später irgendwann, wenn Kate einmal den Raum verlassen oder nachts einschlafen würde, wollte sie sich befreien und fliehen.
»Ich will dir mal was sagen«, wandte sich Kate wieder

an sie, »von einem Parasiten, wie du einer bist, lasse ich mir nicht mein Leben verderben. Ich habe nämlich um das, was ich bin, hart kämpfen müssen, verstehst du? Mir ist nicht – wie dir – alles fein säuberlich in den Schoß gelegt worden...«
»...mir auch nicht«, unterbrach sie Faith, »und in letzter Zeit schon überhaupt nicht!«
Kate machte eine wegwerfende Handbewegung und zertrat ihre Zigarette auf dem Fußboden. »Hör schon auf! Es geht hier nicht um ein paar läppische Monate, in denen du dir die feinen Händchen vielleicht mal etwas schmutzig gemacht hast. Es geht darum, daß die einen bereits auf der Sonnenseite des Lebens zur Welt kommen und die anderen immer im Schatten stehen – so einfach ist das.«
»Und das wollen Sie damit bekämpfen, daß Sie Unrecht tun?«
»Wenn's sein muß, ja.« Sie zündete sich eine neue Zigarette an und starrte wieder aus dem kleinen Fenster. Für beide begann ein schweigsamer, nicht endenwollender Nachmittag.

Tony hatte eine ganze Reihe von Geschäften für Onkel Sal zu erledigen. Als er zusammen mit Joe gegen Abend nach Hause kam, vollbepackt mit Lebensmitteln, aus denen Joe ein üppiges Abendessen kreieren wollte, tönte ihnen nicht wie sonst aus dem Wohnzimmer Musik entgegen. Auch die Möbel waren nicht verschoben, und in der Küche deutete nichts darauf hin, daß Faith sich einen Tee gemacht haben könnte.
»Das ist merkwürdig«, meinte Tony, »und auch, daß sie nirgends einen Zettel hingelegt hat.«
»Vielleicht ist sie in höchster Eile zu ihrer Freundin zitiert worden.«
»Cheryl oder Meta – das sind eigentlich die einzigen, die in Frage kommen.«
»Oder sie macht einfach einen Schaufensterbummel.«
Tony schüttelte den Kopf. »Das glaube ich nicht.«

Während Joe die Lebensmittel in den Regalen verstaute, suchte Tony bereits hastig nach der Telefonnummer von Dryers. »Hier spricht Anthony Martino«, meldete er sich.
»Ist mir eine Ehre, mein Herr«, erwiderte Cheryl lachend, »was kann ich für Sie tun? Gibt es Probleme mit Faith? Mein Gott, daß man mit dem Kind nie zur Ruhe kommt...«
»...sie ist verschwunden!«
Erst jetzt wurde Cheryl ernst. »Verschwunden, sagst du?«
»Ja, und ich dachte, sie wäre vielleicht bei euch.«
»Ist sie nicht. Aber es könnte doch sein, daß sie mit der Katze zu dieser Oma gedüst ist, oder vielleicht ist sie zur Ballettstunde?«
»Die Katze liegt friedlich schnurrend auf dem Bett, und die Tanzutensilien liegen in ihrer Reisetasche.«
»Ich frage trotzdem bei der Oma und im Ballett mal an, Tony. Bis gleich!«
Schon nach wenigen Minuten rief sie zurück. »Also, da ist sie auch nicht. Was machen wir denn jetzt?«
»In der Schule und dann bei Kate Lawrence anrufen – ich halte dich auf dem laufenden, Cheryl.«
Nachdenklich legte sie auf. Sollte Kate Lawrence? ...nicht auszudenken, was passieren konnte, wenn diese gefährliche Person Faith in der Gewalt hatte. Cheryl fühlte sich nervös und elend, umso mehr, als auch ihre Eltern sehr erschrocken auf diese Nachricht reagierten. Mit gespannten Nerven kauerte sie nun neben dem Telefon und wartete auf irgendeine Nachricht.

Bei Kate Lawrence erreichte Tony nur den Anrufbeantworter. Angela Terelli hingegen saß noch in ihrem Büro und war sofort am Apparat. Aufmerksam hörte sie zu.
»Die Klasse von Faith hatte heute schon mittags Schluß«, sagte sie, »also müßte sie seit langem zu Hause sein. Doch heute morgen, Tony, gab es eine unangeneh-

me und leider auch handgreifliche Auseinandersetzung zwischen ihr und Sonja; ob da ein Zusammenhang…«
»…danke, Angela, das genügt schon fürs erste. Ich melde mich wieder!«
Joe, der bereits an der Haustür auf ihn wartete, warf ihm die Autoschlüssel zu. »Glaubst du wirklich, Tony, daß Sonja beziehungsweise Julio dahinterstecken?«
»Ehrlich gesagt, mir will's auch nicht recht in den Kopf; erstens, weil ich ihm ein ›Andenken‹ verpaßt habe, neulich, zweitens, weil eine Entführung für ihn und seine Verliererbande zwei Nummern zu groß ist.«
»Drittens, weil Faith gewandt ist wie eine Katze – und bestimmt auch so gut kratzen kann!«
»Hab's Gott sei Dank noch nicht erlebt, Joe, aber vorstellen kann ich es mir.«
»Liebst du sie eigentlich sehr?«
»Ich weiß nicht… – ich glaube schon.« Tony gab Gas und stellte das Autoradio so laut, daß Joe nichts mehr fragen konnte.
Zwei Stunden lang suchten sie vergeblich. Es war inzwischen dunkel geworden – langsam begann die Straßenszene sich zu verändern. Vor einer Nachtbar endlich fanden sie Julio, der seine verbundene Hand in einer Schlinge trug.
Tony trat nahe an ihn heran. Er deutete auf die Hand. »Du bist dir doch hoffentlich im klaren«, bedeutete er ihm leise, aber eindringlich, »daß das nur eine Vorwarnung war!«
Julio wich zurück. »Mann, was ist denn los?«
»Um es kurz zu machen: Faith ist verschwunden, und ich habe da einen schlimmen Verdacht…«
»…bei dir tickt's ja nicht ganz richtig, Tony, du glaubst doch nicht im Ernst, daß ich so mir nichts dir nichts 'ne kleine Entführung manage, mit einer Hand vielleicht!«
Tony schüttelte den Kopf. »Allerdings, ich kann es mir kaum vorstellen, es würde auch deine Intelligenz bei weitem übersteigen. Aber es wäre ja immerhin denkbar, daß ihr in einem Anfall von Größenwahn…«

»...Quatsch. Und Sonja hat heute mit ihren Freundinnen Kaufhäuser ›inspiziert‹, das kann ich hiermit beweisen.«
Grinsend zog er ein vergoldetes Feuerzeug aus der Tasche und warf es in die Luft.
»Sonja hat Faith heute in der Schule angegriffen, das kann wiederum ich beweisen.«
»Ist doch nicht mein Bier, wenn die Weiber Zoff haben!«
Tony packte ihn fest an der Schulter. »Da bin ich aber ganz anderer Meinung, mein Freund, du wirst nämlich dafür sorgen, daß Sonja sich in Zukunft anständig benimmt, hab' ich mich deutlich genug ausgedrückt?«
»Klar doch, Boß, hättest mir trotzdem nicht gleich ein Loch in die Hand schießen müssen.«
»Ich hatte dich gewarnt.« Tony ließ ihn einfach stehen und lief mit Joe zur nächsten Telefonzelle. Er wollte es noch einmal bei Kate Lawrence versuchen. Wieder meldete sich nur der Anrufbeantworter. Dann wählte Tony auch seine eigene Nummer, in der Hoffnung, Faith könnte inzwischen nach Hause gekommen sein. Vergeblich. Anschließend versuchten sie es noch einmal bei Cheryl. Aber auch dort hatte sich in der Zwischenzeit nichts getan.
»Liegt ihre Schultasche denn zu Hause?« fragte Cheryl ängstlich.
»Nein, jedenfalls konnten wir sie nirgends finden.«
»Also muß direkt nach der Schule was passiert sein. Mensch, Tony, drück' auf die Tube, ihr *müßt* sie finden!«
Cheryl war nahe daran, in Tränen auszubrechen, und so legte sie schnell auf.
Ohne an einen Erfolg zu glauben – Kate Lawrence war ja mit allen Wassern gewaschen und alles andere als naiv –, fuhren sie zu ihrem Büro und schließlich zu ihrer Privatwohnung. Wie vorauszusehen, brannte nirgends Licht, niemand reagierte auf ihr stürmisches Klingeln.
»Wir sollten zur Polizei gehen«, schlug Joe vor, »ich glaube, allein schaffen wir das nicht.«
»Die Polizei ist so ziemlich das letzte, was ich einschal-

ten möchte«, erwiderte Tony, »außerdem habe ich Faith versprochen, in dieser Richtung nichts zu unternehmen, bevor sie achtzehn ist.«

»Und wann ist das?«

»Am 28. Mai, also in zweieinhalb Monaten.«

»Bist ja bestens informiert, was Faith betrifft...« Joe lachte leise, aber es war ihm eigentlich nicht zum Lachen zumute. Wenn ein junges Mädchen in dieser riesigen, unübersichtlichen Stadt einfach verschwand, bedeutete das nichts Gutes. Tony wußte das auch, und es fiel ihm schwer, wenigstens nach außen hin Ruhe zu bewahren. Er stellte sich auf eine lange, zermürbende Nacht ein, in der er allen möglichen Leuten, auch dem Ehepaar Winowsky, unter irgendeinem Vorwand einen Besuch abstatten wollte.

Nervös lief Kate in dem kleinen Raum auf und ab, rauchte, schnippte die Asche auf den Boden, blieb hin und wieder vor Faith stehen und starrte sie an. Es war Nacht geworden, über dem Tisch brannte eine trübe Glühbirne.

Faith, immer noch an ihrem Stuhl festgebunden, fühlte sich erschöpft; auch hatte sie Durst und mußte auf die Toilette. Ihre anfängliche Zuversicht war verschwunden und hatte einer unbestimmten Angst Platz gemacht, die immer mehr die Oberhand in ihr gewann. Während der letzten Stunden war Kate nicht ein einziges Mal von ihrer Seite gewichen und hatte auch kaum mit ihr gesprochen. Sie schien auf jemanden zu warten, denn ständig schaute sie nervös auf die Armbanduhr.

»Auf wen warten Sie denn eigentlich?« fragte Faith gereizt.

Kate lachte kurz auf. »Das wüßtest du wohl gerne. Wenn du im übrigen logisch denken könntest, wäre dir längst klar, wer mir helfen wird, dich zu erledigen.«

Faith nickte. »Natürlich, ich bin ja nicht doof. Es wird einer von denen sein, die mit Ihnen in die Schmiergeldgeschichte verwickelt sind – vermutlich also Stanley.«

»Sieh mal einer an, wie klug du bist!«

»Der ist nachts aber immer abgefüllt…«

»…heute nacht nicht, verlaß dich drauf!«

»Ich habe aber Judo gelernt.«

»Das wird dir kaum was nützen, wenn wir dir vorher eine nette kleine Spritze für ein sanftes Nickerchen verpassen.«

Tatsächlich zog sie aus ihrer Handtasche eine bereits aufgezogene Spritze.

Faith, von wilder Panik erfaßt, versuchte hochzuspringen, doch der Stuhl hing wie ein schwerer Klotz an ihr – und das Seil zog sich doch so fest um ihren Körper, daß sie sich nicht ohne weiteres davon befreien konnte.

»Laß das mal schön, du warst doch bis jetzt ganz ver nünftig«, bemerkte Kate kühl.

Sie schloß die Außentür ab, nahm den Schlüssel an

sich und verschwand kurz in einem Nebenraum.
Jetzt oder nie, dachte Faith und versuchte in fieberhafter Eile das Seil durch kreiselnde Bewegungen weiter zu lockern. Sie hatte es fast geschafft – da erschien Kate in der Nebentür. In wenigen Sätzen war sie bei ihr, wollte hastig das Seil wieder festziehen, hatte jedoch die Wendigkeit und Kraft von Faith unterschätzt. Faith kickte Kate blitzschnell und so kräftig gegen das Knie, daß sie zurücktaumelte und hart zu Boden gefallen wäre, hätte sie sich nicht in letzter Sekunde an der Tischkante festhalten können.
»Mach' dich ruhig los«, schnaubte Kate mit wutverzerrtem Gesicht, »aber das nützt dir gar nichts: die Tür ist abgeschlossen, den Schlüssel habe ich versteckt, und das Fenster ist selbst für eine so wendige kleine Ratte wie dich zu eng.«
Faith nickte. »Das sehe ich auch.«
»Dann sind wir ja ausnahmsweise mal einer Meinung. Im übrigen möchte ich dich warnen: in Judo bin ich mindestens ebenso gut ausgebildet wie du!«

Tony und Joe setzten alles auf eine Karte: Stanley Winowsky.
Nachdem Joe spätabends bei Stanley und Beatrice geklingelt hatte, um sich höflich zu erkundigen, ob sein entlaufender Pudelmischling in der Nähe ihres Hauses aufgetaucht sei, war ihnen auf jeden Fall eines klar: Stanley hatte heute nacht keinen Tropfen Alkohol angerührt. Auch wirkte er nervös und schien ängstlich darauf bedacht, Joe möglichst schnell wieder loszuwerden. Freundlich, aber nachdrücklich schob er ihn zur Tür hinaus. Nein, ein kleiner Hund habe sich mit Sicherheit nicht auf seinem Grundstück aufgehalten; er hätte das bestimmt gemerkt, auf Wiedersehen...
Der weiße Mustang stand in einer Seitenstraße, von deren Ecke aus sie Winowskys Haus beobachten konnten. Immer wieder schaute Tony auf die Uhr. Seine Nerven waren zum Zerreißen gespannt. Sehr viel länger würde

er dieses untätige Warten kaum noch aushalten. Faith war in Gefahr, jede Minute konnte kostbar sein, für ihre Gesundheit, am Ende sogar für ihr Leben.
Doch die Fenster im Haus der Winowskys blieben erleuchtet, nichts rührte sich hinter den Vorhängen, und nichts veränderte sich.
Plötzlich ging das Licht an der Haustür aus – und im nächsten Moment erschien auch schon Stanley. Unmittelbar hinter ihm tauchte eine zweite Person auf, wahrscheinlich Beatrice. Sie schien ihn mit aller Gewalt festhalten zu wollen. Es gab ein kurzes Handgemenge, man hörte Beas leise, mühsam unterdrückte Schreie. Dann fiel die Tür ins Schloß, und Stanley lief zu seinem Auto. Sofort sprangen Tony und Joe in ihren Mustang, um Stanley so unauffällig wie möglich und in gebührendem Abstand zu folgen. Wie vermutet, steuerte er einen Randbezirk an, es wurde leerer auf den nächtlichen Straßen.
Die beiden sprachen kein Wort miteinander. Angespannt, mit brennenden Augen, konzentrierte Tony sich darauf, den verrosteten roten Wagen nicht aus den Augen zu verlieren. An einer Kreuzung wäre es fast passiert: die Ampel war umgesprungen, die Wagen von rechts hatten grünes Licht und starteten bereits. Ohne ersichtlichen Grund – Tony hielt entsetzt den Atem an – raste Stanley über die Kreuzung.
»Gas!« brüllte Joe, »Mann, gib Gas!«
Und Tony, ein Stoßgebet auf den Lippen, schloß sich dem wahnsinnigen Manöver an... Bremsen quietschten, Scheinwerfer blendeten sie, wahrscheinlich wurden auch böse Rufe laut, doch die konnten sie Gott sei Dank nicht mehr hören.
»Der fährt wie ein Besoffener«, bemerkte Tony, als er sich wieder einigermaßen beruhigt hatte, »vielleicht hat er sich in den letzten Minuten zu Hause doch noch Mut angetrunken.«
Neben einer kleinen Rasenfläche hielt Stanley an – in angemessener Entfernung parkten auch seine Verfolger.

Zögernd stieg er aus, schloß leise seine Wagentür, schaute sich um und stapfte schließlich über den Rasen auf ein kleines Holzhaus im Hintergrund zu. Tony und Joe schlichen hinter ihm her, hinreichend geschützt durch die Dunkelheit. Erst wenige Meter vom Haus entfernt duckten sie sich hinter einen Busch, um nicht zu früh vom Lichtschein der sich öffnenden Tür erfaßt zu werden.

Stanley klopfte viermal und murmelte etwas Unverständliches. Er mußte eine Weile warten, ehe Kate Lawrence öffnete.

Und dann ging alles blitzschnell.

Die jungen Männer sprangen aus dem Dunkel hervor, überwältigten Kate und Stanley und rissen sie zu Boden. Joe hielt sie mit seiner Pistole in Schach, Tony befreite Faith, nahm ihre Schultasche, zog sie hinaus ins Freie. Zuletzt drängten sie Stanley und Kate in das Innere des Hauses, schlossen die Tür ab, warfen den Schlüssel weit weg und rannten über den Rasen zum Auto. Tony startete – und dann brachen sie in lauten, begeisterten Jubel aus. Faith umarmte abwechselnd Tony und Joe, und nach einiger Zeit begann sie endlich zu erzählen…

Zu Hause angekommen benachrichtigten sie Meta Sack und Dryers, die alle wachgeblieben waren und nun unendlich erleichtert zu Bett gehen konnten.

Nur Herr Dryer wollte noch etwas loswerden. Ungeduldig nahm er Cheryl den Hörer aus der Hand. »Hör mal zu, Faith«, sagte er ernst, »diese Dame Lawrence gehört längst der Polizei übergeben, ebenso wie Pflegeväterchen Winowsky!«

»Wird alles geschehen, Herr Dryer«, versprach Faith gutgelaunt, »wird alles sofort geschehen, wenn ich achtzehn und keine Staatswaise mehr bin.«

»Ich werde das dann in die Hand nehmen«, entschied Herr Dryer, »du mußt mir nur alles erzählen. Ich führe jetzt schon Protokoll!«

»Phantastisch. Wir legen ihnen das Handwerk, was?«

»Mit Pauken und Trompeten, Faith, und jetzt schlaf' gut nach diesem verrückten Tag!«
An Schlaf war natürlich überhaupt nicht zu denken. Joe kochte ein aufwendiges Mitternachtsmenu. Faith machte Musik an, deckte, vor sich hinträllernd, den Tisch, stellte dann auf äußerste Lautstärke und begann so wild zu tanzen, als wollte sie sich damit die überstandene Angst der vergangenen Stunden von der Seele schaffen. Hingerissen schaute Tony ihr zu und klatschte im Rhythmus der Musik. Erst in den frühen Morgenstunden gingen sie schlafen, und die Katze blinzelte Faith zufrieden an, weil sie sich endlich zu ihr gesellte. Faith steckte ihre Nase tief in das weiße Fell.
»Bald kommst du wieder zu deinem Frauchen«, versprach sie, »wir beide, wir wissen jetzt, was es bedeutet, entführt zu werden, was?«
Musch gähnte herzzerreißend und rollte sich zusammen.

Die plötzliche Stille wirkte keineswegs beruhigend auf Faith; wie in einem hektisch ablaufenden Theaterstück kamen ihr die Bilder des vergangenen Tages noch einmal vor Augen. So griff sie wieder nach ihrem Tagebuch, in der Hoffnung, mit seiner Hilfe ein wenig Ordnung in ihrem Inneren schaffen zu können.
12. März.
Kate Lawrence macht auf mich den Eindruck einer Amokläuferin. Sie ist nur noch wild entschlossen, mich auszuschalten. Ich möchte das Wort »umbringen« am liebsten gar nicht schreiben, aber ich glaube, sie hatte das wirklich vor. Sie ist körperlich sehr kräftig. Ich hätte überhaupt keine Chance gehabt, mich von diesem klotzigen Stuhl zu befreien und gleichzeitig mit ihr fertigzuwerden, so oft ich das auch in Gedanken durchgespielt und mir alle möglichen Vorteile ausgedacht habe. Mom, euer Absturz war bestimmt tausendmal schlimmer als meine Situation heute, weil für euch alles so entsetzlich rasch und ausweglos vor sich ging. Ich hatte zwar auch Angst – und die wurde im Laufe des Nachmittags immer schlimmer, vor allem, als ich dann erfuhr, daß Stanley zur Verstärkung auf-

tauchen würde –, aber ich wußte schließlich, daß es Tony gab! Hier schreibe ich besser nicht weiter, sonst komme ich zu sehr ins Schwärmen...

Lächelnd legte sie das Tagebuch weg. »Gute Nacht, Musch«, flüsterte sie, »ich glaube, jetzt werden wir beide gut schlafen.« Sie knipste das Licht aus. Draußen am Horizont wurde es bereits hell.

Faith schlief noch tief, als am nächsten Vormittag das Telefon klingelte und kurz darauf Tony an ihre Schlafzimmertür klopfte. »Meta Sack will dich sprechen«, erklärte er, »sie sagt, es sei dringend.«

Etwas benommen tappte Faith hinüber und übernahm den Hörer. »Also, mein Kind«, begann Meta ohne Umschweife, »mir ist da heute nacht während dieser schrecklichen Warterei eine Idee gekommen. Du bist hier dauernd in Gefahr, du solltest mal eine Zeitlang verschwinden. Um es kurz zu machen: ich möchte dich gerne zu einem Flug nach München – und zurück – einladen.«

»Wie bitte?« Faith glaubte nicht richtig verstanden zu haben. Meta war doch nicht reich...

»Du hast ganz recht gehört«, fuhr Meta fort, »und du sollst das ja auch nicht umsonst bekommen, sondern etwas dafür tun!«

»Was denn, Meta?«

»Mich mitnehmen.«

Einen Augenblick schwieg Faith, weil sie sich das alles nicht so recht zusammenreimen konnte. Die alte Frau, die fast jeden Nachmittag in Gedanken versunken und bewegungslos auf ihrem Friedhofsbänkchen saß, wollte eine solche Reise wagen, die noch dazu soviel Geld kostete?

»Bist du noch am Apparat?« fragte Meta gutgelaunt, »hat es dir die Sprache verschlagen?«

»Ehrlich gesagt, nach München, das ist fast zu schön, um wahr zu sein!« Faith mußte sich setzen, weil ihr plötzlich schwindlig wurde.

»Für mich auch, Faith, für mich auch! Ich wünsche es mir seit Jahrzehnten, ach, was sage ich: seit ich hier lebe. Einmal noch, bevor ich das Zeitliche segne, die Heimat sehen, einmal noch all die Plätze und Winkel dort besuchen, wo ich mit meinem Herbert damals so glücklich war. Faith, ich habe genug dafür gespart, aber allein kann ich die Reise nicht wagen, dafür bin ich zu alt, verstehst du? Du tätest mir also einen riesigen Gefallen!« Ihre Stimme zitterte; Faith merkte, daß es Meta absolut ernst war.

»Aber ich habe Schule, Meta«, gab sie zu bedenken.

»Eine Woche wirst du doch mal schwänzen können. Abgesehen davon ist die Leiterin der Schule doch – soweit ich verstanden habe – mit deinem Tony verwandt. Und sie muß eigentlich auch daran interessiert sein...«

»...bestimmt – nach dem, was gestern passiert ist.«

»Dann gibt es keinen Hinderungsgrund mehr. Sag mal, Faith, ist dein Tony zuverlässig? Meinst du, er kann solange Musch übernehmen?«

»Klar kann er das, er kümmert sich auch jetzt schon immer rührend um sie.«

»Kann ich sie trotzdem vorher nochmal sehen?«

»Ich bringe sie dir heute nachmittag, und dann besprechen wir alles weitere.«

»Faith?«

»Ja?«

»Ich freu' mich rasend – würden meine Knochen nicht so knacken, ich würde jetzt Purzelbäume schlagen.«

»Und ich erst, Meta – ich muß mich dauernd in den Arm kneifen, weil ich denke, ich träume...«

Tonys Miene verfinsterte sich zusehends. Er hatte das Gespräch mit angehört und ahnte, worum es ging. Faith wollte nach Deutschland fliegen und ihn hier allein lassen. Brummig schlug er vor, sie heute nachmittag mitsamt der Katze zu Meta zu bringen.

»Damit nicht wieder was passiert«, murmelte er, »und das mit dem Flug solltest du dir nochmal sehr genau überlegen!«

»Hab' ich schon, Tony«, lachte sie, »und in einer Woche bin ich wieder zurück.«
»Wenn du nicht an irgend so einem deutschen Idioten hängenbleibst, der dir die Augen verdreht.«
»Glaube ich nicht; *ein* Idiot genügt mir schließlich...«
Einen Moment schauten sie sich in die Augen, dann mußten sie beide lachen. Die eine Woche, dachte Tony, werde ich schon schaffen, aber wenn es mehr wird, hole ich sie ab, notfalls mit der Pistole!

Faith schlenderte durch den Englischen Garten. Es war der 18. März, überall kündigte sich der Frühling an. Auf den Wiesen blühten Krokusse, Vögel zwitscherten, und trotz des kühlen Windes, der durch die Bäume strich, behauptete sich immer wieder die Sonne, sobald die weiße Wolkendecke aufbrach.
Seit gestern abend war sie hier in München. Meta hatte sie in Frankfurt gelassen, glücklich und voller Unternehmungslust.
Faith wohnte in einer kleinen Pension im Westen der Stadt, nicht weit entfernt von ihrem ehemaligen Elternhaus.
Im Flugzeug hatte sie sich alles so schön ausgemalt: Sie würde die altbekannten Straßen ablaufen, ihre Ballettschule besuchen, ihre Schule, sich mit Klassenkameradinnen treffen...
Dann tauchte am späten Nachmittag München auf – und im nächsten Augenblick überfielen sie die Erinnerungen, so stark und eindringlich, daß es ihr trotz aller Ablenkungsmanöver nicht gelang, sich wieder davon frei zu machen.
Vor einem halben Jahr, an einem glasklaren Septembertag, waren sie von hier aus gestartet, verabschiedet von vielen Freunden, die ihnen Glück gewünscht hatten. Welche Erwartungen hatte jeder aus ihrer kleinen Familie auf das Leben in der neuen Heimat gesetzt! Und nun kam sie zurück – und alles, was sie sah und was sie doch eigentlich gemeinsam betraf, galt nur noch für sie allein. Niemand sah ihre Tränen, und das war gut so, denn niemand konnte ja wissen, um wen sie weinte...
Den Englischen Garten hatte sie sich als Zufluchtsort bestimmt. Hier war sie früher selten gewesen, hier war »neutraler« Boden. Im Laufe der nächsten Stunden würde es ihr bestimmt gelingen, ihr seelisches Gleichgewicht wiederzufinden und die ersten Kontakte aufzunehmen. Sie mußte ja nicht gleich mit Frau Sakowa und ihren Ballettfreundinnen anfangen.

Gegen Abend rief sie bei Anja, einer Freundin aus dem Deutschkurs an, mit der sie im Briefwechsel stand.
»Ich glaub', mich streift 'n Bus«, schrie Anja aufgeregt, »das kann doch nicht wahr sein! Du hast ja kein Wort davon geschrieben, Faith!«
»Ich hab' es ja selbst erst in letzter Minute erfahren.«
»Du kommst natürlich sofort zu uns und übernachtest hier – und bitte keine Widerrede, meine Eltern werden sich freuen, und vor allem ich!«
Lächelnd legte Faith den Hörer auf. Es war tröstlich, gute Freunde zu haben und damit die Gewißheit, daß man doch etwas aus der Vergangenheit in die Gegenwart hinüberretten konnte.

Es wurde ein langer Abend. Faith erzählte, Anja hörte gespannt zu. Manchmal schüttelte sie ungläubig den Kopf.
»Das klingt wie ein Roman«, murmelte sie, »und du bist so unheimlich tapfer.«
Faith wehrte ab. »Täusch' dich nicht, ich war manchmal ganz schön verzweifelt und am Ende. Aber es gab dann immer Menschen, die mir geholfen haben.«
Anja lächelte. »Zum Beispiel Tony.«
»Zum Beispiel Tony«, gab Faith zu, »der kommt im Augenblick wahrscheinlich erst von seinen seltsamen Geschäften nach Hause, während wir hier schon als Nachteulen herumhängen.«
»Liebst du ihn?«
»Ich wehre mich eigentlich noch dagegen, obwohl ich wahrscheinlich schon längst...«
»...warum wehrst du dich?«
»Weil die Freundschaft so schön ist und ich sie festhalten möchte. Sie geht zwangsläufig kaputt, wenn die Liebe ins Spiel kommt.«
»Liebe macht nichts ›kaputt‹, Faith, ich sehe das mehr als eine Verwandlung.«
»Aber eine Verwandlung ins Komplizierte.«
»Dafür werden wir ja auch älter. Ich bin jedenfalls mit

dem Verliebtsein sehr zufrieden – und die Probleme lasse ich einfach nicht an mich ran.«
»Wenn das immer so einfach wäre! Diese sogenannten ›Geschäfte‹ von Tony, von denen ich dir erzählt habe, machen mir wirklich sehr zu schaffen. Und die kann ich nicht so einfach ignorieren, die greifen viel zu sehr in sein Leben ein. So ein Leben kannst du nicht mit dem dieser behüteten Knäblein in der Oberstufe eines Gymnasiums hier vergleichen…«
»…hast ganz recht«, unterbrach sie Anja, »im Grunde sind wir ja alle wahnsinnig verwöhnt und haben von dieser Art Leben nicht den leisesten Schimmer. Trotzdem kann ich dich nicht verschonen: morgen werde ich eine Party für dich geben, nach dem Motto: ›Besuch der jungen Dame‹, frei nach Dürrenmatt…«
»Nur, daß ich nicht reich geworden bin«, lachte Faith, »und mich auch an keinem Macho rächen will!«
»Weißt ja noch gut Bescheid; ein Zeichen für Stolps fruchtbaren Deutschunterricht.«
»Habt ihr noch den alten Stolp?«
»Klar doch, der streicht auch noch nicht so schnell die Segel, der sieht wesentlich älter aus als er ist, ein Gruftie in Jeans.«

Als Faith später müde auf Anjas Couch fiel, die sie ihr zum Schlafen gerichtet hatte, fühlte sie sich schon viel wohler. Anja in ihrer unkomplizierten Art war genau die richtige Adresse. Von ihr aus würde sie die nächsten Tage sicherlich gut bestehen.

Die Party am Abend wurde so wild und laut, daß Anjas Eltern es vorzogen, ins Kino zu gehen. Es wurde getanzt und diskutiert oder auch nur Musik gehört. Faith war der Mittelpunkt. Jeder bemühte sich um sie, jeder wollte ihr zeigen: Wir mögen dich, du gehörst noch immer zu uns, auch wenn der große Teich dazwischenliegt.
Markus, ihr früherer Tischnachbar im Deutschkurs, bemühte sich besonders um sie. »Ich hatte dich immer sehr

gern«, gestand er beim Tanzen, »nur du hast es nicht gemerkt, du warst kalt wie'n Fisch. Und jetzt, fürchte ich, komme ich zu spät.«

Faith nickte. »Also der Reihe nach, Markus: Gemerkt hab' ich's schon, nur nicht erwidert, capito? Und zweitens kommst du tatsächlich zu spät.«

»Was hat der andere, was ich nicht habe?«

»Lebenserfahrung.«

Markus blieb stehen. »Meinst du das im Ernst?«

»Und ob!«

»Ja, ist er denn hundert Jahre älter als du, vielleicht auch ein Gruftie in Jeans wie unser Stolp?«

Faith mußte laut lachen. »Mensch, Markus, hast du eine Ahnung! Kannst du dir gar nicht vorstellen, daß es auf der Welt Jungs in deinem Alter gibt, denen der Wind wesentlich härter um die Nase pfeift?«

»Also ist er ein Schlägertyp?« fragte Markus fassungslos.

»Bestimmt nicht – aber einer, der sich durchsetzen muß, aus eigener Kraft, weil er sonst nicht existieren kann.«

Markus fragte nicht weiter. Das Gespräch wurde ihm zu kompliziert, und er war ja hergekommen, um Spaß zu haben. Mitten in der Nacht beschlossen sie alle, in drei Autos an den Starnberger See zu fahren. Einige von ihnen waren schon achtzehn, hatten den Führerschein und einen eigenen oder vom Vater ausgeliehenen Wagen.

Faith war es recht, daß sie nachts fuhren, denn sie war diese Strecke unzählige Male mit ihren Eltern gefahren. Sie kannte alle Dörfer landeinwärts des Sees, die Kirchen und kleinen Kapellen, die Wiesen und Weiden. Und schließlich auch alle Bäckereien, in denen Willy, der große Kuchenesser der Familie, so leckere Sachen gekauft hatte.

Nachts würden die Orte in der Dunkelheit untergehen... Und doch tauchten sie auf, während der Fahrt, die heißen Sommertage, an denen Johanna den Picknickkorb gepackt und Willy die Fahrräder auf den Gepäckträger montiert hatte; an denen sie am Ufer entlanggestrampelt und beim »Schneiderwirt« eingekehrt waren. Und abends die Heimfahrt, Faith auf dem Rücksitz, schon halb schlafend; vorne unterhielten sich die Eltern leise über dieses und jenes – und immer in dieser wunderbaren Übereinstimmung, die für ihr Zusammenleben kennzeichnend war.

Heute nacht wanderte Faith mit Anja und ihren Freunden am Ostufer entlang. Auch das kannte sie gut. Johanna hatte sich immer so sehr an den Bauerngärten gefreut, deren üppige bunte Blumen durch die Zäune hindurchwuchsen.
Leise schwappte das Wasser, sonst war es sehr still, auch in der Natur.
Irgendwo fanden sie eine Gastwirtschaft, die noch nicht geschlossen hatte. Jörg, der den reichsten Vater und das üppigste Taschengeld besaß, lud alle zu einer Cola ein.
»Auf das Wohl unserer Faith«, sagte er feierlich, »damit sie uns in guter Erinnerung behalten und bald – vielleicht für immer – ins gute alte Europa zurückkehren möge!« Fröhlich stießen sie an.
»Wie ist's?« fragte Anja leise, »würdest du wiederkommen?« Faith schüttelte den Kopf. »Ich glaube nicht, obwohl ihr alle riesig nett seid.«
Auf dem Heimweg dachte sie an Meta, die ihr diese Reise ermöglicht und sie mit genügend Taschengeld ausgestattet hatte; sie dachte an Cheryl, diesen treuen Kobold, der jederzeit für sie da war, und sie dachte an Tony. Sie alle waren ihr nah, ganz gleich, wo sie sich aufhielt.
Kate Lawrence und die Winowskys dagegen waren weit weg, so weit, daß sie fast schon nichts mehr für sie bedeuteten.

Die nächsten Tage vergingen wie im Flug. Faith besuchte ihre alte Ballettschule, wurde mit ungeheurem Hallo begrüßt und tanzte sofort mit. Anschließend wurde sie von ihrer geliebten Frau Sakowa derart in Beschlag genommen, daß nicht mehr viel Zeit für andere Dinge

blieb. Sie liefen zusammen durch die Stadt, sie tranken stundenlang Tee, sie setzten sich abends zusammen – und redeten über Ballett, bis sie müde wurden.
Anja beschwerte sich, aber letztlich sah sie es ein. Nach den Erlebnissen der vergangenen Monate schien Faith ausgehungert nach dem, was für sie nun mal das Leben ausmachte. Und da sollte man nicht eingreifen.

Erst am letzten Tag wagte es Faith, ihr altes Elternhaus zu besuchen. Nichts, aber auch gar nichts hatte sich verändert; nur das Namensschild war ausgetauscht worden. Sogar die Küchengardinen glichen denen von damals: einfache weiße Spanngardinen. Das Fenster ihres Zimmers stand offen, ein Kind übte Blockflöte. Die Büsche im Vorgarten blühten, Johanna hätte ihre Freude daran gehabt. Johanna – gehörte sie noch hierher? Und Willy? Gehörte er, ihr gutaussehender Luftwaffenoberst, der hier aus- und eingegangen war, wirklich noch hierher? Oder war es nicht vielmehr so, daß für sie *alle* mit dem Weggang von München ein Lebensabschnitt zu Ende gegangen war und einem neuen, ebenso wichtigen Lebensabschnitt Platz gemacht hatte?
So gesehen mußte sie nicht mehr traurig sein. Sie konnte sich auf das Neue freuen, ein zweites Mal, diesmal zwar nicht mehr von ihren Eltern geführt, aber in dem Bewußtsein, daß es ein von ihnen eingeleiteter und damals mit Freuden beschrittener neuer Weg war.
Sie lief zur nächsten Telefonzelle, steckte ein paar Markstücke in den Apparat und wählte die endlose Nummer von Tony. Es war Mittagszeit, er würde gerade aufstehen.
»Hallo Tony«, rief sie, als sie nach dem kurzen Piepston seine Stimme hörte, »morgen komme ich wieder!«
»Das will ich hoffen«, rief er zurück. Und durch das Rauschen in der Leitung konnte Faith so etwas verstehen wie »du fehlst mir schrecklich, du olle Ballettratte, bist viel zu lange weggewesen!«

Der Abend dieses letzten Tages in München gehörte Anja. Sie saßen in ihrem Zimmer und hörten leise Musik.
»Es ist merkwürdig«, erzählte Anja, »als wir noch in die gleiche Schule gingen, hätte ich dich immer wahnsinnig gerne zur Freundin gehabt, aber du warst völlig mit deinem Ballett beschäftigt, und jetzt – lebst du in Amerika. Aus irgend einem Grund soll es mir nicht gelingen. Dabei verstehen wir uns so gut, findest du nicht?«
»Finde ich auch. Aber du wirst mich besuchen in Kalifornien, wir müssen uns das nur ganz fest vornehmen!«

Am nächsten Tag schwänzte Anja den Unterricht, um Faith zum Bahnhof zu bringen. Sie wollte mit dem Zug nach Frankfurt fahren, dort im Hauptbahnhof, so war es abgesprochen, Meta treffen und mit ihr gemeinsam zum Flughafen weiterfahren.
»Mach's gut, altes Haus«, rief Anja durch die geschlossene Scheibe des langsam anfahrenden Zuges, in dem Faith stand und winkte. »Mach's gut, und komm' baldmal wieder, war schön mit dir!«
»Danke«, rief Faith zurück, »danke für alles.« Dann setzte sie sich in ihr Abteil und widmete sich der soeben gekauften Ballettzeitschrift.

Als Faith in Frankfurt auf die Bahnhofsgaststätte zusteuerte, vor der sie sich, pünktlich nach Eintreffen ihres Zuges, mit Meta verabredet hatte, sah sie es schon auf den ersten Blick: Meta war nicht da. Stattdessen wurde sie von einem Mann mittleren Alters angesprochen, der sie vorher eine Weile beobachtet hatte.
»Verzeihen Sie, sind Sie zufällig Frau Williams?«
»Ja«, antwortete sie erschrocken, »und ich warte auf Frau Sack, wissen Sie vielleicht...«
»...Frau Sack ist meine Tante«, unterbrach er sie, »aber, so verrückt das klingt, wir können sie nicht finden.«
Faith stellte ihr Gepäck ab. »Seit wann...«
»...sie hat bei uns gewohnt, in unserem Gästezimmer«, berichtete er bestürzt, »sie hat sich auch wohlgefühlt und die Tage hier genossen. Aber vorhin, als ich sie in ihrem Zimmer abholen wollte, um sie zum Bahnhof zu bringen, da war sie weg, mitsamt ihrem Gepäck spurlos verschwunden.«
»Und hat überhaupt keine Nachricht hinterlassen?«
»Nichts.«
»Und in zwei Stunden geht unser Flug.« Die beiden schauten sich ratlos an. »Was machen wir denn jetzt«, murmelte Faith, »ich kann doch nicht einfach ohne sie fliegen! Oder glauben Sie, daß sie schon alleine zum Flughafen gefahren ist?«
»Kaum. Ich habe nämlich ihr Flugticket, und das weiß sie. Kennen Sie sich in Frankfurt aus, Frau Williams?«
»Etwas; aber nicht genug, um jetzt alleine eine Suchaktion zu starten. Jedenfalls ist mir davor etwas bange.«
»Sie ist viel in der Gegend um den Römer herum spazieren gegangen, hat sich gern in die Cafés dort gesetzt, war auch öfter im Dom.«
»Also werde ich sie jetzt dort suchen.«
»Und ich werde das mit der Pan Am regeln, denn den gebuchten Flug schaffen Sie natürlich nicht. Für Ihr Gepäck nehmen wir ein Schließfach. Mein Name ist übrigens Bechtold, Günter Bechtold.«
Faith lächelte. »Ihre Tante hat mir oft von Ihnen erzählt

– Sie sind ein tüchtiger Geschäftsmann...«
»...man tut, was man kann. Aber die Geschäfte sind es nun auch, die mich davon abhalten, Sie bei Ihrer Suche zu unterstützen. Sind Sie einverstanden, daß wir uns um 17 Uhr vor dem Haupteingang vom Römer treffen? Dann suchen wir gemeinsam weiter.«
Faith willigte ein, und Herr Bechtold verabschiedete sich rasch.
Sie kannte die Gegend um den Römer herum gut. Immer, wenn sie sich früher mit ihren Eltern in Frankfurt aufgehalten hatte, stand ein Stadtbummel dorthin auf dem Programm. Die schönste Erinnerung hatte sie an den Weihnachtsmarkt; an den nachtschwarzen Himmel und die hell erleuchteten Buden mit ihren bunten Kugeln. Was für ein unbeschwertes, glückliches Kind war sie damals gewesen! Nun suchte sie eine alte Frau, die sich ihrerseits wie ein Kind benahm, auf das man aufpassen mußte. Die Rollen hatten sich vertauscht.

Faith suchte alle Straßen und Gassen ab, alle Cafés und Restaurants, doch ohne Erfolg; sie lief auch durch den Dom – nirgendwo eine kleine, alte Frau mit Reisegepäck...
Als pünktlich um 17 Uhr Herr Bechtold vor dem Römer auftauchte, fühlte sie sich erleichtert. Endlich teilte jemand mit ihr die Last der Verantwortung, endlich traf sie die Erfolglosigkeit der Suche nicht mehr ganz allein.
»Jetzt werden wir die Mainufer abklappern«, schlug Herr Bechtold vor. »Meine Sekretärin hat übrigens sowohl bei der Polizei als auch bei allen Krankenhäusern nachgefragt. Nichts!«
»Kann ich vorher rasch mit meinem Freund telefonieren?« fragte Faith, »der wollte uns nämlich vom Flugplatz drüben abholen! Und im Augenblick könnte er zu Hause sein.«
Sie suchten die nächste Telefonzelle, und wieder wählte Faith die endlose Nummer. Am Apparat meldete sich jedoch nicht Tony, sondern Salvatore Martino.

»Richten Sie Tony doch bitte aus, daß ich nicht zur angegebenen Zeit landen werde – uns ist etwas dazwischengekommen.«
»Ich werde es meinem Neffen ausrichten«, entgegnete Onkel Sal kühl, »im übrigen sollten Sie ihn ohnehin etwas weniger in Beschlag nehmen, mein Fräulein!«
»Wie meinen Sie das?«
»Antonio hat viel zu tun, sehr viel sogar, jede Ablenkung ist zum Nachteil für ihn.«
»Aber das stimmt doch gar nicht.«
Es knackte in der Leitung, ihr Geld war zu Ende und damit auch das Gespräch. Niedergeschlagen verließ sie die Zelle, vor der Herr Bechtold geduldig gewartet hatte.
Es war ein kalter Tag gewesen, und jetzt, gegen Abend, fing es an, leicht zu regnen. Faith trug nur eine dünne Jacke und begann allmählich zu frieren.

Nachdem sie das diesseitige Ufer erfolglos abgesucht hatten, liefen sie über eine der schönen Brücken zur anderen Seite des Mains. Am Ufer begegnete ihnen nicht ein einziger Spaziergänger. Nur die großen Schleppkähne glitten lautlos auf dem Fluß dahin und verschwanden unter den Brücken.
Sie waren schon weit gegangen, als sie Meta entdeckten. Zusammengekauert, das Reisegepäck neben sich, hockte sie auf einer Bank, still, bewegungslos, in sich versunken, wie auf dem Friedhof in Los Angeles. Ihr dünnes Haar hing naß herunter, ihr Mantel und ihre Schuhe waren ebenfalls durchnäßt. Günter Bechtold schüttelte sie.
»Hallo, Tante Meta, was machst du denn hier? Ihr solltet längst mit dem Flugzeug unterwegs sein!«
»Ich will ja gar nicht zurück«, antwortete sie störrisch, »ich will nicht, und ich kann nicht!«
»Warum kannst du nicht?«
»Du hast mich gestört, Günter!«
»Hier ist Faith; die hast du ja nun auch ganz schön sitzenlassen.«

»Tut mir leid, Faith.« Meta stand auf und nahm ihre Tasche.
»Tut mir sehr leid, aber ich konnte nicht anders, ich mußte nochmal hierher. Hier sind wir jeden Abend spazierengegangen, Herbert und ich, jeden Abend, Hand in Hand und sehr verliebt.«
»Aber wir haben unseren Flug verpaßt, Meta«, erklärte Faith, »denkst du denn gar nicht an deine Musch?«
Mit jedem Schritt, den Meta lief, wurde sie wacher und munterer. »So ist das mit alten Leuten«, sagte sie mit einem etwas verlegenen Lächeln, »unzuverlässig und eigenwillig! Jetzt habe ich euch so viel Kummer gemacht.«
»Na, Gott sei Dank haben wir dich ja wieder«, erklärte Günter freundlich, »aber wenn wir nicht gekommen wären…«
»…wäre ich vielleicht erfroren.«
»Hättest du das denn gewollt?« fragte Faith entsetzt.
»Ich glaube nicht.«
»Ich habe einen Freund bei der Pan Am«, wandte sich Herr Bechtold an Faith, »er will versuchen, Ihnen für übermorgen noch zwei Plätze zu reservieren.«
Faith lächelte ihn dankbar an. »Nett von Ihnen. Überhaupt haben Sie mir sehr geholfen, vielen Dank dafür; ohne Sie wäre ich in dieser Situation ganz schön aufgeschmissen gewesen!«
»Sie können beide bei uns übernachten«, schlug er vor, »meine Frau wird sich freuen, sie hat ja durch Meta schon viel von Ihnen gehört.«
Faith nahm das Angebot gerne an. Sie war erschöpft und fror.
Als sie später, nach einem guten Abendessen, in der Badewanne saß, von Frau Bechtold liebevoll versorgt, nahm der vergangene Tag allmählich wieder erträgliche Konturen an. Das einzige, was ihr zu schaffen machte, war das Gespräch mit Onkel Sal. Er wollte offensichtlich einen Keil zwischen sie und Tony treiben. Warum war sie ihm im Weg? Ganz sicher hatte das etwas mit

den »Geschäften« zu tun, in die sie keinen Einblick bekommen durfte.
Am nächsten Morgen erschien Meta nicht zum Frühstück. Als Frau Bechtold nach ihr sah, lag sie noch im Bett.
»Ich fühle mich etwas matt«, erklärte sie, »vielleicht ein bißchen erkältet.«
»Kein Wunder, Tante Meta, du bist ja gestern klatschnaß geworden!«
»Ich sitze oft draußen auf einer Bank.«
»In Los Angeles, Tante Meta! Das ist ein Unterschied im Vergleich zu unserem kalten Frankfurt. Ich werde den Arzt holen.«
Meta wehrte ab. »Nein, keinen Arzt, bitte Liselotte, mir fehlt nichts, bin nur ein bißchen matt, verstehst du.«
Liselotte Bechtold ließ sich jedoch nicht beirren und telefonierte nach einem Arzt.
»Das ist dumm von ihr«, flüsterte Meta Faith zu, »ich habe doch gar nicht vor, hundert Jahre alt zu werden!«
Faith schüttelte ärgerlich den Kopf. »Hör mal zu, Meta, eigentlich bist du im Augenblick ziemlich unfair! Du hast dir eine Reise nach Deutschland gewünscht, auf der ich dich begleiten sollte. Und jetzt auf einmal willst du nicht mehr mit mir zurückkommen.«
»Aber Kind, so ist das doch gar nicht gemeint«, verteidigte Meta sich schwach. »Nur, hier in der Heimat sieht alles plötzlich so anders aus, verstehst du? Ich bin wieder da, von wo ich herkomme, ich will nicht noch einmal eine so große Reise machen.«
»Aber *drüben* bist du daheim, Meta, drüben hast du deine Musch, deine Wohnung, den Park, den Friedhof mit der Bank, mich.«
»Mir ist in den letzten Tagen klar geworden, daß ich immer Heimweh hatte, und das muß doch irgendwann einmal aufhören, findest du nicht?« Meta schloß die Augen und gab damit zu verstehen, daß sie das Gespräch für beendet hielt.

Der Arzt stellte eine beginnende Lungenentzündung fest. »In dem hohen Alter nicht ganz ungefährlich«, gab er zu bedenken, »ich schlage vor, sie in ein Krankenhaus zu verlegen.«

In der Nacht, Meta hatte inzwischen hohes Fieber, wechselten sich Faith und Liselotte in der Krankenwache ab. Am nächsten Morgen brachte Günter sie in das Marienkrankenhaus, ein gepflegtes, von Ordensschwestern geführtes Haus.

Faith blieb den ganzen Tag bei Meta. Wenn die Patientin nicht gerade schlief, unterhielten sie sich leise. »Günter wird mit dir nach Kalifornien fliegen und meine Wohnung auflösen«, bestimmte sie, »und du, Faith, darfst dir von meinen Sachen aussuchen, was immer du willst. Die Musch...«

»...du darfst nicht dauernd daran denken«, unterbrach sie Faith, »daß du die Krankheit nicht überlebst, Meta!«

»Aber man kann doch mal darüber reden, Kind. Du glaubst nicht, wie sehr es mich beruhigt, daß du dich um Musch kümmerst.«

»Ich verspreche es dir, ich lieb' sie ja auch schon so sehr! Aber glücklicher wäre ich, wenn du wieder gesund würdest und wir bald nebeneinander im Flugzeug säßen.«

»War's schön in München?« fragte Meta.

»Es war wunderbar. Es war überhaupt eine tolle Reise und eine tolle Idee – bis hierher. Jetzt wird auf einmal alles so traurig.«

Meta lächelte. »Der Tod ist nichts Trauriges, Faith, und wenn man von jemandem erwartet wird, dann schon erst recht nicht. Nur das Sterben ist mühsam. Aber das haben bisher noch alle geschafft, also werde ich es auch schaffen.« Sie schloß wieder die Augen und schlief erschöpft ein. Eine freundliche Ordensschwester kam hin und wieder auf leisen Sohlen in das Zimmer, fühlte Meta den Puls, gab ihr eine Spritze.

»Das Herz ist schwach«, flüsterte sie Faith zu, »noch ein Viertelstündchen, dann sollten Sie gehen, damit sie ganz zur Ruhe kommt.«

Faith nickte. Sie hatte Tränen in den Augen, und der Hals tat ihr weh. Das ist der Abschied, sagte ihr eine innere Stimme, das ist der endgültige Abschied.
»Ich will verbrannt werden«, flüsterte Meta, als die Schwester das Zimmer verlassen hatte, »und meine Urne soll neben der von Herbert stehen. Sag' das dem Günter und sei sehr lieb mit meiner Musch, hörst du?«
»Ich verspreche es dir.« Faith beugte sich zu Meta herunter und gab ihr einen Kuß auf die Stirn. »Und danke, daß du mir die Reise geschenkt hast, und überhaupt für alles.«
»Werde eine große Ballerina, Faith, du mußt es nur wollen. Alles, was man will, das schafft man auch.« Sie schlief wieder ein. Ihre Hände lagen matt auf der Bettdecke. Faith strich ihr noch einmal über die Haare und verließ weinend das Zimmer.
Sie lief zu Fuß zu den Bechtolds. Die kühle Luft tat ihr gut. Über ihr am Nachthimmel, im Schein des Vollmondes, zogen die Wolken dahin, in ihren Formen sich unablässig wandelnd. »Der Tod ist nur eine Verwandlung«, hatte Johanna an einer Stelle in ihrem Tagebuch geschrieben. Faith hatte das Tagebuch auf ihre Reise mitgenommen. Und nachts, als es still geworden war im Haus, holte sie es heraus und schrieb.
26. März.
Frankfurt. Meta wird sterben. Sie hat es wirklich darauf angelegt, das ist das Schlimme. Ich glaube nicht, daß sie es schon in Los Angeles geplant hatte, aber jetzt will sie einfach nicht mehr. Mit der Reise hatte sich ihr letzter, sehnlichster Wunsch erfüllt... Als ich so bei ihr am Bett saß, spürte ich erst richtig, wie sehr ich sie mag. Ich hatte ja nie eine Oma; für mich war sie so etwas wie eine liebe Oma. Zur Zeit komme ich mir vor wie jemand, der dauernd vom Unglück verfolgt wird. Ich renne und renne, aber es holt mich immer wieder ein. Ob wohl jeder Mensch früher oder später mal so eine Phase hat in seinem Leben? Gibt es tatsächlich ausgesprochene »Pechvögel«? Was mich anbelangt, so muß ich jetzt schon zum zweiten Mal Abschied nehmen von Menschen, die mir viel bedeuten, und dabei

habe ich den ersten noch lange nicht verkraftet. Ganz zu schweigen von all den Schwierigkeiten und Problemen, die mir mein Leben als »Staatswaise« einbringt. – Doch ich will nicht jammern. Erstens hilft es nicht weiter, und zweitens habe ich das Leben vor mir! Ich bin gesund, und ich kann gut tanzen. Und ich habe Tony, nach dem ich mich so sehr sehne. Onkel Sal wird es nicht schaffen, uns auseinander zu bringen, da bin ich ganz sicher.

In den frühen Morgenstunden starb Meta. Sie sei einfach hinübergeschlafen, berichtete die freundliche Schwester, habe versöhnt und glücklich gewirkt und keine Schmerzen gehabt.

Einen Tag später trat Faith den Rückflug an. Nach der Einäscherung wollte Herr Bechtold die Urne nach Los Angeles bringen und sich dann bei Faith melden.

»Vielleicht nehme ich auch meinen Sohn mit«, erzählte er auf dem Weg zum Flughafen, »als Geschenk für sein bestandenes schriftliches Abitur.«

»Wieso ist er im Internat?« fragte Faith, die sich darüber wunderte, weil es ihm in seinem schönen, großen Elternhaus bestimmt an nichts fehlte, vor allem nicht an freundlicher Zuwendung.

»Weil er eine Zeitlang schrecklich gegammelt hat, nur noch Gitarre spielen, herumsitzen und aussteigen wollte. Meine Frau ist darüber fast verzweifelt.«

»Und jetzt? Geht es jetzt besser?«

»Er macht Abitur, und das ist doch immerhin ein Anfang. Ich bin zufrieden. Wenn er nun auch noch studiert, gibt es keinen Anlaß mehr zur Klage.«

Warum geht's dem so gut? dachte Faith, warum hat der noch seine Eltern, die ihn auffangen, ihn durchs Abi drücken, für ihn da sind? – Und Tony? Er plagt sich nachts auf der Straße mit seinen blöden Geschäften, ist letztlich ganz auf sich allein gestellt, muß immer funktionieren, weil sonst der strenge Onkel Sal auftaucht.

»Meinem Freund geht's nicht so gut wie Ihrem Klaus«, sagte sie laut, »der strampelt sich ganz schön ab und ist immer irgendwie in Gefahr.«

Günter Bechtold schaute sie kurz an. »Das Leben ist nicht gerecht, Faith, das sollten Sie trotz Ihrer Jugend schon begriffen haben. Aber ich glaube auch, daß niemandem mehr zugemutet wird, als er ertragen kann. Vielleicht ist Ihr Freund ein starker Typ?«

»Das ist er«, entgegnete sie stolz, »einer, auf den man sich jederzeit verlassen kann.«

»Na sehen Sie, er kann sicher eine ganze Menge verkraften und wird aus seinem Leben etwas machen, auch ohne väterliche Stütze.«

Später, bei der Verabschiedung auf dem Flughafen hat-

te Faith das Gefühl, einen guten neuen Freund gewonnen zu haben. Jedenfalls freute sie sich auf sein Kommen, auch wenn der Anlaß ein trauriger war.
Als sie vom Flugzeug aus auf Frankfurt hinuntersah, fühlte sie sich auf einmal sehr müde. Sie lehnte sich in ihren Sitz zurück und schloß die Augen. Eigentlich könnte sie jetzt schlafen, dachte sie, und dann frisch und ausgeruht bei Tony ankommen. Und tatsächlich schlief sie ein und erholte sich von den langen, durchwachten Nächten der letzten Tage.

Erst in der letzten Stunde vor ihrer Ankunft in Los Angeles wachte sie auf, schaute aufgeregt zum Fenster hinaus, fieberte der Landung und dem Wiedersehen mit Tony entgegen. Sie hatte ihm ihre Ankunftszeit telefonisch mitgeteilt; er wollte sie abholen und auf dem schnellsten Weg nach Hause bringen, wo Joe sie mit einem feierlichen Begrüßungsmenü erwartete.
Endlich war es soweit, die Landung wurde angekündigt. Faith kramte in ihrer Handtasche nach Kamm und Spiegel, fand ihre Haare nicht glänzend genug, fand sich zu blaß, konnte in der Eile ihr Make-up nicht finden und ließ schließlich in ihrer Aufregung den Lippenstift zu Boden fallen. Sofort machte sich die Hülse selbständig und rollte ihrem Nachbarn, einem netten jungen Mann, vor die Füße.
»Nur die Ruhe«, lachte er und bückte sich nach dem verlorenen Stück, »Sie sind auch ohne Hilfsmittel eine hübsche junge Dame!« Verlegen lächelte sie ihn an, als er ihr die Hülse reichte. »Danke«, sagte sie, »herzlichen Dank!« Immer, wenn sie besonders schön sein wollte, mußte ihr so etwas passieren.
»Ich suche Ihnen gerne auch noch den dazugehörigen Lippenstift«, schlug der junge Mann vor, »auf diese Weise habe ich wenigstens eine kleine Chance, mit Ihnen ins Gespräch zu kommen. Es ist nämlich ganz schön frustrierend, stundenlang neben einem hübschen Mädchen zu sitzen, das dauernd nur schläft!« Wieder bückte

er sich, mußte die Suche jedoch erfolglos abbrechen, da das gute Stück offenbar unter einen fremden Sitz gerollt war.
»Mein Name ist Brüning, Thomas Brüning«, stellte er sich vor und streckte ihr die Hand hin.
»Faith Williams - tut mir leid, daß ich eine so verschlafene Nachbarin war.«
»Schon verziehen. Manchmal ist man eben müde. Haben Sie etwas Bestimmtes in Los Angeles vor?«
»Ich wohne dort - und werde von meinem Freund abgeholt.«
»Deshalb die Nervosität. Der junge Mann muß sich glücklich schätzen. Ich bin ein Single aus Überzeugung. Nur manchmal, wie zum Beispiel jetzt, läßt mich meine Überzeugung im Stich.« Er lachte sie übermütig an, und weil ihr so schnell keine Erwiderung einfiel, lachte sie einfach mit.
In ihrer Erwartungsfreude registrierte sie nicht einmal den unangenehmen Druck in den Ohren, der ihr bei der Landung immer zu schaffen machte. Wohl aber registrierte sie voll Ungeduld, daß alle Passagiere, als sie endlich ausgestiegen waren, viel zu langsam liefen, und daß sie, nachdem sie sich, mit Thomas Brüning im Schlepptau, eilig an ihnen vorbeigeschlängelt hatte, bei der Gepäckausgabe viel zu lange warten mußte. Und als sie endlich freudestrahlend als eine der ersten an der Sperre ankam - war Tony nicht da. Stattdessen trat Salvatore Martino auf sie zu, im eleganten dunklen Anzug, das silbergraue Haar sorgfältig gescheitelt. Verwundert über den großen Altersunterschied steckte Thomas Brüning ihr seine Visitenkarte zu, reichte ihr das Gepäck und verabschiedete sich.
Freundlich lächelte Onkel Sal sie an. »Ich komme im Auftrag meines Neffen«, erklärte er, »Antonio selbst ist leider im Augenblick mit einer Angelegenheit beschäftigt, die keinen Aufschub duldet, und daher nicht abkömmlich. »Ach so«, hauchte Faith, und es gelang ihr nur schwer, ihre Enttäuschung zu verbergen.

»Er bat mich, ihn zu vertreten und Sie abzuholen«, fuhr Salvatore Martino fort, »Sie sind hoffentlich nicht allzu sehr enttäuscht.«
»Nein, gar nicht«, schwindelte Faith, »ich war nur zuerst etwas erschrocken, weil ich fest damit gerechnet hatte, daß ...«
»... kann ich mir lebhaft vorstellen, Fräulein Williams, schließlich war ich auch mal jung. Aber Sie wissen ja, daß Antonio beruflich sehr eingespannt ist, und daß ihm im Grunde, wenn er den Anforderungen, die an ihn gestellt werden, in vollem Umfang gerecht werden will, kaum Zeit für ein Privatleben bleibt.«
»Das ist aber doch schrecklich, Herr Martino«, wagte Faith zu protestieren, »Tony ist jung, und er sollte das Recht haben, wie ein junger Mensch zu leben!«
Onkel Sal nahm ihr galant das Gepäck ab, und sie gingen langsam dem Ausgang zu. »Wissen Sie«, begann er das Gespräch erneut, »was Sie da sagen ist schön und gut und entspricht einer gewissen Norm – aber auch Normen werden von Menschen gemacht, und Menschen können sich irren.«
»Hier irre ich mich aber sicher nicht, Herr Martino, jeder Mensch braucht ein Privatleben und gelegentlich auch etwas Freizeit.«
»Beides wird Antonio durch mich und seine Familie zuteil.«
Schweigend und verstimmt liefen sie nebeneinander her, bis sie den Ausgang erreicht hatten. Dort stand Thomas Brüning und wartete auf ein Taxi. Vergnügt winkte er Faith zu. Merkwürdig, dachte er, sie hat sich so auf das Wiedersehen gefreut, und jetzt machen beide einen ausgesprochen schlechtgelaunten Eindruck.
Aus Onkel Sals schwerem Cadillac sprang der Fahrer und nahm seinem Chef das Gepäck ab. »Danke, Jack, und nun zur Villa.«
Faith fuhr herum. »Was heißt zur Villa? Ich möchte nach Hause, zu Tony.«
Beruhigend klopfte Onkel Sal ihr auf die Schulter. »Kei-

ne Sorge, mein Fräulein. Antonio hält sich zur Zeit bei mir auf.«
Faith fühlte sich unwohl. Zögernd stieg sie ein. Onkel Sal nahm neben ihr Platz und reichte ihr eine Schachtel Pralinen. »Junge Damen, die nicht auf die schlanke Linie achten müssen«, meinte er lächelnd, »mögen doch sicher gern Süßigkeiten.«
Mit Speck fängt man Mäuse, dachte sie, bedankte sich jedoch höflich.
Während der Fahrt sprachen sie nicht viel, und Onkel Sal gab Jack gelegentlich irgendwelche verschlüsselte Anweisungen, die Faith nicht verstand.
In einer luxuriösen Wohngegend machte Jack vor einem mächtigen schmiedeeisernen Tor Halt, drückte den Knopf eines kleinen Apparates, worauf sich die beiden Torflügel automatisch öffneten, und fuhr langsam in einen Park hinein. Wie in einem Schloßpark wuchsen hier exotische Pflanzen, fremdartige Bäume, und auf dem überaus gepflegten Rasen standen Statuen aus weißem Marmor.
Endlich tauchte das Wohnhaus auf: eine zauberhafte weiße Villa im spanischen Stil.
»Das ist meine bescheidene Hütte«, wandte sich Onkel Sal an Faith, »gefällt Sie Ihnen?«
Faith nickte. »Sehr gut, Herr Martino – aber stimmt es auch, daß ich Tony jetzt gleich sehen werde?«
»Gewiß«, murmelte er, »nur ein wenig Geduld, ich sagte Ihnen ja, er hat zu tun.«
Eine junge Frau mit weißem Schürzchen lief ihnen entgegen, nahm Faith die Reisetasche ab und bat sie, mitzukommen. »Ich will hier aber nicht lange bleiben«, wandte Faith ein, »ich warte nur auf meinen Freund.«
Die Frau lächelte und zuckte mit den Schultern. »Herr Martino wünscht, daß ich Sie in eines unserer Gästezimmer führe.«
Herr Martino wünscht dies, Herr Martino wünscht das! Nur schwer gelang es Faith, ihre Wut zu unterdrücken. Wahrscheinlich war das hier als Aufenthaltsort für sie

gedacht – gegen Tonys Willen, der von dieser ganzen Aktion nichts wußte. Doch sie nahm sich fest vor, nicht in Panik zu geraten, sondern abzuwarten und die Augen offen zu halten. Vielleicht konnte sie hier etwas Genaueres über die »Geschäfte« erfahren, die sie so beunruhigten.

Mit ölverschmierten Fingern kniete Tony unterdessen neben seinem Mustang und wechselte einen Reifen. Jemand hatte den rechten Hinterreifen aufgeschlitzt, er hatte es erst in dem Augenblick bemerkt, als er zum Flughafen fahren und Faith abholen wollte. Wie sehr er sich auch beeilte, er würde es auf keinen Fall schaffen, rechtzeitig anzukommen. Faith wird so schlau sein und warten, dachte er, sie weiß ja, daß ich normalerweise nicht unpünktlich bin.

Als er, eine Viertelstunde zu spät, am Flughafen ankam, war weit und breit keine Faith zu sehen. Nur am Taxistand warteten noch einige Passagiere geduldig auf einen Wagen. Da sie vermutlich schon länger hier standen, wandte sich Tony an sie.

»Haben Sie vielleicht ein blondes Mädchen mit Reisetasche gesehen?«, fragte er höflich.

»Wenn es ein besonders hübsches Mädchen ist«, meldete sich Thomas Brüning, »und wenn es außerdem aus Frankfurt kam …«

»… die ist es«, unterbrach ihn Tony, »hat sie ein Taxi genommen?«

»Wo denken Sie hin«, lachte Herr Brüning, »sie wurde von einem gutaussehenden Herrn mit Cadillac und Chauffeur abgeholt; schien übrigens nicht sonderlich begeistert von ihrem Kavalier zu sein.«

»War auch nicht so ausgemacht«, erklärte Tony, »aber haben Sie herzlichen Dank für die Auskunft.«

»Keine Ursache. Ich durfte übrigens im Flugzeug neben der jungen Dame sitzen. Nur leider schlief sie von der ersten bis fast zur letzten Minute – ich muß ungeheuer anregend auf sie gewirkt haben!«

»Machen Sie sich nichts draus«, tröstete ihn Tony, »wer sich, wie ich, auf die Liebe einläßt, hat auch seine Sorgen wie Sie sehen! Kann ich Sie zum Dank für die Auskunft in die Stadt mitnehmen?« Sofort griff der junge Mann nach seinem Koffer. »Sehr gern. Ich brauche für heute nur ein anständiges Hotel, egal wo.«
Tony war nicht sehr gesprächig während der Fahrt. Seine vorgetäuschte Zusammenarbeit mit Onkel Sal, dieser ausgeklügelte, komplizierte Auftrag von dritter Seite, würde nicht mehr lange funktionieren, wenn der Onkel weiter auf so unverschämte Weise in sein Privatleben eingriff.

Faith saß in einem der tiefen Clubsessel des feudalen Gästezimmers und wartete. Vor ihr stand eine Silberschale mit Gebäck und Obst. »Herr Martino wird gleich hier sein«, hatte die junge Frau erklärt, »er möchte mit Ihnen sprechen.«
Endlich kam Onkel Sal und nahm ihr gegenüber Platz.
»Sie wundern sich vielleicht«, begann er, »daß ich Sie hierher entführt habe.«
»Allerdings, das ist ja auch ein starkes Stück!«
Unbeirrt fuhr er fort: »Anders als auf diese, sagen wir, etwas unkonventionelle Weise wäre es mir nicht gelungen, ein ausführliches Gespräch unter vier Augen mit Ihnen zu führen.«
Faith beugte sich vor. »Was gibt es denn zwischen uns zu besprechen?«
»Eine ganze Menge, Fräulein Williams. Bedenken Sie bitte, daß ich Antonio liebe wie einen Sohn, daß ich die Verantwortung für ihn trage.«
»Und deshalb darf er keine Freundin haben?«
»Deshalb darf er – noch – keine Freundin haben, ganz recht. Er arbeitet für mich, in unserem Familienunternehmen, seine Arbeit ist schwierig, verlangt Konzentration und Einsatzbereitschaft.«
»Seine Arbeit ist vor allem gefährlich«, warf Faith ein, »und sie macht auf mich den Eindruck, als ob sie...«
»... nicht ganz in Ordnung sei. Da liegen Sie aber voll-

kommen falsch, denn wir sind ein ehrenwertes Unternehmen.«
»Warum erfahre ich dann nie, um welche Geschäfte es sich bei Ihnen handelt?«
»Weil Geschäftskram nichts ist, womit sich ein hübsches Köpfchen wie das Ihre beschäftigen sollte.«
Plötzlich erhob sich Onkel Sal und lief unruhig im Zimmer auf und ab. »Und noch etwas, Fräulein Williams«, sagte er streng. »Ich möchte, daß Sie Antonio in Ruhe lassen, daß Sie ausziehen und sich von ihm trennen, ein für allemal. Ich habe Sie in unserem Telefongespräch bereits darum gebeten!«
Faith stand nun gleichfalls auf. »Herr Martino«, wehrte sie sich tapfer, »wenn Tony will, daß ich ihn verlasse, dann muß er mir das selber sagen!«
»Ich glaube, Sie haben mich nicht verstanden! Ich trage die Verantwortung, und ich versorge, wie Sie sich hier überzeugen können, meine Angehörigen bestens. Dafür verlange ich absoluten Gehorsam, ohne jede Einschränkung. Wer sich mir widersetzt, bekommt das zu spüren.« Er ging zur Tür. »Um Ihnen das mit allem Nachdruck zu erklären, habe ich Sie hierher geholt. Bitte zwingen Sie mich nicht dazu, gegen Antonio Maßnahmen zu ergreifen, die ihn sehr empfindlich treffen könnten. Und jetzt bestelle ich Ihnen ein Taxi. Guten Tag!«
Faith nahm ihre Reisetasche und verließ ebenfalls das Zimmer – ratlos, aber zugleich wütend. Wie konnte ein Mensch nur so selbstherrlich und besitzergreifend sein! Tony tat ihr leid; hoffentlich würde er sich bald aus den Klauen dieses Mannes befreien können.
Sie hatte gerade die Haustür geöffnet, da stand Tony vor ihr. Strahlend fielen sie sich in die Arme. »Gott sei Dank«, flüsterte er erleichtert, »daß du da bist!«
»Ich bin regelrecht entführt worden, wieder mal, aber nur wegen einer höchst überflüssigen Unterredung mit deinem Onkel«.
Sanft machte er sich aus ihrer Umarmung frei und schob sie hinaus. »Setz' dich schon ins Auto, Faith, ich

kann mir das von Onkel Sal nicht gefallen lassen, ich muß ihn kurz sprechen.«
»Aber nicht zu lange, ich will endlich nach Hause!«
Heftig klopfte Tony an die Tür des Büros. »Komm nur herein, Antonio«, rief Onkel Sal, »und lies mir die Leviten, denn dazu bist du ja wohl gekommen!«
Tony trat ein und ging mit festen Schritten auf ihn zu, ohne ihm die Hand zu reichen. »Richtig, dazu bin ich gekommen! Es ist stark, was du dir da geleistet hast.«
»Ich bin eben ein starker Mann«, lachte Salvatore Martino, »und daran wollte ich dich ein wenig erinnern.«
»Indem du Autoreifen aufschlitzen läßt und junge Mädchen entführst? Eine äußerst honorige Art, sich in Erinnerung zu bringen.«
»Vielleicht nicht gerade honorig, dafür aber hoffentlich wirkungsvoll.«
»Was erhoffst du dir denn davon?«
»Daß du dich von dem Mädchen trennst, ganz einfach.«
Tony machte auf dem Absatz kehrt. »Noch etwas?« fragte er scharf, »vielleicht auch etwas an meiner Frisur auszusetzen oder an meinem Rasierwasser?«
»Ja, noch etwas Antonio –, aber darüber werden wir demnächst ausführlich sprechen, nämlich dann, wenn ich dich zu mir bestelle. Und nun geh mir aus den Augen. Ich bin enttäuscht von dir und habe keine Lust, mir den Tag noch weiter verderben zu lassen.«
Grußlos verließ Tony den Raum und schloß lautstark die Tür. Erst im Auto löste sich sein Ärger, und er nahm Faith noch einmal in die Arme. Und dann erzählten sie sich ohne Pause, was ihnen in den letzten Stunden alles passiert war. »Ich soll dich übrigens von einem Herrn Brüning grüßen«, beschloß Tony seinen Bericht, »er will dich demnächst heiraten!«
»Erst, wenn er meinen Lippenstift gefunden hat.«
Tony schaute sie fragend an.
»Geheimnis zwischen ihm und mir«, erklärte sie kokett, »du hast ja mit Onkel Sal auch deine Geheimnisse, die du nicht preisgeben willst!«

Sie fuhren los – und einen Augenblick hingen sie ihren Gedanken nach.
»Also, so schnell laß' ich dich nicht wieder fort«, sagte Tony nach einer Weile, »das war ja schrecklich lang! Und daß dann auch noch diese Geschichte mit Meta passieren mußte! Bist du sehr traurig?«
»Sehr, Tony. Sie war durch und durch ein so guter Mensch. Ich könnte Kate Lawrence heute noch erwürgen, wenn ich daran denke, was sie ihr angetan hat, und das in den letzten Wochen ihres Lebens.«
»Musch jedenfalls hat sich längst von dem Schock erholt«, lachte Tony, »die frißt mir noch die Haare vom Kopf, so legt die los!«
»Geht's ihr gut?«
»Blendend. Ich lasse sie aber nicht aus dem Haus, damit ihr nichts passiert. Man hängt ja schließlich an so 'nem Tier.«
»Und wie geht's Joe?«
»Der hat sich zum zehnten Mal im letzten halben Jahr verliebt. Sonst geht's ihm aber gut.«
»Wie schön, daß *uns* sowas nicht passiert«, lachte Faith.
»Und, wie waren die Typen aus deiner früheren Klasse?« fragte Tony, »waren sie sehr hinter dir her?«
»Natürlich. Und nächste Woche kommt Metas Großneffe mit seinem Vater nach Los Angeles, der dürfte so um die zwanzig sein, er heißt Klaus.« Sie zwinkerte ihn an. »Du bist doch nicht etwa eifersüchtig?«
»Möchte wissen, was der Stenz hier will.«
»Los Angeles angucken, was sonst?«
»Und du wirst ihm die Schönheiten der Stadt zeigen, und wenn er will, zeigst du ihm sicher auch deine Schönheiten, tanzt ihm vor...«
»...Quatsch, ich kenne ihn ja noch gar nicht. Der ist im Internat, war also jetzt gar nicht zu Hause.«
»Joe hat ein großes Spaghettiessen vorbereitet«, wechselte Tony das unerquickliche Thema, »zur Feier deiner Wiederkehr. Sogar Musch bekommt was besonders Feines.«

»Ich hab' mich wahnsinnig auf euch gefreut, Tony, und ich weiß jetzt, daß ich hierher gehöre.«
»Das weiß ich schon lange, Faith. Und mit den Problemen werden wir auch fertig. Nur noch zwei Monate, dann bist du über'n Berg, und wir feiern ein Fest, von dem du noch Jahre träumen wirst!«

Zu Hause angekommen, hupte Tony kurz, und schon erschien Joe in der Haustür. Er hatte eine blaue Küchenschürze umgebunden, und auf dem Arm hielt er Musch, die ein kokettes, blaues Schleifchen um den Hals trug.
Es wurde ein langes und ausgiebiges Essen; erst ganz zum Schluß erzählte Faith ausführlich von ihrer Unterredung mit Onkel Sal.
»Es ist einfach nicht zu fassen«, schimpfte Tony, »wie der Mann mein Leben zu bestimmen versucht.«
»Zeig ihm doch, daß du das nicht magst, Tony, laß ihn abblitzen.«
Tony lachte. »Du bist gut, Faith! Ich lebe doch gewissermaßen von ihm.«
Er stand auf und begann das Geschirr abzuräumen.
»Okay, du willst nicht darüber reden«, stellte Faith fest, »aber du solltest wenigstens wissen, daß ich beunruhigt bin, und daß ich dir auch manches nicht recht glaube.«
»Wie wär's denn, wenn du ganz einfach mal Vertrauen zu mir hättest?«
»Möchte ich ja. Aber du machst es mir nicht ganz leicht, das mußt du zugeben.«
»Gebe ich zu. Und wenn du willst, kutschieren wir drei jetzt ein bißchen hinaus aufs Land, mit Kassettenrekorder und Musik. Du sollst ja schließlich was von der Zeitverschiebung haben und den überlangen Tag noch genießen!«
Während Tony und Joe die wildesten Kassetten aussuchten, telefonierte Faith mit Cheryl.
»Da bin ich wieder«, meldete sie sich, »ein bißchen traurig zwar, aber ich bin doch froh, daß ich wieder hier bin.«

»Wieso traurig, Faith?«
»Weil die alte Meta drüben nichts Besseres vor hatte, als zu sterben!«
»Um Gottes willen, ist das wahr?«
»Leider. Und ich werde das Gefühl nicht los, als hätte sie selbst das schon vorher geahnt – und auch gewollt.«
»Schade, Faith, jetzt habe ich sie nie gesehen. Und ich hätte doch so gern mal bei ihr Sauerkraut mit Kartoffelknödeln und heißen Würstchen gegessen.«
»Dann muß ich dir das eben mal machen.«
Cheryl lachte. »Ich weiß nicht, wie weit ich deinen Kochkünsten vertrauen kann! Im Augenblick läßt du dich doch auch lieber von jungen Männern bekochen.«
»Sogar sehr gern, Cheryl, Joe hat gerade wieder eine Spaghettisoße gemacht, die war einfach himmlisch.«
»Wann sehen wir uns, Faith? Ich glaube, wir haben uns viel zu erzählen.«
»Wir fahren jetzt ein bißchen raus, mit Musik und Picknick, komm' doch mit!«
»Kann nicht, hab' wahnsinnig viel in Mathe zu tun, und weil ich das ganze Zeug nicht kapiere, werde ich bestimmt viel länger dazu brauchen. Aber morgen könnten wir uns treffen, auf dem Farmer's Markt, sagen wir um drei, einverstanden?«
»In Ordnung, und ich freue mich, hab' dir aus Deutschland auch was mitgebracht!«
»'nen netten Kerl vielleicht? Bin nämlich mit Derek verkracht. Der blöde Heini flirtet dauernd mit Jennifer; nur weil sie ihm besser in Physik helfen kann als ich.«
»Sind doch richtige Opportunisten, diese Kerle! Aber wenn du nun schon fragst: Ich lasse demnächst einen Boy einfliegen, einen jungen Mann aus Frankfurt, er heißt Klaus, ist wohl hauptberuflich verwöhnter Sohn…«
»…bin durchaus interessiert. Also bring' uns zusammen, dann werde ich sehen, was sich machen läßt. Möglicherweise wandere ich dann nach Deutschland aus, ist ja sicher auch ein ganz nettes Ländchen.«

»Morgen erzähle ich dir davon, also, adieu!«
»Adieu, mein Kind, und komm' mir nicht unter die Räder!«
Lachend legte Faith den Hörer auf. Sie freute sich auf morgen. Und sie freute sich auf ihren Ausflug zu dritt. Endlich hatte Tony einmal Zeit für sie!

Vergnügt schlenderten die beiden Freundinnen über den Farmer's Markt, probierten Hüte auf, blieben vor einem Stand stehen, an dem bunte Tücher aus Italien verkauft wurden.
»Die italienische Mode ist die schönste«, schwärmte Faith.
»Kein Wunder, daß du so denkst, wo doch dein Schatz Italiener ist…«
»Der ist nicht mein Schatz«, brauste Faith auf, »obwohl…, also nett ist er schon.«
Cheryl zog Faith weiter. »Laß uns in ein Café gehen und Eis essen«, schlug sie vor, »dann erzählst du mir alles der Reihe nach.«
»Von Deutschland oder von Tony?«
»Von Tony natürlich. Und übrigens, ich lade dich ein.«
Sie suchten sich einen hübschen Platz in der Ecke und bestellten zwei große Becher Eis.
»Also, wie ist er«, begann Cheryl neugierig, »kannst du dich mit ihm sehenlassen?«
»Sieht gut aus, italienisch eben, dunkel, und er ist wahnsinnig nett.«
»Lebt ihr zusammen?«
»Wir ›leben‹ nicht zusammen. Er schläft auf dem Sofa im Wohnzimmer, und ich habe das Schlafzimmer.«
»Oh, wie romantisch«, murmelte Cheryl, »liebst du ihn?«
»Das ist so seltsam, Cheryl, mal so und mal so. Gestern zum Beispiel, bei unserem Ausflug, als wir so gutgelaunt durch die Gegend gefahren sind, Musik gehört und später auf der Wiese Rock getanzt haben, da ist er mir eher wie ein großer Bruder vorgekommen. Aber dann wieder hab' ich einfach Sehnsucht nach ihm, möchte, daß er bei mir ist. In Deutschland zum Beispiel ging es mir so. Da hätte ich sofort alles abbrechen und zu ihm zurückfliegen können.«
Cheryl seufzte vor Ergriffenheit. »Das letzte klingt ja wie ein Traum, Faith!«
»Ist es auch. Wenn da nur nicht immer diese komischen

›Geschäfte‹ wären, von denen Tony lebt – und ich doch mit.«
»Du brauchst Geld, oder?«
Faith nickte. »Das kann man sagen. Ich bin vollkommen pleite; trotzdem – daran siehst du, wieviel du mir bedeutest – habe ich dir aus München etwas mitgebracht.« Sie zog ein kleines schwarz-gelbes Münchner Kindl aus ihrer Handtasche und überreichte es ihr feierlich. »Das Wahrzeichen von München, Cheryl, und wenn du mal ein eigenes Auto haben solltest, kannst du es dir an den Rückspiegel hängen.«
Cheryl gab Faith einen Kuß. »Das ist aber wirklich wahnsinnig nett von dir, ich werde es ›Faith‹ nennen! Aber ich hab' auch was für dich.«
Faith schaute sie fragend an. »Was Schönes?«
»Eine prima Idee, eigentlich *die* Idee: Du kannst in einem Film mitspielen! Erinnerst du dich, daß ich dir einmal von einem Vortanzen erzählt habe? Also, um es kurz zu machen: Eine der Filmgesellschaften veranstaltet ein Vortanzen für einen Tanzfilm – und da hab' ich dich eingetragen.«
Faith sprang auf; doch Cheryl drückte sie wieder auf ihren Stuhl zurück. »Keine Aufregung, Kind, das ist eine Riesenchance! Wenn du gewinnst, ist es phantastisch, wenn nicht, hast du nichts verloren.«
»Und um welche Tanzart geht es?«
»Um eine Art Jazz natürlich.«
»Aber ich kann doch nur Ballett, Cheryl, begreif' das doch endlich! Und überhaupt, warum gehst du denn nicht zu diesem Vortanzen?«
»Schicksal, ich hab' mir beim Turnen eine Sehne gezerrt, tragischerweise, und der Arzt sagte, ich darf zwei Wochen lang nicht tanzen. Und da dachte ich, damit ich nicht arbeitslos bin, könnte ich mich bei diesem Auftritt als deine Betreuerin nützlich machen, demnächst in der Aula von Mt. Juliet.«
»Du bist verrückt, Cheryl, total verrückt.«
»Nehme ich gern auf mich.«

»Aber du bist eine wunderbare Freundin!«
»Nehme ich noch lieber auf mich. Und irgendwann darf ich mir dein trautes Familienglück mal anschauen, ja?«
Faith nickte. »Sobald ich volljährig bin und weder Kate Lawrence mich verfolgen noch Onkel Sal weitere Einwendungen gegen meine Existenz vorbringen kann, also wenn dieses komische Versteckspiel vorbei ist...«
»...dann feiern wir ein Jahrhundertfest – es sei denn, ich bin bis dahin längst mit Klaus nach Deutschland ausgewandert. Wie heißt er noch mit Nachnamen?«
»Bechtold.«
»Also, wenn ich bis dahin nicht als Frau Bechtold nach Frankfurt ausgewandert sein sollte, bin ich selbstverständlich mit von der Partie.«

Es sah so aus, als würde sich das Leben für Faith allmählich normalisieren. Sie ging regelmäßig zur Schule; mit Sonja und ihren Freundinnen hatte sie sich einigermaßen arrangiert. Von Kate Lawrence hörte sie nichts mehr, doch blieb sie in dieser Hinsicht mißtrauisch. Tony brachte sie regelmäßig mit dem Auto zur Schule und holte sie auch wieder ab, um kein Risiko einzugehen. Auch sonst nahm er sich etwas mehr Zeit für sie, seit sie von ihrer großen Reise zurückgekommen war. Sie registrierte es glücklich, und der triste Ton in ihrem Tagebuch wich nun einer heiteren, fröhlichen Stimmung.
5. April.
Wieder bei Tony. Wir unternehmen viel, kaum habe ich die Schule hinter mir, fahren wir irgendwohin, essen Eis im italienischen Eiscafé oder gehen an den Strand oder fahren aufs Land. Joe bereitet die phantastischsten Picknickkörbe vor, mit Trauben, Käse und Getränken. Wir singen und tanzen, und manchmal fallen wir uns in die Arme und küssen uns. Das Merkwürdige ist nur, daß wir noch nie ernsthaft von Liebe gesprochen haben. Ich glaube, wir haben beide Angst davor, daß es dann kompliziert werden könnte. Aber irgendwann wird es passieren, da bin ich sicher. Und eigentlich freue ich mich darauf.

Morgen kommen die Bechtolds, Vater und Sohn. Keine schöne Vorstellung, daß sie mit Metas Urne anreisen, daß sie ihre Wohnung auflösen, diese herrlich chaotische, gemütliche Wohnung. Überhaupt, Meta fehlt mir. Gerade jetzt, wo ich so glücklich bin, hätte ich ihr viel erzählen und sie vielleicht etwas ablenken können. Stattdessen legt sie sich einfach hin und stirbt! Bei mir ist es so, daß ich von Sterben und Tod nichts mehr hören will. Ich möchte jetzt nur noch an das Leben denken, an das Tanzen zum Beispiel, und an Tony!

Für den nächsten Nachmittag hatte sie sich mit Bechtolds in Metas Wohnung verabredet. Als sie das Haus betrat, die engen Treppen hochstieg, den etwas muffigen Geruch einatmete, überkam sie doch noch einmal Traurigkeit. Meta fehlte ihr, sie hätte hundert Jahre alt werden und sie noch eine Weile in ihrer etwas verschrobenen Art begleiten müssen. Sie empfand es als wohltuend, daß sie oben keine leere Wohnung vorfand. Günter Bechtold öffnete die Tür und freute sich sichtlich, Faith begrüßen zu können. Hinter ihm stand Klaus, ein langer Kerl in Jeans und T-Shirt, mit freundlichem Kindergesicht, das auch durch den Ansatz eines Bartes nichts von seiner Kindlichkeit verlor. Offenbar versuchte er, diesen Eindruck durch eine bunte, flippige Frisur zu kaschieren: Als Grundfarbe hatte er kupferrot gewählt. Die einzelnen, spiralartig gezwirbelten Strähnen waren gelb eingefärbt und standen, ähnlich einem Strahlenkranz der Sonne, mit Gel malträtiert, ringsum vom Kopf ab.
»Das ist Klausi, mein Filius«, stellte der Vater ihn vor, und sein eher zurückhaltender Ton ließ darauf schließen, daß er nicht unbedingt von Vaterstolz erfüllt war.
»Hallo«, sagte Klausi und streckte Faith die Hand hin, »nett, dich kennenzulernen. Hoffe, daß wir hier ein bißchen auf die Pauke hauen…«
Faith lächelte ihn an. »Klar werden wir was unternehmen.«
»Zuerst muß hier alles geregelt werden«, mischte sich

Günter Bechtold ein, »so eine Wohnungsauflösung kostet Zeit und Mühe.«
»Ich übernehme die Zeit«, lachte Klausi, »und du die Mühe.«
Dann wandte er sich an Faith. »Ich habe dir was mitgebracht.« Er griff in seine Reisetasche und holte eine Dose Frankfurter Würstchen heraus. »Unser Erkennungszeichen«, erklärte er, »einmaliges Rezept.«
Faith bedankte sich. »Die schmecken toll, vor allem meine Freundin ist ganz scharf darauf.«
»Stell' mich ihr vor, dann bekommt sie auch welche.«
»Ist schon abgemacht, Klausi.«
»Klaus, wenn ich bitten darf! Dieses idiotische ›i‹ ist eine Erfindung meiner Mutter, mit der sie mich schon seit Jahrzehnten auf die Palme bringt.«
»Also gut, Klaus, wir treffen uns morgen nachmittag um drei Uhr auf dem Farmer's Markt. Ich hab' dir einen Stadtplan mitgebracht. Ist ganz leicht zu finden.«
»Und ich?« beschwerte sich Herr Bechtold, »euer Gruftie soll hier wohl alles alleine machen?«
»Heute helfen wir«, bestimmte Faith, »auch du, Klaus, und morgen belohnen wir uns dafür.«
Klaus war völlig einverstanden, sein Vater dagegen murmelte irgend etwas, aber niemand verstand ihn.

Als hätten Cheryl und Klaus ihr ganzes Leben lang nur aufeinander gewartet, so hingerissen nahmen sie voneinander Kenntnis und Besitz. Faith hatte es zwar schon geahnt, jedoch, der Blitz schlug heftiger ein, als vorauszusehen war. Im weißen Mustang waren sie losgezogen, Tony und Joe, Faith, Klaus und Cheryl, mit einem großen, von Joe liebevoll zusammengestellten Picknickkorb im Kofferraum. Die Musik dröhnte, Cheryl flirtete, Faith freute sich über die gute Laune ringsum. Vom wolkenlosen Himmel schien die Sonne, angenehm warm, aber noch nicht stechendheiß.
Am Meer machten sie halt, und da sie allein waren, stellten sie ihre Musik, die sich gegen das Rauschen der

Wellen behaupten mußte, auf äußerste Lautstärke. In wilden Sprüngen tanzten Cheryl und Klaus Rock. Joe »deckte den Tisch«, indem er ein großes Handtuch auf dem Boden ausbreitete und seine leckeren Sachen darauf verteilte. Faith und Tony unterhielten sich über alles mögliche, sahen sich in die Augen, nahmen sich fest an der Hand und liefen zum Wasser.
»Nur ich gehe mal wieder leer aus«, beschwerte sich Joe, »ich möchte nur wissen, warum das Schicksal mich so stiefmütterlich behandelt.«
»Wenn ich recht informiert bin«, bemerkte Cheryl, die gerade eine Tanzpause einlegte, »hast du vor kurzem eine Dame sitzenlassen.«
»Die Dame war keine Dame, sondern ein Flittchen.«
»Bist du da so sicher?«
»Absolut.«
»Woran hast du das gemerkt?«
»Daran, daß sie sich um jeden gekümmert hat, bloß nicht um mich.«
»Warst du vielleicht eifersüchtig?«
»Eifersucht, was ist das? Und jetzt kommt gefälligst zum Essen.«
Mit einer kleinen Silberglocke, die Klaus aus Metas Haushalt mitgebracht und Faith geschenkt hatte, klingelte er seine Leute zusammen. Es gab sogar für jeden ein Glas Rotwein.
»Auf unsere Jugend«, zwitscherte Cheryl, »auf unser Glück – und auf die Liebe!«

Am Abend dieses wunderschönen Tages – Joe, Tony und Faith saßen gerade beim Essen – wurde Tony zu Onkel Sal zitiert. Man habe in einer ernsten Angelegenheit miteinander zu sprechen, wurde ihm über die Sekretärin telefonisch bestellt, und die Sache dulde keinen Aufschub.

Tony wollte es sich nicht anmerken lassen, doch Faith sah es sofort: Er war beunruhigt, seine gute Laune hatte sich in Beklommenheit verwandelt.

»Was er wohl von dir will?« fragte Faith, »meinst du, es ist etwas sehr Unangenehmes?«

»Kann sein. Aber mach' dir keine Sorgen, ich kriege das schon in die Reihe.« Schweigend und lustlos aß er sein Brot zu Ende, dann stand er auf. »Seid mir nicht böse«, entschuldigte er sich, »aber ich muß mich noch schnell umziehen.« Er verschwand im Schlafzimmer. Joe schaute finster vor sich hin.

»Sag mal«, begann Faith wieder, »bei euch stimmt doch irgend etwas nicht! Ihr habt eine Heidenangst vor diesem Mann, das sieht doch ein Blinder mit dem Krückstock!«

»Mag sein – er ist unser Chef.«

»Vor seinem Chef muß man aber keine Angst haben.«

»Du hast ja keine Ahnung von freier Wirtschaft«, verteidigte sich Joe, »da sind die Sitten nun mal rauh ...«

»... bei euch sind sie nicht rauh, sondern vor allem undurchsichtig.«

Joe legte Messer und Gabel weg und sah Faith böse an.

»Stell' doch Tony deine Fragen und nicht immer mir!«

»Okay, okay, aber da bekomme ich genauso windige Antworten wie bei dir.«

»In der freien Marktwirtschaft ...«

»... ach halt mir doch keine Vorträge über freie Marktwirtschaft«, fuhr Faith ihn an, »die hat mit euren sogenannten Geschäften überhaupt nichts zu tun; was ihr betreibt, ist nicht frei, sondern klammheimlich – und wahrscheinlich sogar gefährlich!«

Wie immer, wenn er nichts mehr hören wollte, begann

Joe zu pfeifen. Er stand auf, räumte das Geschirr ab und verschwand in der Küche. Er sah gar nicht ein, warum *er* die Kohlen aus dem Feuer holen und Faith aufklären sollte, das war Tonys Sache; mochte er sich doch mit den richtigen oder falschen Antworten herumschlagen.
Kurz darauf verabschiedete sich Tony. »Kann später werden«, erklärte er, »wartet nicht auf mich.«
Faith winkte ihm nach, bis der weiße Mustang verschwunden war.

Salvatore Martino saß in einem hohen Sessel, als Tony von einem Mann zu ihm ins Zimmer geführt wurde. Wie ein Richter im Gerichtssaal sieht er aus, fuhr es Tony durch den Kopf, und ich bin der Angeklagte...
»Danke, Bruno«, ließ Onkel Sal sich vernehmen, »im Moment ist das alles.«
Bruno verbeugte sich. »In Ordnung, Herr Martino.«
Tony ging auf seinen Onkel zu. »Guten Tag, Onkel Sal, du hast mich hierher gebeten, wolltest mich sehen.«
»Setz dich bitte, Antonio.« Salvatore erhob sich, deutete auf einen leeren Stuhl und stellte sich jetzt dicht vor Tony. »Hast du mir nichts zu sagen?« fragte er scharf.
»Nicht, daß ich wüßte.« Da sich Onkel Sal wie ein drohendes Ungeheuer vor ihm aufbaute, stand Tony nun ebenfalls auf. »Du mußt mir schon genauer sagen, was los ist.«
»Das will ich gerne tun, mein Sohn. Man berichtete mir, daß du meine Anordnungen nicht befolgt hast.«
»Welche Anordnungen, Onkel Sal?«
»Als ich dich das letzte Mal besuchte, bat ich dich, Julio in Frieden zu lassen; du erinnerst dich sehr wohl, ich hatte dir auch meine Gründe dafür genannt. Nun hast du mich bitter enttäuscht.«
»Onkel Sal, ich bin erwachsen, du kannst mich doch nicht gängeln wie ein Kind. Ich will mich ja bemühen, dir alles recht zu machen. Aber ich habe mein Privatleben wie jeder...«
»...nun halte mal die Luft an. Wir sind eine Familie, und

die ist unser Privatleben. Alles andere ist Sand im Getriebe und hat nichts bei uns zu suchen. Ich habe es dir deutlich genug gesagt, es tut mir leid!« Hart schlug er Tony ins Gesicht.
Und schon tauchte sie in Tony wieder auf – wie stets, wenn er mit Onkel Sal aneinandergeriet – diese Erinnerung an etwas, das immer nur kurz Gestalt annahm, um im nächsten Augenblick, ehe es sich ganz erfassen ließ, wieder zu verblassen. –
Zehn Jahre ist er alt und hält sich mit seinem Freund Tommy in einer Pizzeria auf. Aus dem Nebenraum dringt gedämpftes Stimmengewirr zu ihnen herüber.
»In dem Zimmer da hinten ist mein Vater«, erklärt Tony seinem Freund, »da darf ich niemals rein.«
»Sind da vielleicht Verbrecher drinnen?« fragt Tommy leise.
»Quatsch. Pizza-Sachen, Mehl, Gewürze und lauter so'n Kram. Und außerdem trifft mein Vater da öfters irgendwelche Leute.«
»Leute, die so geheimnisvoll tun«, flüstert Tommy ängstlich, »sind oft Verbrecher.«
Jetzt dringen doch ein paar Wortfetzen zu ihnen herüber: »Du warst nie zufrieden mit dem, was ich dir abgab, mein... und meine Aktivitäten«, können sie eine männliche Stimme hören, »du warst einfach nicht zufriedenzustellen und...«
Die weiteren Worte sind nicht mehr zu verstehen, denn die Stimme wird merkwürdig undeutlich und gepreßt, so, als ob jemand sich quält und um Luft ringt. Die Stimme klingt unheimlich; Tommy will weg von hier.
»Ich will heim«, sagt er hastig, »also bis morgen.« Und in Windeseile schiebt er sich zur Haustür hinaus.
Tony dagegen schleicht sich auf Zehenspitzen zur Wand, die, wie er weiß, ein Loch hat, um hindurchzuspähen... –
Die Stimme von Onkel Sal riß Tony aus der Erinnerung zurück in das Arbeitszimmer mit dem hohen Richterstuhl. Wütend marschierte Salvatore Martino auf und

ab. »Habe ich mich nicht um dich gekümmert wie um meinen eigenen Sohn, seit dein Vater starb? Ist das der Dank für meine Güte, daß du mich so enttäuschst?«
»Tut mir leid«, bemerkte Tony abwesend – die Erinnerung hatte ihn noch nicht losgelassen.
»Tut dir leid?« brüllte Onkel Sal, »was kann ich mir denn davon kaufen, mein Sohn? Soll ich dir mal erzählen, was passiert ist? Julios Empfangsbestätigungen sind um dreißig Prozent heruntergegangen, seit du... ihm diese Lektion erteilt hast! Tut dir leid? Das ist ja wohl ein Witz!« Noch einmal schlug er ihm hart ins Gesicht, was Tony kaum wahrnahm, weil die Erinnerung ihn plötzlich näher denn je an das Geheimnis von damals heranführte... –
Auf Zehenspitzen steht er in der Pizzeria und späht durch das winzige Loch in der Wand. Ein Mann schreit herum – so wie heute Onkel Sal –, Tony kann sein Gesicht nicht erkennen. Er beschimpft jemanden, der sich ebenfalls in dem Raum befinden muß. Plötzlich senkt der Mann seinen Arm. Entsetzt starrt Tony auf einen dunklen Gegenstand, den er in der Hand hält – ein Revolver mit aufgeschraubtem Schalldämpfer.
»Tut mir leid, Antonio«, brüllt er, »aber so ist das Geschäft!«
Für eine Sekunde kann Tony den anderen sehen. Geknebelt und gefesselt sitzt er auf einem Stuhl, dreht seinen Kopf zur Seite, sieht seinen Peiniger beschwörend an, will unbedingt etwas sagen – da knallen zwei Schüsse.
Tony weicht entsetzt zurück, will das Schreckliche nicht sehen, kann sich aber nicht losreißen: Der Mann da drinnen auf dem Stuhl hängt jetzt vornüber, blutüberströmt, ganz still, bewegungslos – der Tote ist sein Vater!
Doch das Gesicht des Mörders kann er noch immer nicht erkennen. Aber die Stimme – die Stimme kommt ihm so bekannt vor. Wem gehört sie? Der kleine Tony zermartert sein Gehirn, aber er schafft es nicht.
Jetzt wischt der Mörder seinen Revolver mit dem Ta-

schentuch ab, langsam und bedächtig. Ungerührt betrachtet er den Toten, der da im Stuhl hängt, regungslos.
Plötzlich wird es Tony schlecht. Wild hämmert sein Herz, er bekommt kaum Luft, vor seinen Augen flimmert es. Weg von hier! schreit es in ihm, und schon rennt er davon, rettet sich draußen in einen Schlupfwinkel, wo niemand ihn sehen kann, preßt die Fäuste gegen die Schläfen, würgt und erbricht so heftig, als könnte er sich damit von seinem ganzen Elend befreien...

Noch immer lief Onkel Sal erregt in seinem Arbeitszimmer auf und ab, als sich Tony langsam wieder aus der Vergangenheit löste und noch ganz benommen – damals oder heute? – Onkel Sal sagen hörte: »Tut mir leid, Antonio, aber so ist das Geschäft.«
Natürlich! Tony sprang auf. Die Stimme! Es war Onkel Sals Stimme, damals und heute...
Rasch setzte er sich wieder hin. Nur jetzt nichts falsch machen, hämmerte es in seinem Gehirn, nur jetzt um Gottes Willen sich nichts anmerken lassen! Er brauchte ein paar Sekunden, um sich zu beruhigen. Onkel Sal war der Mörder seines Vaters. Wieso hatte er so lange dazu gebraucht, das herauszufinden?
»Nun, ich muß versuchen«, fuhr Onkel Sal unermüdlich fort, »Julio und die anderen wieder soweit zu motivieren, daß sie ihr Niveau halten.«
»Wird nicht mehr vorkommen, Onkel Sal«, versprach Tony mit tonloser Stimme. Sein Gesicht war blaß geworden, er fühlte sich hundeelend.
Zum Abschied küßte Onkel Sal ihn auf beide Wangen. Ich überstehe das nicht, schoß es Tony durch den Kopf, ich weiß überhaupt nicht mehr, was ich machen soll...
»Und noch etwas«, wandte sich Onkel Sal noch einmal an ihn, »noch etwas sehr Wichtiges: Ich will, daß das Mädchen verschwindet. Es ist völlig unmöglich, sie auf die Dauer aus den Geschäften herauszuhalten. Das aber ergäbe erhebliche neue Probleme, und die möchte ich

vermeiden. Habe ich mich unmißverständlich ausgedrückt?«
Tony machte eine abwehrende Handbewegung. »Das Mädchen ist ganz harmlos und...«
Onkel Sal legte nur den Zeigefinger auf den Mund, ein Zeichen dafür, daß Tony sich jedes weitere Wort sparen konnte. »Enttäusche mich nicht noch einmal, Antonio. selbst ein Sohn bekommt niemals mehr als zwei Chancen.«
Wortlos ging Tony davon.

Faith spürte, daß Tony irgend etwas sehr bedrückte, doch er blieb verschlossen, so sehr sie sich auch darum bemühte, ihn zum Reden zu bewegen. »Wir sind doch Freunde, Tony«, sagte sie auf dem Weg zur Schule, »und zu einer richtigen Freundschaft gehört Vertrauen, das dürfte dir doch klar sein.«
Tony stimmte zu. »Ich habe auch Vertrauen zu dir, Faith, aber es gibt ein paar Dinge in meinem Leben, mit denen muß ich alleine fertig werden, da kann ich nicht andere damit belasten, und dich schon gar nicht.«
»Aber Tony, ich bin doch nicht aus Pappe, schließlich hab' ich ja in letzter Zeit auch einiges erlebt, und ich glaube nicht, daß mich noch irgendwas sehr erschrecken kann.«
»Später erzähle ich dir alles, aber im Augenblick geht's noch nicht.«
Sie waren an der Schule angekommen, und Faith stieg aus. Zum Abschied gab sie Tony einen Kuß, den er zärtlich erwiderte.
»Paß auf dich auf«, rief sie ihm besorgt zu, ehe er weiterfuhr. Sie hatte sich etwas verspätet, deshalb schaute sie sich nicht weiter um, sondern sprang, immer zwei Stufen auf einmal nehmend, die Treppe hoch. Erst als sie das Portal hinter sich schloß und noch einmal einen kurzen Blick zurückwarf, sah sie, daß Kate Lawrence in einer kleinen Mauernische stand und sie beobachtete.
Einen Augenblick war Faith fassungslos, sie hatte Kate schon fast aus ihrem Gedächtnis gestrichen und auf jeden Fall nicht mehr gefürchtet. Was wollte sie immer noch? In eineinhalb Monaten wurde sie volljährig, es lohnte sich ja gar nicht mehr! Oder war es mittlerweile nur noch Haß, der Kate dazu trieb, sich an ihre Fersen zu heften? In Gedanken versunken betrat Faith das Klassenzimmer. Es war also noch immer nicht alles ausgestanden, sie befand sich noch immer in Gefahr – und sie hatte, wieder einmal, zu früh an das Glück geglaubt!
Der Nachmittag in der Schule bestätigte ihr das noch einmal. Sie war gerade damit beschäftigt, ihre Schul-

bücher in den Schrank zu räumen, als plötzlich Juan und Carlos auftauchten, zwei Kerle aus Julios Bande.
»Wie fühlt man sich denn so als Tonys Lebensgefährtin, hey?« machte Juan sie an und rückte ihr so dicht auf den Pelz, daß sie seine Bierfahne riechen konnte.
»Ich bin nicht Tonys Lebensgefährtin«, erklärte sie so gelassen wie möglich und räumte weiter ihre Bücher ein.
»Nein, das bist du natürlich nicht«, mischte sich jetzt Carlos ein, »du bist nämlich Tonys Nutte.«
Da erschien Sonja in der Tür, sah die beiden, versteckte sich eilig hinter einer Schranktür und beobachtete alles Weitere. Juan drückte Faith in eine Ecke und stemmte, rechts und links neben ihr, beide Arme gegen die Wand.
»Wir haben eine Nachricht für dich, Alte«, verkündete er laut, »und zwar von Julio.«
»Laß mich in Ruhe«, fauchte Faith ihn an, »habt ihr Idioten immer noch nicht genug? Was muß denn noch alles passieren, damit ihr aufhört!« Sie wollte seinen Arm wegschieben, doch er umklammerte brutal ihr Handgelenk und drehte ihr den Arm auf den Rücken.
»Julio sagt, du sollst ihm gehören, Alte, und er kriegt dich, verlaß dich drauf, egal wie!«
Sonja wurde blaß in ihrem Versteck. Also hatte Faith tatsächlich die Wahrheit gesagt, sie mußte es nun mit eigenen Ohren hören.
»Egal wie, Alte«, wiederholte Juan, und während er sie weiter festhielt, strich ihr Carlos mit seinen Fingern durch die Haare, übers Gesicht, über die Schultern. Auch er roch stark nach Bier. Faith war so angewidert, daß sie all ihre Kraft zusammennahm, ein Knie hochstemmte und es Carlos in die Genitalien stieß. Mit schmerzverzerrtem Gesicht taumelte er zurück. Wütend drückte Juan nun umso fester zu, so daß Faith sich vor Schmerzen überhaupt nicht mehr rühren konnte, und holte mit seiner freien Hand zum Schlag aus. Im selben Augenblick jedoch wurde er von hinten gepackt und durch einen gezielten rechten Haken zu Boden gewor-

fen. Sonja hatte das Wunder vollbracht. Lächelnd schaute sie Faith an.
»Hau bloß schnell ab«, riet sie ihr, »bevor die Kerle wieder auf die Beine kommen!«
»Danke«, sagte Faith mit gepreßter Stimme; sie konnte ihre Tränen nicht mehr zurückhalten. Verzweifelt lief sie nach draußen, wo glücklicherweise Tony in seinem Wagen auf sie wartete. Als sie ihm alles erzählte, reagierte er zum ersten Mal, seit sie ihn kannte, nicht nur wütend, sondern auch hilflos. Sie berichtete ihm auch, daß Kate ihr aufgelauert hatte. Tony schüttelte nur immer wieder den Kopf, sagte aber nichts. Erst als sie ausstiegen, hörte sie ihn leise vor sich hinmurmeln: »Ich glaube, ich werde noch verrückt!«

Am späten Nachmittag sollte Metas Urnenbeisetzung stattfinden. »Nach dem, was heute passiert ist, fährst du auf keinen Fall mit öffentlichen Verkehrsmitteln quer durch die Stadt«, erklärte Tony, »wir können ja immer noch nicht sicher sein. Ich fahre dich hin und bleibe dabei. Ich nehme an, die Lawrence weiß sowieso längst, wo du wohnst; ob sie es allerdings mit dem Namen Martino in Zusammenhang bringt, bezweifle ich. Dann hätte sie nämlich längst aufgegeben...«
»...hat euer Name denn einen gefährlichen Klang?«
»Wie man's nimmt«, antwortete Tony ausweichend.

Auf dem Friedhof trafen sie die beiden Bechtolds und Cheryl, die offenbar, trotz des traurigen Anlasses, auf Wolken schwebte.
»Jetzt ist Meta bei ihrem Herbert«, sagte Faith, nachdem die Urne beigesetzt worden war, »sie wollte ja schon lange zu ihm.« Sie besuchten noch das Grab von Faith' Eltern, und Tony legte auch dort, wie zuvor bei Meta, ein kleines Rosensträußchen nieder.
Als sie zum Eingangstor zurückgingen, zeigte ihnen Faith das Bänkchen am Weg, auf dem Meta immer gesessen und stundenlang vor sich hingeträumt hatte.

»Sie wird mir auch hier jetzt fehlen«, flüsterte Faith traurig. Tony zog sie energisch fort. »Hör' mal zu, Faith, die Zeit der Toten ist jetzt vorbei für dich. Denk' nicht mehr so oft an sie. Sie haben ihre Ruhe. Aber du mußt leben und hast noch eine ganze Menge vor dir, dafür brauchst du Kraft. Zum Beispiel für's Tanzen! Was Cheryl da mit dem Vortanzen für dich gemanagt hat, finde ich super!«
Sie verabschiedeten sich schnell von den anderen, weil Tony noch etwas vorhatte.
»Ihr wißt«, sagte Cheryl traurig, »daß die beiden Jungs morgen wieder nach Frankfurt abdüsen?«
»Wir wissen's«, bestätigte Faith, »und es tut mir auch ganz schrecklich leid.«
»Und mir erst!« Cheryl hatte Tränen in den Augen. »Endlich habe ich meine große Liebe gefunden – schon wird sie mir wieder entrissen...«
»Klaus muß eben für immer hierher kommen«, schlug Tony vor, »oder du wanderst nach Deutschland aus. Aber das möchten wir uns eigentlich verbitten.«
»Kommt Zeit, kommt Rat«, schluchzte Cheryl. »Heute jedenfalls haben wir uns noch!«
So zogen sie ab, die kleine Cheryl und ihr Klaus mit den buntgefärbten Haaren; hinter ihnen her, etwas verloren, trabte der Vater.

An dieses Bild mußte Faith denken, als am Tag darauf Günter Bechtold bei ihr anrief, um sich nach seinem Sohn zu erkundigen.
»Unser Flug geht in genau drei Stunden, und sowohl Klaus als auch Cheryl sind seit heute vormittag spurlos verschwunden.« Faith mußte lachen. »Das ist typisch Cheryl«, meinte sie, »sie ist immer in Aktion, und alles verläuft dramatisch, warten Sie nur ab, die kommen bestimmt rechtzeitig zurück!«
Auch Frau Dryer rief bei ihr an. »Also, das hat Cheryl doch noch nie gemacht«, jammerte sie, »obwohl sie wirklich ein großer Kindskopf ist!«

»Zu zweit gehen sie ja nicht verloren«, tröstete sie Faith, »sie sind halt wahnsinnig verliebt und wollen sich um keinen Preis trennen.«
»Aber das ist doch wirklich keine Lösung!« Frau Dryer ärgerte sich. Auch wegen Herrn Bechtold war ihr die Geschichte peinlich.
14. April. Der heutige Tag steht unter einem schlechten Stern, schrieb Faith abends in ihr Tagebuch, *so, als hätten sich alle Widerwärtigkeiten zusammengetan, um nacheinander aufzutauchen und uns zu erschrecken: Kate Lawrence, die Kerle aus Julios Bande und jetzt, zu guter Letzt, dreht auch noch Cheryl durch! Günter Bechtold mußte tatsächlich allein nach Deutschland zurückfliegen, der arme Mann. Von seinem Sohn so behandelt zu werden, hat er wirklich nicht verdient. Die beiden sind noch immer spurlos verschwunden, »spurlos« ist nicht ganz richtig, denn Cheryl hat sich längst telefonsich bei ihren Eltern gemeldet und ihnen mitgeteilt, es gehe ihr blendend, sie wolle sich nur nicht von Klaus trennen, deshalb müßten sie sich versteckt halten.*
Die sollte mal bei mir anrufen – der würde ich was erzählen! Ich hoffe doch sehr, daß Klaus seinem Vater bald nachfliegt und sich bei ihm entschuldigt.
Tony hat große Probleme. Er ist noch immer sehr lieb und zärtlich zu mir, aber irgend etwas nervt ihn und raubt ihm die Ruhe. Wenn ich nur dahinterkäme, was es ist! Wir sind heute am Grab der Eltern gewesen, nach der Urnenbeisetzung. Tony hat recht: Ich muß jetzt nach vorne schauen. Hoffentlich klappt das Vortanzen! Bis dahin werde ich noch viel trainieren müssen, aber ich habe ja Zeit; die Schule macht mir überhaupt keine Probleme.
Sonja sieht traurig aus, sie tut mir richtig leid. Warum gibt sie bloß diesen schrecklichen Julio nicht auf? Merkwürdig, wie lange sich manche Mädchen von ihren Kerlen quälen lassen. Ob ich auch so geduldig wäre? Glaube ich kaum.

Bereits in der Nacht tauchte Cheryl wieder bei ihren Eltern auf, mit Klaus im Schlepptau, der sich noch immer diebisch darüber freute, seinem alten Herrn ein Schnippchen geschlagen zu haben.

»Ihr benehmt euch unglaublich kindisch!« entrüstete sich Herr Dryer. »Und ich weiß wirklich nicht, wo sich der junge Mann so lange aufhalten will, bis er wieder einen Platz im Flugzeug bekommt.«
»Mein Vater hat Beziehungen zur PanAm«, beteuerte Klaus, »der wird das schon managen.«
»Wenn ich dein Vater wäre, würde ich den Teufel tun!«
»Im Notfall springt der immer ein«, beruhigte ihn Klaus, »da hatte ich noch nie Probleme.«
»Genau das *ist* aber dein Problem«, mischte sich Frau Dryer ein, »daß du...«
»...also jetzt macht mal 'nen Punkt, liebe Eltern«, fiel Cheryl ihrer Mutter ins Wort, »wir beide werden demnächst heiraten, und dann...«
»...was werdet ihr?« Herr Dryer knallte das Buch, in dem er gerade gelesen hatte, auf den Flurtisch. »Diesen buntgefärbten Korkenzieher soll ich mir als Schwiegersohn vorstellen? Ich glaube, ihr seid nicht ganz dicht!«
»War ja auch nicht so gemeint«, verteidigte sich Klaus, »nur mehr prinzipiell...«
»Ich verstehe, mehr prinzipiell. Dann geh' du jetzt mal prinzipiell irgendwohin zum Schlafen, und du, Cheryl, verschwindest auf dein Zimmer!«
»Ihr könnt doch meinen Verlobten nicht einfach wegschicken«, begehrte Cheryl auf, und sie machte einen schüchternen Versuch, ihn die Treppe hochzuschieben.
»Verlobter?« fragte Klaus jetzt unsicher, »was meinste denn damit?« Er bekam es mit der Angst, Herr Dryer registrierte es mit Vergnügen.
»Habt ihr schon Verlobungsringe?« fragte er boshaft, »oder soll ich morgen welche besorgen? Ich meine, wenn schon, dann auch richtig!«
Entsetzt zog Klaus den Gürtel seiner Jeans fester. »Das ist doch nur Spaß«, murmelte er, »die Cheryl übertreibt mal wieder.«
»So? Ich übertreibe?« Cheryl baute sich vor ihm auf und stemmte die Arme in die Hüften. »Wenn ich übertreibe, du Knick-Ei, wenn das von heute nachmittag alles nicht

mehr gilt, dann kannst du mich…, klar? Hau ab, und penn' meinetwegen im Obdachlosenasyl!« Wütend stampfte sie die Treppe hoch und hinterließ einen ziemlich verdatterten Liebhaber, der sich das Ende *so* bestimmt nicht vorgestellt hatte.
Er könne ja noch in der Wohnung von Meta schlafen, erklärte er, und von dort aus würde er dann auch Verbindung mit seinem Vater aufnehmen.
Frau Dryer nickte zufrieden. »Hoffentlich tut dir das wenigstens ein bißchen leid; dein Vater wirkte ziemlich aufgeregt. Und wahrscheinlich hatte er sich auch auf eine gemeinsame Heimreise gefreut.«
»Ich mach's irgendwie wieder gut. Aber mit Cheryl war's nett heute – sie wird mir wirklich fehlen.« Etwas verstört zog er ab.
Herr Dryer umarmte seine Frau und lachte. »Das also war unser erster Schwiegersohn, Mom, wie gut, daß man auf die meisten Dinge im Leben schonend vorbereitet wird!«

Tony fuhr mit Joe durch die Stadt. Er fuhr schnell und hektisch. »Du bist der erste, dem ich's erzähle«, begann er, »ich habe eine schreckliche Entdeckung gemacht, und ich muß mit irgend jemandem darüber reden, weil ich sonst verrückt werde.«
»Was ist, Tony?«
»Onkel Sal hat damals meinen Vater umgebracht.«
Einen Augenblick schwieg Joe. Dann schüttelte er den Kopf.
»Nein, Tony, jetzt bist du wirklich verrückt.«
Tony lenkte den Wagen an die Seite und hielt mit quietschenden Bremsen an. »Also hör' zu, Joe, ich erzähle dir da kein Märchen, sondern die Wahrheit. Es kommt jetzt nur darauf an, daß ich dir nicht stundenlang irgendwelche Beweise liefern muß, sondern daß du mir ganz einfach glaubst. Salvatore Martino hat meinen Vater erschossen, als ich zehn war. Daran gibt es überhaupt keinen Zweifel mehr. Salvatore ist ein toter Mann!«
Joe wehrte ängstlich ab. »Vergiß es, Tony!«
»Im Gegenteil, ich bin froh, daß ich es endlich weiß. Ich hab' lange genug danach geforscht.«
»Vielleicht gehörte es zum Geschäft – außerdem ist es lange her.»
»So was Ähnliches hab' ich mir bei Onkel Sal auch sagen lassen müssen.«
»Hör' mal, Tony, irgendwie drehst du durch. Warum willst du jetzt wegen so einem Mist alles auf's Spiel setzen? Hat sich Onkel Sal nicht immer ganz lieb um dich und deine Mutter gekümmert? Seid ihr nicht gut mit ihm gefahren? Er hat es dir ermöglicht, in der Familie schneller nach oben zu kommen als irgendwer sonst!«
Tony schüttelte den Kopf und schaute Joe fassungslos an. Seine Augen waren wie kalter Stahl. »Joe, ich glaub', ich träume! Hast du überhaupt begriffen, was ich dir erzählt habe? Mein Vater wurde ermordet, brutal auf einen Stuhl gefesselt, mit einem Tuch geknebelt und dann abgeknallt. Mein Vater, den ich geliebt habe, den meine Mutter geliebt hat, durch dessen Tod – trotz Onkel Sals

›rührender‹ Fürsorge – unser Familienleben und unser Glück kaputtging, und schließlich meine Mutter kaputtging... Und da sagst du allen Ernstes: Er hat doch gut für euch gesorgt, nachdem er mal eben seinem Bruder das Lebenslicht ausgeblasen hatte.«
»Vielleicht hast du recht«, räumte Joe ein, »wenn es wirklich stimmt, ist das eine fürchterliche Geschichte.«
»Joe, verlaß dich drauf, es stimmt. Und ich brauche in Zukunft mehr denn je deine Hilfe.«
»Willst du etwas Bestimmtes unternehmen?«
»Das ist mir alles noch nicht ganz klar. Aber auf jeden Fall werde ich dich brauchen.«
»Du weißt doch, Tony, daß ich alles für dich tue.«
Sie schwiegen eine Weile, jeder hing seinen eigenen Gedanken nach.
»Und noch etwas«, begann Tony das Gespräch erneut, »Kate Lawrence hat es immer noch nicht aufgegeben, Faith nachzujagen. Wir müssen uns da irgendwas einfallen lassen.«
»Vielleicht sollten wir Lester nochmal einschalten? Außerdem, die Frau tickt doch nicht mehr richtig. Was will sie denn jetzt noch ausrichten? Die sitzt doch ohnehin schon halb im Gefängnis. Und wenn Faith erst auspackt...«
»...eben das will sie ja vermeiden. Deshalb hätte sie es wohl gerne, daß Faith ein kleines Unglück zustößt. Stell' dir mal vor, das würde ihr gelingen. Dann wäre sie mit einem Mal – wenn sie dabei nicht erwischt würde – alle Sorgen los!«
»Was willst du tun?«
»Sie besuchen. Und zwar zusammen mit dir. Wenn ich ehrlich sein soll, war ich nämlich ziemlich erschrocken darüber, daß sie plötzlich in der Schule aufgetaucht ist neulich.«
»Also werden wir jetzt bei ihr anrufen, getarnt als Sozialhelfer oder so was Ähnliches –, um einen Termin zu vereinbaren.«

Bereits am nächsten Vormittag waren sie mit Kate Lawrence verabredet. Wie zwei solide junge Familienväter traten sie zunächst auf, um dann ziemlich bald zur Sache zu kommen.
»Um den Termin bei Ihnen zu bekommen, mußten wir uns mit einer kleinen Notlüge helfen«, leitete Joe das Gespräch ein, »in Wahrheit geht es um Faith Williams.«
Kate wurde blaß. Nervös wollte sie aufstehen, setzte sich aber sofort wieder hin. »So so, um die, ich erinnere mich...«
»...Sie erinnern sich sogar bestens, da Sie ja bisher nichts unversucht gelassen haben, sie zu sich an Land zu ziehen.«
»An Land ziehen heißt immer Rettung«, lächelte Kate überlegen. Sie ließ sich doch von zwei so jungen Dakkeln keine Angst einjagen!
»Das kommt wohl sehr auf die Betrachtungsweise an, was man unter ›Rettung‹ versteht. In Bezug auf Ihre Person allerdings legen Sie das Wort richtig aus: sie tun nämlich alles, um Ihre eigene Haut zu retten.«
»Ich weiß nicht, wovon Sie reden.«
»Dafür weiß ich es umso besser. Im übrigen habe ich mich informiert, Faith wohnt bei Anthony Martino. Sicher haben Sie schon von der Martino-Familie gehört?«
Natürlich hatte sie das, und es beunruhigte sie. Mit den Martinos sollte keiner sich anlegen, das war hinreichend bekannt.
Trotzdem fragte sie: »Wo kann ich diesen Anthony Martino finden?«
Tony stand auf und stellte sich vor sie hin. »Hier vor Ihnen.«
Kate erschrak zwar, doch sie fing sich schnell und spielte von nun an die Überlegene, Abgebrühte. »Herr Martino«, erklärte sie kühl, »wenn ich Sie recht verstehe, beherbergen Sie ein entlaufenes Staatsmündel.«
»Sie hat einen Namen, Frau Lawrence, nämlich Faith.«
»Ja – Faith Williams, und ich will sie zurück!«
In aller Ruhe nahm Tony wieder Platz. »Frau Lawrence,

wie ich Ihnen früher schon einmal mitteilen ließ, hatte ich, während Sie hier Ihre Zeit verschwendet haben, um Faith zu suchen, Gelegenheit, mich ein wenig über Sie zu erkundigen. Es scheint, als wären Sie wirklich ein schlimmes Mädchen.« Er schaute ihr tief in die Augen. »Schmiergelder sind nun mal illegal, vielleicht war Ihnen das bisher entgangen.«

»Ich weiß nicht, wovon Sie reden, Herr Martino.«

»Ich bin sicher, Herr Brown, Ihr Chef, ein alter Angelfreund meines Onkels Salvatore Martino, wird wissen, wovon ich rede.«

»Wollen Sie mir drohen?«

»Erstaunlich schnell kapiert. Die Herren sehen sich zufällig morgen zum Mittagessen. Ich an Ihrer Stelle - und ich bin froh, daß ich das nicht bin – ich wäre weit weg, wenn er vom Essen zurückkommt.«

Kate sprang auf. »Gehen Sie, gehen Sie sofort«, forderte sie die beiden auf, »mir reicht's jetzt, oh, wie ich Sie alle hasse!«

»Das dürfen Sie ruhig.« Von der Tür aus winkte ihr Tony noch einmal freundlich zu. »Das dürfen Sie wirklich gerne, nur lassen Sie endlich Ihre Finger von dem Mädchen!«

Laut knallte Kate die Tür hinter ihren unliebsamen Besuchern ins Schloß. Es hat keinen Sinn mehr, sagte sie sich, ehe ich mich mit der Martino-Familie anlege, kann ich genausogut aus dem Fenster springen. Ich habe das Spiel verloren, daran führt nun mal kein Weg vorbei.

Sie holte sich eine Flasche Schnaps aus dem Regal und nahm ein paar Schlucke. Der Alkohol würde ihr helfen, die Probleme etwas leichter zu ertragen. Man hatte ja sonst nichts mehr in dieser trostlosen Welt. Wenn sie aber schon aufgeben mußte, sollten wenigstens die Winowskys mit ihr untergehen! Schließlich hatten sie die ganze Misere verursacht.

Also rief sie dort an, um sie über die neueste Lage der Dinge zu informieren. Am Apparat meldete sich Bea.

Geduldig hörte sie sich an, was Kate ihr zu sagen hatte. »Ihr seid an allem schuld, Bea«, beendete Kate ihre Vorwürfe, »und ihr werdet auch ins Gefängnis wandern, wenn die Sache auffliegt. Daß ihr auch mich ins Unglück zieht...«
»...also jetzt mach' aber mal 'nen Punkt«, wehrte sich Bea endlich, »wer hatte denn die Idee mit den Schmiergeldern? Stanley vielleicht? Oder ich?«
Kate lachte schrill. »Dafür seid ihr viel zu phantasielos!«
»Na also. Wir sind für alles viel zu phantasielos. Das war ja schon immer deine Meinung über uns. Du verachtest uns nämlich, nützt uns nur aus. Und jetzt sollen wir einsitzen. In Wahrheit hast du uns ins Unglück gestürzt.« Bea begann zu weinen. »Als ob ich nicht schon genug Pech hätte mit Stanley.«
»Hättest dich ja rechtzeitig von ihm trennen oder mir Bescheid geben können, daß er ein Säufer ist.«
»Er ist nur nachts ein – Biertrinker.«
»Ein Säufer, und dazu auch noch brutal, eine feine Mischung hast du dir da angelacht.«
»Früher hat er nicht getrunken.«
»Dann hast wohl du ihn dazu getrieben!«
»Womit sollte ich denn wohl jemanden zum Alkohol treiben? Was tu' ich denn Böses? Ich habe das Haus versorgt, meinen Mann, die Pflegekinder, und ich wollte für jeden das Beste.«
»Und hast Schmiergelder bezahlt, um Pflegekinder zu bekommen, vergiß das bitte nie!«
Bea holte tief Luft. »Wie sollte ich etwas vergessen, was du mir Tag für Tag einhämmerst? Außerdem hat Stanley dieses Geld bezahlt; er war es ja auch, der mit dir diese idiotische Entführung inszeniert hat. Und jetzt hör auf, Kate, ich will meine Ruhe, ganz gleich, wie mein Leben weitergeht.« Sie legte den Hörer auf und weinte wieder.
Müde setzte Bea sich an den Küchentisch und stützte den Kopf in die Hände. Dann ging sie in das Zimmer von Faith, sah sich unter den wenigen Sachen um, die

noch von ihr dastanden. Sie war ein nettes Mädchen gewesen, es hätte so schön werden können mit ihr. Warum mußte Stanley das alles zerstören? Bea mochte Kinder, und sie mochte Tiere. Sie versorgte sie gern, hätte immer gern ihr Haus zu einem gemütlichen Nest gemacht. Nur Stanley war sie nicht gewachsen, seiner Rücksichtslosigkeit nicht und seiner Trinkerei erst recht nicht. Wohin sollte das alles führen? Nachts wurde sie verprügelt, tagsüber erholte sie sich mühsam davon. Sie setzte sich auf Faith' Bett und starrte vor sich hin. Die Aussicht auf das Gefängnis erschien ihr kaum schlimmer als die Aussicht auf weitere Nächte mit Stanley. Doch als sehr verlockend empfand sie beides nicht. Konnte sie noch einmal von vorne anfangen? Sie war nicht mehr jung und hatte auch nie einen richtigen Beruf erlernt. Trotzdem wollte sie weg von hier. Vielleicht fand sie fürs erste bei ihrer Schwester Unterschlupf, die auf der entgegengesetzten Seite von Los Angeles wohnte...

Schwerfällig stand sie auf. Ihr Rücken schmerzte, der Nacken brannte von den nächtlichen Schlägen. Sie ging ins Schlafzimmer hinüber, nahm einen der alten Koffer vom Schrank und packte die wichtigsten Kleidungsstücke ein. Sie setzte sich noch einmal an den Küchentisch und schrieb Stanley einen kurzen Brief. »Lieber Stanley, habe mich entschlossen, fortzugehen, bin hier nicht mehr glücklich. Suchen ist zwecklos, komme bestimmt nicht zurück. Deine Beatrice.« Sie legte den Brief mitten auf den Küchentisch, so daß Stanley ihn nicht übersehen konnte. Anschließend holte sie sich Geld aus dem Geschirrschrank, und aus dem Badezimmerschränkchen alle Schlaftabletten, die sie aufgehoben hatte. Dann marschierte sie zur Bushaltestelle.

Shirley war von dem unerwarteten Besuch ihrer älteren Schwester nicht gerade begeistert. Hatte sie vielleicht die Absicht, sich hier einzunisten? Außerdem befürchtete Shirley, daß Stanley demnächst hier auftauchen könnte.

»Ein, zwei Nächte, Bea, bei Gott, mehr ist nicht drin. Jeder muß sehen, wo er bleibt, wir finden unser Geld nicht auf der Straße!«

»Nur so lange, bis ich ein Zimmer gefunden habe«, beteuerte Bea, »ich habe dir doch auch schon so oft unter die Arme gegriffen!«

Etwas versöhnlicher gestimmt nahm Shirley ihr den Koffer ab und brachte ihn in die Küche. »Unsere Wohnung ist klein«, erklärte sie, »das siehst du ja selbst. Du müßtest auf dem Sofa in der Küche übernachten – falls dir das nichts ausmacht?«

Bea lächelte zufrieden. »Aber gar nichts, Shirley, wenn ich nur mal wieder eine Nacht durchschlafen kann.«

»Säuft er denn wieder so schlimm?«

»Nicht zu beschreiben! Und seit das Mädchen weggelaufen ist, gibt es überhaupt kein Halten mehr.«

»Und dann wird er brutal?«

Bea ließ sich auf einen Küchenstuhl fallen. »Wahnsinnig brutal. An mir gibt's kaum noch einen Knochen, der mir nicht weh tut.«

»Laß dich scheiden, Bea, entschließ' dich endlich mal zu irgendwas. Vater hat immer schon gesagt, daß du dich nie entschließen kannst.«

»An Scheidung dachte ich eigentlich nicht.«

»Woran denn sonst? Wie lange willst du dich denn noch verprügeln lassen? Deine Bereitschaft zu leiden ist doch nicht mehr normal!«

»Er ist mein Mann.«

»Wenn du dich scheiden läßt, nicht mehr.«

»Ob ich gleich einen so großen Schritt tun sollte...«

»Natürlich solltest du! Aber wie ich dich kenne, rede ich gegen eine Mauer von Sturheit.« Shirley hatte Wasser aufgesetzt, um einen starken Kaffee zu machen. »Den

wirst du nötig haben«, meinte sie, »und wenn du dann wieder auf die Beine kommst, suchst du dir ein Zimmer.«
»Wird dein Charly schimpfen, wenn er mich heute abend hier antrifft?«
»Erbaut wird er nicht sein. Er hat abends gern seine Ruhe, sieht in Unterhosen fern, wegen der Bequemlichkeit, verstehst du, und da will er nicht plötzlich seine Gewohnheiten ändern; außerdem kann er Stanley auf den Tod nicht ausstehen.«
»Und mich«, fragte Bea ängstlich, »kann er mich leiden?« Shirley goß den dampfenden Kaffee in die Tassen. »Dich schon, du hast ihm ja nichts getan. Nur, wie gesagt, er will seine Ruhe haben abends.« Sie legte Bea eine Tageszeitung neben die Kaffeetasse. »Du kannst ja gleich mal unter den Wohnungsinseraten nach einem Zimmer sehen! Hast du denn Geld?«
Bea gab keine Antwort. Trotz des starken Kaffees brachte sie jetzt nicht die Energie auf, ernsthaft ein Zimmer zu suchen. Sie kreuzte zwar hier und da ein Angebot an, um vor der Schwester den Schein zu wahren, und sie machte sich auch auf den Weg zu den angegebenen Adressen; doch schon in der nächsten Parkanlage setzte sie sich auf eine Bank und ruhte sich aus.
Shirley war über ihr Erscheinen nicht erfreut, daran gab es keinen Zweifel. Heute abend würde sicher Stanley dort auftauchen und Krawall machen; wenn schon! Ihr Leben war zu trostlos geworden, als daß sie sich noch über irgendwelche Einzelheiten aufregen konnte. Mochten die anderen doch sehen, wie sie mit ihm zurechtkamen!

Nach ein paar Stunden machte sie sich wieder auf den Weg zu Shirley. Jahrelang hatte sie früher auf die beiden Kinder von Shirley aufgepaßt, wenn diese zur Arbeit ging; Morgen für Morgen waren sie bei ihr abgeliefert und erst nachmittags wieder geholt worden. Nie hatte sie dafür auch nur einen Pfennig Geld angenommen, trotz heftiger Auseinandersetzungen mit Stanley. Jetzt ging es ihr schlecht, und plötzlich erinnerte sich niemand mehr an ihre Hilfsbereitschaft von damals…

Zur gleichen Zeit wie Bea kam auch Charly an, der sie konsterniert anschaute. »Du hier, Bea?« fragte er, »machst wohl einen Kaffeebesuch bei uns?«
»Nicht ganz, Charly«, antwortete sie schüchtern, »ich komme mit Stanley nicht mehr zurecht.«
»Was soll das denn heißen?« In seiner Stimme schwang ein drohender Unterton mit. »Sind wir neuerdings eine Eheberatungsstelle?«
»Ich brauche nur für kurze Zeit einen Unterschlupf, und weil Shirley meine einzige Schwester ist…«
Charly schüttelte energisch den Kopf. »Kommt überhaupt nicht in Frage, Bea, wir sind kein Wohltätigkeitsverein und haben unser Geld nicht auf der Straße gefunden!«
Das hatte Bea heute schon einmal gehört. Soviel Härte löste selbst bei ihr einen Anflug von Empörung aus. »Ich habe jahrelang eure Kinder betreut«, erklärte sie, »ohne mich auch nur ein einziges Mal zu beschweren.«
»Du hast es gern gemacht, weil du ein Muttertier bist. Außerdem, willst du jetzt anfangen, Wohltaten von vor hundert Jahren aufzurechnen?«
»Ich will eine Nacht bei euch schlafen, mehr nicht.«
Endlich meldete sich auch Shirley zu Wort. »Nur keine Aufregung, Charly, Bea ist schon auf der Suche nach einem Zimmer, dann hast du wieder deine Ruhe.« Schnell brachte sie ihm die bequemen Hausschuhe und eine Flasche Bier aus dem Kühlschrank sowie einen Trainingsanzug; er mußte sich vor Bea nicht unbedingt in der Unterwäsche präsentieren.
In der Küche, wo er bereits das Fernsehgerät eingeschaltet hatte, entdeckte Bea die Fotografien der mittlerweile erwachsenen Kinder.
»Lassen sie manchmal von sich hören?« fragte sie Charly; doch der trank sein Bier und sah fern und war da-

mit so beschäftigt, daß er ihre Frage überhaupt nicht registrierte.
In einer Stunde konnte Stanley hier auftauchen. Bea malte sich aus, wie sich die beiden Männer, über ihren Kopf hinweg, darüber einigen würden, was nun mit ihr zu geschehen habe.
»Es ist nicht auszuhalten«, murmelte sie plötzlich und griff sich an den Kopf, »ich haue ab, bis die Luft hier wieder rein ist.«
Shirley hielt sich im Wohnzimmer auf und bügelte, Charly verfolgte einen fesselnden Boxkampf im Fernsehen. Keiner von beiden bemerkte, daß Bea die Wohnung verließ und leise die Tür hinter sich zuzog.
Sie hielt Ausschau nach einer Gaststätte, setzte sich dort in eine Ecke, aß etwas und wartete. Sie wartete Stunde um Stunde. Endlos zog sich die Zeit hin, und in diesen endlosen Stunden fällte Bea ihr Urteil in einer schwierigen Entscheidung. Sie wollte Schluß machen; Schlaftabletten nehmen, einschlafen. Ihr Leben war in eine Sackgasse geraten, aus der sie nicht mehr herausfand. Also machte sie ihm ein Ende. Niemand sollte ihr noch einmal vorwerfen, sie könnte sich zu nichts entschließen!

Gegen elf Uhr machte sie sich auf den Weg zu Shirleys Wohnung. Zu ihrer Beruhigung konnte sie nirgendwo Stanleys Auto entdecken. Sie klingelte kurz – und war auf ein ungeheures Donnerwetter gefaßt. Es traf auch ein, nur, es berührte sie nicht. Aus Shirleys Redeschwall konnte sie entnehmen, daß Stanley dagewesen war, außer sich vor Wut, und daß er morgen schon wieder auf der Matte stehen wollte. Mochte er! Was ging es sie noch an? Sie legte sich mit einer Decke auf das Sofa in der Küche, dankte Shirley für ihre Mühe und wünschte ihr eine gute Nacht.
Lange nach Mitternacht, als es im ganzen Haus still geworden war, holte sie das Röhrchen mit den Schlaftabletten aus ihrer Handtasche, griff nach einer Kaffeetas-

se, die noch auf dem Tisch stand, füllte sie mit Leitungswassser, leerte das Röhrchen und schluckte alle Tabletten hintereinander weg. Sie war nicht erregt, nicht traurig, nicht fröhlich; das einzige, was sie registrierte, war Gleichgültigkeit, die sich wie ein riesiger, farbloser Teppich über sie gebreitet hatte. In aller Ruhe legte sie sich auf das Sofa, deckte sich zu, schaute aus dem Fenster und dachte an ihre verstorbenen Eltern, an einige Begebenheiten aus ihrer Kindheit, einen Moment lang auch an ihre Hochzeit mit Stanley; dann schlief sie ein.
Beatrice konnte nicht wissen, daß Charly fast jede Nacht noch einmal in die Küche ging, um sich ein Glas Milch aus dem Kühlschrank zu holen. Er brauche sie für die Verdauung, behauptete er Shirley gegenüber, und die Milch mußte eiskalt sein.
Zuerst fiel ihm gar nichts auf. Doch dann fand er Beas Gesicht ungewöhnlich blaß und entdeckte auf der Sofadecke das Tablettenröhrchen. Er schüttelte sie, schrie sie an, schüttelte sie wieder. Sie hielt die Augen geschlossen, fühlte sich an wie ein schlaffer Sack.
»Shirley!« brüllte er, daß die Wände bebten, »Shirley, komm' her, deine Schwester, dieses Luder, hat kurzen Prozeß gemacht!«
Sofort war Shirley zur Stelle, beugte sich zu ihrer Schwester hinab, fühlte ihr den Puls. »Sie lebt noch!« schrie sie ihren Mann an, »steh' nicht rum, ruf' den Notarzt!«
»Wo find' ich denn den?« fragte er hilflos, »kannst du nicht...« Er tapste in der Küche herum, als hätte er die Orientierung verloren. »So ein blödes Stück, kommt her und macht uns diese Schweinerei!« schimpfte er, »wir hätten uns überhaupt nicht darauf einlassen dürfen, auch nicht für eine Nacht...«
»...halt's Maul, Charly!« schrie Shirley hysterisch, »entweder tu' was oder halt wenigstens dein Maul!« Sie stürzte zum Telefon und rief einen Krankenwagen.
»Und wer zahlt das?« erkundigte sich Charly besorgt, »doch nicht etwa wir?«

»Keine Sorge, das kriegt Stanley aufgebrummt, der ist ja schließlich schuld an dem Schlamassel.«
Es dauerte nicht lange, bis der Krankenwagen eintraf, um Bea abzuholen. Shirley begleitete sie, das war sie ihrer Schwester schuldig.
Beatrice Winowsky wurde, zu ihrem großen Kummer, gerettet.
»Warum habt ihr mir das angetan?« fragte sie Shirley, die an ihrem Bett saß, immer wieder, »warum habt ihr euch da eingemischt?«
»Dazu sind wir verpflichtet«, erklärte Shirley, »du hättest genauso gehandelt.«
»Jetzt bin ich auch nicht besser dran als vorher, Shirley, ich weiß nicht weiter, verstehst du?«
»Es wird sich alles einrenken. Erstmal ruhst du dich hier im Krankenhaus ein paar Tage aus, dann läßt du dich von Stanley abholen.« Sie stand auf. Es wurde Zeit zu gehen, sie mußte Charly beruhigen und seine gute Laune wiederherstellen.
»Mach's gut, Schwesterherz«, sagte sie zum Abschied, »wir geben Stanley Bescheid, und du, halt' die Ohren steif!« Sie hauchte ihr einen angedeuteten Kuß auf die blasse Wange und verschwand.
Ich werde es wieder tun, nahm Bea sich vor, irgendwann zu gegebener Zeit werde ich es wieder tun, niemand kann mich daran hindern, auch Stanley nicht.
Stanley nicht?
Wenige Stunden später streckte er seinen Kopf zur Tür herein, freundlich lächelnd, sauber gekämmt. Dann schob sich der ganze Stanley ins Zimmer, in seinem guten Straßenanzug, die vornehm gemusterte Krawatte ordentlich gebunden, die Schuhe geputzt. In der Hand hielt er einen Blumenstrauß. »Für dich, mein Kleines«, sagte er zärtlich schnurrend wie ein Kater. Vorsichtig beugte er sich zu Bea hinab und gab ihr einen Kuß. Er roch nach einem teuren Rasierwasser. »Warum wolltest du mir sowas antun?« fragte er, und er sah fast empört aus, »sowas kannst du mir doch nicht antun!«

»Ich komme zurück«, flüsterte sie, »und dann fangen wir nochmal von vorne an.«
»Aber ja, Kleines, jetzt wird alles gut, ich verspreche es dir.«
Das hatte sie doch schon öfter gehört? Aber darüber wollte sie jetzt nicht nachdenken.

Der Tag des Vortanzens war gekommen. Faith stand in aller Frühe auf – sie ging heute nicht zur Schule –, trainierte schon in ihrem Schlafzimmer. Später rückte sie im Wohnzimmer die Möbel beiseite, stellte die Musik an und probte noch einmal gewissenhaft ihren selbstkreierten Tanzstil: eine Mischung aus Ballett und Jazz. Tony und Joe waren heute ebenfalls zeitig aufgestanden und in die Stadt gefahren, so daß sie keine Rücksicht zu nehmen brauchte.
Sie übte gerade an einer besonders schwierigen Figur, als jemand laut an die Haustür klopfte. Sofort stellte sie die Musik ab, warf sich ihren Bademantel um und ging hinaus.
»Wer ist da?« rief sie durch die geschlossene Tür.
»Hier spricht die Polizei«, antwortete eine Männerstimme, »wir suchen einen gewissen Anthony Martino.«
»Der ist nicht zu Hause!« Faith hörte, daß sich der Polizist draußen mit jemandem unterhielt, wahrscheinlich mit einem Kollegen. Zu ihrem Entsetzen vernahm sie das Wort »Durchsuchungsbefehl«.
»Können wir hereinkommen?« rief der Polizist jetzt wieder laut, »wir würden uns gerne selbst überzeugen!«
»Nein, tut mir leid!« Faith' Stimme zitterte, aber sie wollte die Polizisten unter keinen Umständen hereinlassen.
»In Ordnung, Madam, aber sagen Sie Herrn Martino, daß wir auf jeden Fall wiederkommen!« Sie gingen zurück zu ihrem Wagen.
Faith hörte die Türen schlagen und den Wagen schnell davonfahren. Sie atmete tief durch. Was hatte denn das jetzt schon wieder zu bedeuten? Das ist ja bald schon ein Gesetz, dachte sie verzweifelt, daß immer dann, wenn sich mein Leben zu normalisieren scheint, alles wieder über mir zusammenstürzt... Wenn ich nur den Mut hätte, Tony hart und kompromißlos auszufragen! Wenn mir nur nicht dauernd die Angst vor seiner Antwort im Nacken säße! Sie stellte die Musik auf äußerste Lautstärke und stürzte sich in einen wilden, ungestü-

men Tanz, von dem sie sich Trost und Vergessen erhoffte. Doch das Ablenkungsmanöver wollte ihr heute nicht gelingen, im Gegenteil, ihre Verwirrung steigerte sich noch, bis sie schließlich weinend auf der Couch zusammenbrach.

Als Tony wenig später nach Hause kam, nahm er sie erschrocken in den Arm. »Was ist los, Faith? Warum bist du denn so verzweifelt?«
Trotz ihrer Tränen schaute sie ihn böse an. »Die Polizei war hier. Mensch, Tony, ich hab' das alles so satt!«
»Was wollten sie?« fragte er so ruhig und gelassen wie möglich.
Faith machte sich von ihm los. »Dich wollten sie!« schrie sie ihn an, »sie wollten dich! Kannst du mir vielleicht sagen warum?«
Tony zuckte mit den Schultern. »Weiß ich nicht.«
»Und ob du es weißt! Du weißt nämlich sehr viel! Denkst du, ich merke nicht, daß du jede Nacht unterwegs bist? Denkst du, ich hätte das mit Julios Hand nicht mitgekriegt?«
»Das geht dich nichts an«, sagte er leise, und dann etwas lauter: »und es darf dich auch nichts angehen, was ich mache.« Faith funkelte ihn an. »Ach, so ist das?«
»Ja, so ist das.«
»Womit verdienst du dein Geld, Tony?« Sie ging auf ihn zu und sah ihm fest in die Augen. »Versuch' jetzt bitte nicht, mir zu erzählen, du seist Geschäftsmann!«
Tony wandte sich ab. »Ich kann dir nichts anderes sagen, das muß dir genügen.«
»Kannst du oder willst du nicht?!« Sie machte auf dem Absatz kehrt, stürmte ins Schlafzimmer und knallte die Tür zu. Dort vergrub sie ihr Gesicht in Musch's weißes Fell. »Was können die Männer doch manchmal für Idioten sein«, flüsterte sie ihr ins Ohr, »man müßte sie alle miteinander wie Luft behandeln!«
Dann zog sie sich um, packte ihre Tasche und ging zurück ins Wohnzimmer.

Tony saß auf der Couch und las Zeitung. »Wann kommst du wieder?« fragte er freundlich.
»Spät.«
»Wie spät?«
»Sehr spät, wenn's dich interessiert, ich gehe zum Vortanzen; danach werde ich versuchen, irgendwo Arbeit zu finden.«
Tony legte die Zeitung zur Seite und stand auf. »Was soll denn das, Faith, ich glaub', ich höre nicht recht.«
»Du hast völlig richtig gehört. Da du es ja auf Biegen und Brechen darauf abgesehen hast, umgebracht zu werden, muß ich mich ja wohl daran gewöhnen, wieder auf eigenen Füßen zu stehen.«
Tony ging einen Schritt auf sie zu und faßte sie zärtlich am Arm. »Ich würde dir schon gerne erzählen, was hier los ist, aber ...«
»... du kannst mir nicht vertrauen«, unterbrach sie ihn, »mir ist das schon lange klar. Ich finde das zwar beschissen, aber ich verstehe es, versuche wenigstens, es zu verstehen.« Sie machte sich von ihm los, nahm ihre Tasche und lief davon.
Traurig schaute er ihr nach. Er hätte ihr so gerne noch Hals- und Beinbruch gewünscht und einen riesigen Erfolg ... Nun war alles schiefgelaufen. Und er konnte Faith die Aufregung und Sorge um ihn nicht einmal verübeln.
Während der Fahrt zur Mt. Juliet School mußte Faith so intensiv an Tony denken, daß sie gar nicht dazu kam, sich vor dem wichtigen Ereignis heute aufzuregen. Das besorgte dann Cheryl umso mehr. Schon vor der Schule sprang sie auf sie zu, hakte sich bei ihr unter und begann sofort wie ein Wasserfall auf sie einzureden. In ebenso wilden Gedankensprüngen widmete sie sich abwechselnd ihrer Enttäuschung über Klaus, einer mißlungenen Mathearbeit und dem bevorstehenden Tanz. Eine kurze, zufällige Redepause benutzte Faith schnell dazu, ihr von der Begegnung mit der Polizei zu erzählen. Cheryl nahm es aber nicht ganz ernst.

»Also«, lachte sie, »dein weißer Ritter ist nun doch vom Pferd gefallen, was?«
»Das ist überhaupt kein Witz, Cheryl, manchmal denke ich, Tony ist in Lebensgefahr.«
»Trotzdem konzentrierst du dich jetzt mal lieber auf deinen Tanz!«
Sie hatten inzwischen die Aula betreten, und Faith sah vorne bereits einige Mädchen tanzen. Mutlos wandte sie sich an Cheryl: »Diese Mädchen sind große Klasse, ich weiß überhaupt nicht, was ich hier verloren habe.«
Cheryl schüttelte energisch den Kopf. »Keine ist so gut wie du, Faith, warte nur, bis sie dich gesehen haben.«
»Ich glaube, soweit kommt es erst gar nicht, oder es wäre jedenfalls besser, wenn es nicht soweit käme. Ich tanze doch auf Jazz gar nicht so wie ihr alle; wahrscheinlich werden die Zuschauer sich kaputtlachen, und ich muß von der Bühne...« In diesem Augenblick ertönte der Lautsprecher: »Faith Williams, Sie sind an der Reihe.«
Und ehe Faith in entgegengesetzter Richtung davonlaufen konnte, wurde sie von Cheryl nach vorne geschoben. »Los, dorthin, und Hals- und Beinbruch!«
Und schon ertönte die von ihr ausgewählte Musik. Etwas zögernd lief Faith auf die Bühne, lächelte unsicher, machte ein paar einleitende Tanzschritte. Doch dann konnte sie dem ausgeprägten Rhythmus nicht mehr widerstehen, überließ ihren Körper dem Tanz, temperamentvoll und doch kontrolliert, in jedem Bewegungsablauf eng mit der Musik verbunden und mit dem, was sie aussagte. Immer deutlicher begann sich ihr neuer Stil zu formen, immer eindrucksvoller präsentierte er sich den Damen und Herren des Aufnahmeteams, die sich voll Bewunderung zunickten, mit ihrem Urteil jedoch noch zurückhielten. Die junge Dame sollte vorläufig noch behandelt und offiziell beurteilt werden wie alle anderen auch.
»Danke, Frau Williams«, rief ihr der Teamleiter zu und winkte ab, »Sie sind fertig – die Nächste bitte!«

Rasch verließ Faith die Bühne und lief direkt in Cheryls Arme.
»Du warst großartig, Faith«, schwärmte sie, »einfach toll! Du wirst es, dafür verwette ich meinen Kopf!«
»Wette mal nicht zu hoch«, keuchte Faith, »wer verliert schon gern seinen Kopf?«
»In meinem ist sowieso nicht viel drin – also, was macht's schon!«
»Du, ich hab' gar nicht das Gefühl, daß ich so großartig war«, gab Faith zu bedenken, »ich weiß, daß ich viel besser sein kann.«
»Warte ab, Faith, du ungeduldiges Kind, warte ab. Sie haben meine Telefonnummer, und wenn sie bei mir anrufen und dich noch einmal bestellen, hast du die Chance in der Tasche!«
»Cheryl«, sagte Faith dankbar, »du bist meine liebste und beste Freundin.«
»Hast du mich lieber als deine Anja aus München?«
»Aber klar! Die ist zwar auch sehr lieb, aber meine beste Freundin bist nun mal du.«
Cheryl strahlte. »Okay, Kleines, aber jetzt muß deine beste Freundin heimflitzen zur Mathe-Nachhilfe. Wir telefonieren. Adios!« Und weg war sie.

Lächelnd machte sich Faith auf den Heimweg. Sie freute sich darauf, Tony alles zu erzählen, auch wenn sie den Optimismus von Cheryl, was ihre Chance betraf, keineswegs teilte.
Zu Hause erwartete sie allerdings eine höchst unangenehme Überraschung. Carlos aus Julios Bande war gekommen und lieferte sich gerade mit Tony eine hitzige Diskussion.
»Du solltest das Maul nicht so vollnehmen«, hörte sie Carlos sagen. Und dann meldete sich Tony zu Wort. »Sag' deinem Mistkerl von Anführer, daß er ohne meine Erlaubnis mit niemandem zu reden hat, weder mit Onkel Salvatore noch mit sonst wem!« Hart packte er Carlos am Kragen, gab ihm einen Kinnhaken und warf ihn

zu Boden. »Du kleiner, affiger, aufgeblasener Klugscheißer! *Ich* habe das Sagen auf der Straße. Ihr seid nichts anderes als meine jämmerlichen Angestellten, laß diesen Satz nie wieder aus deinem winzigen Hirn entweichen!«
Carlos, rot vor Wut, ordnete sich die zerzausten Haare. »Eines Tages, Mann«, schnaubte er, »stehst du mal allein da; und so lange warten wir, denn diese Riesenfreude lassen wir uns nicht entgehen. Außerdem will dein Onkel, daß du die dreckige kleine Nutte abschaffst.« Er lachte in sich hinein, obwohl ihm ganz und gar nicht danach zumute war. »Vielleicht«, fuhr er fort, »sollten *wir* diesen Job übernehmen!«
Das hätte er besser nicht sagen sollen. Mit der Präzision eines Preisboxers versetzte Tony ihm zwei Kinnhaken, die ihm für einen Augenblick die Orientierung raubten.
Faith war in der Türe stehengeblieben und beobachtete fassungslos, wie Carlos jetzt mit wutverzerrtem Gesicht auf Tony losgehen wollte, von ihm noch einmal hart zu Boden geworfen wurde, dabei den Tisch umriß, auf dem die Spieldose und das Bild ihrer Eltern standen ... Schon hörte sie das Klirren von berstendem Glas und wußte im nächsten Augenblick, was passiert war.
Tony, außer sich vor Wut darüber, schlug so wild und unkontrolliert auf Carlos ein, daß es aussah, als wollte er ihn umbringen.
»Hör auf, Tony!« schrie Faith entsetzt und lief auf die beiden zu, »hör um Gottes willen auf, du bringst ihn ja um!« Tony schaute zu ihr hoch. Wie sie da so stand, das zerbrochene Bild ihrer Eltern in der einen und die kaputte Spieldose in der anderen Hand, tat sie ihm unendlich leid. Als sie dann in Tränen ausbrach und hinüber ins Schlafzimmer lief, hätte er sie gerne festgehalten und getröstet. Doch er durfte Carlos nicht aus den Augen lassen. Mit hartem Griff half er ihm vom Boden auf.
»Dieses Mädchen hat dir gerade das Leben gerettet, du Saftsack. Und wenn du jetzt hoffentlich schnell die große Flatter machst, nimm eine Botschaft für Julio mit. Sag ihm, daß er ein toter Mann ist, wenn er noch ein ein-

ziges Mal versuchen sollte, das Mädchen anzurühren oder uns sonstwie unangenehm in die Quere zu kommen. Und für dich gilt dasselbe.«

Tony musterte ihn mit einem eiskalten, stahlharten Blick, so daß Carlos zusammenzuckte. Er spürte deutlich, daß sie mit ihren Frechheiten bis zum Äußersten gegangen waren und er sich heute wirklich in einer ziemlich gefährlichen Situation befunden hatte. Wäre das Mädchen nicht rechtzeitig aufgetaucht – die Sache hätte übel ausgehen können. Nun schob Tony ihn zur Haustür hinaus.

»Hau ab, mach daß du wegkommst, solange du noch laufen kannst – und laß dich bloß so schnell nicht mehr blicken!«

Tony wusch sich die Hände und brachte sein zerzaustes Haar in Ordnung. Dann ging er zum Schlafzimmer und klopfte an. Nichts rührte sich.

»Faith, komm doch raus!« bat er leise, »Carlos ist weg.« Da sich immer noch nichts rührte, versuchte er die Situation herunterzuspielen. »Carlos und ich hatten ein kleines Mißverständnis, jetzt ist es vorbei und erledigt. Das mit deiner Spieldose tut mir wahnsinnig leid. Aber ich kauf' dir eine neue, okay?«

Jetzt endlich antwortete Faith. »Aha, eine neue willst du mir kaufen, vielleicht genau die, die meine Eltern mir zum achten Geburtstag geschenkt haben? Du hast wirklich das Gefühl eines Backsteins!«

»Tut mir doch leid, Faith!«

»Das nützt mir viel. Vielleicht willst du mir auch ein neues Bild von meinen Eltern kaufen? Die gibt's ja überall, man braucht nur zu wählen!« Wütend warf sie ihre Reisetasche gegen die Tür. Doch ihre Wut wandelte sich plötzlich in eine so heftige Verzweiflung, daß sie mit beiden Fäusten wild gegen die Tür zu hämmern begann, bis sie schließlich kraftlos am Boden zusammensank und weinte.

Kurz darauf hörte sie die Haustür zuschlagen. In seiner Ratlosigkeit war Tony aus dem Haus gerannt.

Völlig erschöpft vor Kummer rappelte sich Faith wieder hoch, ging langsam hinüber ins Wohnzimmer und sammelte die Glassplitter auf. Auch die zerbrochenen Teile der Spieldose suchte sie zusammen und legte sie vorsichtig auf den Tisch. Die kleine Ballerina aber war nicht mehr zu finden, so verzweifelt Faith auch nach ihr suchte.

Als das Telefon läutete, nahm sie es zuerst gar nicht zur Kenntnis, so hatte sie sich in ihren Kummer vergraben. Erst nach einer Weile nahm sie den Hörer ab, in der Meinung, es handle sich ohnehin nur um einen Geschäftspartner von Tony, der ihm irgendeine verschlüsselte Nachricht ausrichten ließ. Doch es war Cheryl.

»Ich weiß, ich soll dich zu Hause nicht anrufen«, legte sie gleich los, »aber ich muß es dir einfach sofort sagen. Stell dir vor, die haben heute schon angerufen – die wollen dich nochmal sehen!« In ihrer Aufregung bemerkte sie gar nicht, wie durcheinander Faith war.

»Wer will mich sehen?« fragte sie leise.

»Na, die Leute vom Film! Du sollst noch einmal für den Produzenten tanzen, und zwar schon morgen!«

Allmählich dämmerte es Faith. »Du meinst …«

»… ich meine, wenn du morgen beim Vortanzen allen gefällst, bekommst du die Rolle.«

Faith, die nicht wußte, ob sie noch über die zerbrochene Spieldose weinen oder sich über die phantastische Nachricht freuen sollte, sagte erst einmal gar nichts, sondern überließ sich ihren zwiespältigen Gefühlen.

»Hat's dir die Sprache verschlagen?« drängte Cheryl, »hey, Faith, sag was!«

»Ich weiß nicht …«

»… wir müssen dich zurechtmachen morgen. Komm' eine Stunde vorher, also um zwei Uhr, zu unserem vereinbarten Treffpunkt! Ich muß Schluß machen, ich habe bis dahin noch viel vorzubereiten. Bis dann!« Es klickte in der Leitung, Cheryl hatte aufgelegt. Faith betrachtete nachdenklich den Hörer in ihrer Hand, als fände sie durch ihn eine Antwort auf all das, was sie bewegte.

Den Rest des Tages verbrachte sie lesend, träumend, vor allem aber sehnsüchtig auf Tony wartend, wenn sie sich das auch nicht eingestehen wollte. Doch als sowohl er als auch Joe bis nachts um elf Uhr noch immer nicht aufgetaucht waren, ging sie zu Bett, um für den nächsten Tag ausgeschlafen zu sein. Ganz allmählich nur war es ihr im Laufe des Nachmittags und Abends gedämmert, was da möglicherweise alles auf sie zukam! Besser nicht zu früh freuen, sagte sie sich, sonst ist die Enttäuschung so groß, wenn's schief geht. Und bei der Pechsträhne, die mich seit einiger Zeit verfolgt, dürfte das Schiefgehen größere Chancen haben.

Am nächsten Tag, auf dem Parkplatz vom Farmer's Markt, kam Cheryl – ganz in ihrem Element als Manager – sofort zur Sache. »Ich habe dir meinen Kassettenrekorder mitgebracht«, erklärte sie, »und wir üben jetzt hier, klar? Paß auf ...«
»... stell dir vor«, unterbrach Faith sie, »zwischen Tony und mir ist zur Zeit Funkstille, wir reden kaum miteinander seit gestern.«
»Kannst du mir alles später erzählen. Es eilt jetzt, in einer Stunde mußt du fit sein.«
»Was hast du vor?«
»Also hör zu, du Schaf: Während der Teamleiter dir gestern zugesehen hat, konnte ich ihn nämlich gut beobachten. Du tanzt jetzt mal drauf los, und ich sage dir, was ihm am besten gefallen hat.« Sie stellte den Rekorder an und nickte Faith aufmunternd zu. Wie immer fuhr der Rhythmus Faith in die Beine und brachte sie – trotz aller Befangenheit – gewaltig in Schwung. Straßenkinder gesellten sich dazu und verfolgten fasziniert den eigenartigen, ihnen völlig fremden Tanzstil – bis sie selbst mittanzten, von der Ballerina dazu verleitet. Hin und wieder, wenn Faith ganz bestimmte Figuren zeigte, machte ihr Cheryl ein Zeichen mit der Hand.
Das war's, sollte das heißen, was der Teamleiter besonders gut fand.

Am Ende der Vorstellung erhielt Faith begeisterten Applaus, auch von vielen älteren Leuten, die stehengeblieben waren, um diese Szene zu genießen.

Die Jury hatte bereits Platz genommen, als Faith und zwei weitere Mädchen, die ebenfalls in die engere Auswahl gekommen waren, erschienen. Faith sollte als letzte tanzen. Seltsamerweise konnte sie sich diesmal innerlich kaum auf ihren Auftritt konzentrieren, obwohl doch heute die Würfel fielen ... Fortwährend mußte sie an Tony denken, und dabei liefen ihr die Tränen über die Wangen.

Cheryl spürte, daß es keinen Zweck hatte, Faith gewaltsam von ihren Gedanken abzubringen und sie ausschließlich auf den Tanz hinlenken zu wollen. Deshalb ging sie einfühlsam auf ihren Kummer ein und sprach mit ihr darüber.

»Tony schafft das schon«, sagte sie zuversichtlich, »du wirst sehen, er ist ein starker Kerl, und hart im Nehmen.«

»Vielleicht, Cheryl, vielleicht auch nicht. So halte ich es aber einfach nicht länger aus, ich werde darüber krank und unglücklich.«

»Liebt er dich eigentlich auch so sehr wie du ihn?«

»Manchmal denke ich das schon, dann wieder bin ich nicht so sicher. Ich weiß es einfach nicht.«

Plötzlich, sie hatten das Geschehen auf der Bühne gar nicht mehr verfolgt, wurde ihr Name aufgerufen. »Faith Williams, Ihr Auftritt bitte!«

In diesem Moment wußte Faith, daß sie gar keine andere Wahl hatte, als sich über ihr persönliches Schicksal hinwegzusetzen und aus ihrem tiefsten Innern Kraft und Energie zu schöpfen. Tapfer stand sie auf, lächelte Cheryl zu und lief auf die kleine Bühne.

Und als hätte sich ein Gebet erfüllt, gestaltete eine neue, noch fremde Kraft in ihr den schönsten Tanz ihres Lebens, einen Tanz, der wie eine Explosion die Bühne beherrschte und die Zuschauer das Schauspiel atemlos

und begeistert beobachten ließ. Alles, was sie in den Monaten seit dem Tod ihrer Eltern hatte ertragen müssen, alle Gefühle, Ängste, alle Hoffnungen und tapferen Vorsätze legte sie in diesen Tanz hinein. Dabei verlangte sie sich das Äußerste ab, ging bis an den Rand der Erschöpfung, verausgabte sich so vollkommen, daß auch nicht die geringste Kraftreserve übrigblieb. Zum Schluß fühlte sie sich leer und ausgelaugt – gleichzeitig aber erleichtert und von einer sanften, wohltuenden Zufriedenheit erfüllt.
Der Produzent, der Regisseur und alle Leute vom Filmteam sprangen auf, versuchten nicht länger, ihre Begeisterung zu verbergen, klatschten, riefen »Bravo« und stürzten auf die Bühne. Fest nahm der Regisseur sie in die Arme.
»Gehen Sie sofort zum Make-up«, forderte er sie strahlend auf, »dann kommen Sie zu mir, Sie Temperamentsbündel; ich werde Sie der Presse als meinen neuen Star vorstellen!«
Auch Cheryl hopste aufgeregt auf der Bühne herum, erzählte den Leuten, es handle sich um ihre Freundin, ja eigentlich um ihre Entdeckung, und sie möchten sie jetzt bitte erst mal verschnaufen lassen, sie trage schließlich die Verantwortung für die Kleine!
»Ende Mai geht's los mit den Filmaufnahmen«, erklärte der Produzent, »ruhen Sie sich aus bis dahin, Faith, es wird ganz sicher eine anstrengende Zeit.«
Sie strahlte ihn an. »Ich halte ganz schön was aus, und körperliche Anstrengungen sowieso!«
Jetzt umarmte er sie auch noch. »Mein Gott, waren Sie gut! Sie können sich auf eine große Zukunft freuen, Faith, dafür verbürge ich mich!«

Tony freute sich sehr über den Erfolg von Faith; er war stolz auf sie. Nur zu gerne hätte er ihr schon jetzt ein ruhiges Leben ermöglicht, in dem sie sich auf ihre Karriere konzentrieren konnte, ohne von Sorgen und Ängsten gestört zu werden. Doch sein beruflicher Auftrag war noch nicht abgeschlossen, es gab noch einige geschäftliche, aber auch private Dinge zu erledigen, die gerade jetzt, in ihrer Endphase, mit Gefahren verbunden waren. Irgendwie mußte es ihm gelingen, Faith bis zum Beginn ihrer Filmaufnahmen von Los Angeles wegzubringen. Angela Terelli würde leicht von dieser Notwendigkeit zu überzeugen sein und Faith vom Unterricht befreien, zumal sie als die beste Schülerin der Klasse galt. Aber Faith selbst war das Problem. Und da sie, von Mißtrauen erfüllt, sich von ihm nichts mehr vormachen ließ, beschloß er, offen mit ihr zu reden. Er nutzte dazu eine gemütliche Abendstunde, in der sie mit einem Drink vor dem Fernsehapparat saßen und ohne eigentliches Interesse den etwas langweiligen Spielfilm verfolgten.

»Ich möchte dich um einen Gefallen bitten«, begann er das Gespräch, »einen großen Gefallen, mit dem du mir sehr helfen würdest.«

»Für dich immer«, sagte sie und gab ihm einen Kuß.

»Okay – ich möchte gerne, daß du dich bis Ende Mai, das sind nur noch etwa drei Wochen, ausquartieren läßt ...«

»... du willst mich lossein?« unterbrach sie ihn entsetzt, »und warum, wenn ich fragen darf?«

»Weil ich einen Auftrag zu Ende führen muß, der mit meiner Arbeit zusammenhängt, und weil das bedeuten kann ...«

»... daß du dabei umkommst!« Faith war aufgesprungen, aufgeregt lief sie im Zimmer auf und ab. »Tony, deine sogenannten Geschäfte und das ganze Drumherum, das alles ist sowieso schon kaum auszuhalten. Bitte verlange jetzt nicht auch noch von mir, daß ich dich in diesem Schlamassel alleine lasse!«

»Meine Geschäfte, Faith, stehen im Zusammenhang mit einem Auftrag. Dieser Auftrag ist in Ordnung, und ich stehe auf der richtigen Seite. Hörst du, Faith, auf der *richtigen* Seite! Mehr darf ich dir nicht verraten. Aber ich meine, es müßte dir genügen. Vertrau mir doch.«

»Wenn wirklich alles in Ordnung ist«, begehrte sie auf, »gibt es keine Gefahr, und du brauchst mich nicht in Sicherheit zu bringen.«

»In deinem Leben, Faith, war auch alles in Ordnung – und trotzdem gab es Gefahren. Hast du das vergessen?«

Nachdenklich schaute sie ihn an. »Ich habe es nicht vergessen«, sagte sie leise, »und ich will es dir auch nicht schwer machen. Was schlägst du vor, wo soll ich hin?«

»Ich dachte, mit Cheryl zusammen noch einmal nach San Diego. Das kennt ihr schon, und es hat euch Spaß gemacht.«

»Cheryl bekommt nicht schulfrei, und ihre Eltern werden Schwierigkeiten machen, weil sie so schlecht in Mathe ist.«

»Wenn du ihren Eltern versprichst, täglich mit ihr Mathe zu üben, kommt sie damit weiter als in der Schule. Und was die Beurlaubung anbelangt, da kann Angela bestimmt was arrangieren, die Schulleiter kennen sich ja untereinander.«

»Also gut, wenn du meinst. Aber ich werde dort keine ruhige Minute haben, wenn ich weiß, daß du hier in Gefahr bist.«

»Ich verspreche dir, daß ich gut auf mich aufpasse. Und das wird mir umso besser gelingen, als ich nicht auch noch auf dich aufpassen muß. Man wird so erpreßbar, Faith, wenn die Gegner wissen, daß man jemanden – mag.«

Sie schauten sich kurz in die Augen, dann ließen sie das Thema ruhen und widmeten ihre Aufmerksamkeit der Katze, die auf dem Boden herumsprang und mit einem Papierkügelchen spielte.

Es wäre nicht Cheryl gewesen, wenn sie auf Tonys Plan nicht geradezu entzückt reagiert hätte.

»Himmel, ist das eine gute Idee! Da sehen wir ja unsere süßen Beach-Boys wieder, Gary und Biff, die Delphintrainer!«
»Ich mache jeden Tag Mathe mit dir«, bemerkte Faith trocken und dämpfte damit Cheryls Freude empfindlich.
»Wie kannst du sowas überhaupt denken?« beschwerte sie sich, »ich gehe doch nicht auf Männerschau, um mein Gesicht frühzeitig durch Mathe altern zu lassen!«
»Zuerst müssen wir den ganzen Plan mit deinen Eltern ausfechten, Cheryl, da haben wir noch genug zu tun, auch wenn wir ihnen schon versichern können, daß deine Schule informiert ist und ein Auge zudrückt.«

Cheryl's Eltern reagierten weniger ablehnend, als Faith befürchtet hatte. Sie liebten Faith sehr und hielten sie für erwachsen und vernünftig genug, ihren Kobold in Zaum zu halten und die notwendigen Schularbeiten zu überwachen.
Tony wußte eine hübsche, preiswerte Pension in einer ruhigen Wohngegend von San Diego, und so konnte man die beiden Mädchen wohl schon in Ruhe ziehen lassen. Die Kosten für Faith übernahm Tony, Cheryl wurde von ihrem Vater mit genügend Geld versorgt. Herr Dryer bot sich auch an, die beiden mit seinem Auto hinzubringen.

Für Faith wurde es ein schwerer Abschied. Tony hatte sie in seinem Wagen zu Dryers gebracht, ihre Reisetasche aus dem Kofferraum geholt – und nun standen sie sich gegenüber und mußten sich wieder einmal adieu sagen.
»So ist es auch, wenn es Krieg gibt«, klagte Faith, »dann werden Frauen und Kinder aufs Land ausquartiert, und die Männer müssen an die Front.«
Tony strich ihr zärtlich übers Haar. »Keine Sorge, hier ist keine Front.«
»Aber Krieg.«

»Auch kein Krieg, Faith, höchstens hie und da eine Auseinandersetzung.«
»Das reicht schon! Aber ich werde jeden Tag mit dir telefonieren und die Lage überprüfen.«
»Das hoffe ich doch. Und flirte nicht so sehr mit Gary – ich kann mindestens ebensogut tanzen wie er! Und Tarantella kann er sicher überhaupt nicht!«
Faith lachte. »Du bist der Größte, Tony.«
Inzwischen war Cheryl dazugekommen. »Schluß jetzt mit dem Abschiedsschmerz«, befahl sie, »der Junge fährt jetzt schön nach Hause, und wir fahren jetzt in den wohlverdienten Urlaub!«
Brav gehorchten die beiden, umarmten und küßten sich, und dann brauste Tony davon. Am Tor unten hupte er noch einmal. Faith winkte hinter ihm her, bis von dem weißen Mustang nichts mehr zu sehen war.

Kaum in San Diego angekommen – Cheryl hatte noch nicht einmal ihren Koffer ausgepackt –, versuchte sie schon, mit ihren süßen Beach-Boys Kontakt aufzunehmen. Empört versuchte Herr Dryer, seine Tochter zu bremsen.
»Also hört mal, heute nacht bin *ich* noch hier. Ich möchte doch sehr bitten, daß ihr ein Abendessen mit mir irgend so einem Hans-Guck-in-die-Luft aus dem Delphinbecken vorzieht!«
»Aber natürlich«, erwiderte Faith höflich.
»Aber ganz und gar nicht«, erwiderte Cheryl unhöflich.
»Für mich ist Faith maßgebend«, entschied Herr Dryer, »sie ist erstens ein paar Monate älter als du und zweitens zehn Jahre reifer.«
»Also gut«, gab Cheryl nach, »dann gehen wir eben heute abend mit dem Oldie spazieren, und morgen hauen wir mit dem Nachwuchs auf die Pauke.«
Sie genoß den ersten Abend dann doch, auch wenn Herr Dryer den Besuch einer Diskothek strikt ablehnte und dafür die beiden jungen Damen in ein feines Lokal führte. Von weitem hatte Cheryl ihre Beach-Boys gesehen,

und das betrachtete sie als Garantie für drei phantastische Wochen, die vor ihnen lagen.

Zunächst wurde es eine schöne Zeit für beide. Immer wieder gelang es Cheryl, Faith' Sorgen um Tony zu zerstreuen und sie ihre Freiheit in einer unbeschwerten Umgebung genießen zu lassen. Die Beach-Boys waren mit von der Partie, gut gelaunt, tanzbegeistert, voll Unternehmungslust.

Nachdem jedoch vierzehn Tage vergangen waren, begann für Faith die Zeit lang zu werden. Immer häufiger blieb sie in ihrem Zimmer, versuchte mit Tony zu telefonieren, holte das Tagebuch hervor, um sich ihre Sorgen von der Seele zu schreiben.

14. Mai.

San Diego. Tony ist kaum noch zu Hause anzutreffen. Und wenn ich ihn dann mal erwische, wirkt er zerstreut und irgendwie angestrengt. »Es läuft alles, wie geplant«, behauptet er zwar immer, aber ich nehme ihm das nicht so ohne weiteres ab. Hier, weit weg von ihm, wird mir jeden Tag mehr bewußt, wie sehr ich ihn liebe und seine Nähe vermisse. Ich hoffe, er bleibt mir erhalten und ist nicht in Machenschaften verstrickt, die ihn zerstören. Ich würde das nicht mehr verkraften, ich habe vom Abschiednehmen endgültig genug!

19. Mai.

San Diego. Seit zwei Tagen kein Kontakt zu Tony. Entweder er ist nicht da, oder er nimmt den Hörer nicht ab. Bin furchtbar beunruhigt. Da hilft auch Cheryls Zuspruch nichts. Es tut mir so leid, daß ich ihr vielleicht die schöne Zeit hier verderbe, aber ich möchte jetzt wirklich bald wieder nach Hause. Finde es sowieso blöd, den Menschen, den man lieb hat, ausgerechnet in einer Zeit allein zu lassen, in der es ihm schlecht geht.

24. Mai.

San Diego. Das Wetter ist herrlich. Heute lagen wir stundenlang am Strand, gegen Mittag kamen auch Gary und Biff dazu. Für Cheryl in doppelter Hinsicht ein Gewinn. Erstens, weil wir gerade Mathe machten und sie nun aufhören konnte, und zweitens, weil sie an den beiden so sehr hängt. Sie sind aber auch riesig nett! Außerdem kann ich mit Gary phantastisch tanzen. Im Club freuen sie sich immer, wenn wir auf der Tanzfläche erscheinen! Für übermorgen, unseren letzten Abend, haben sie eine Strandparty geplant. Am 27. werden wir von Herrn Dryer abgeholt. Einen Tag darauf werde ich achtzehn!! Mein Gott, wie lange habe ich diesen Tag herbeigesehnt! Nun ist er zum Greifen nahe – und damit wäre eine weitere Hürde genommen. Und es wird Frau Lawrence endlich an den Kragen gehen; nicht aus Rache, sondern wegen anderer Staatswaisen, die in die gleiche Lage kommen könnten … Herr Dryer sitzt mit der Anzeige schon in den Startlöchern. Leid tut mir Bea Winowsky. Sie und Stanley werden nicht ohne Bestrafung ausgehen; aber bestimmt kommen sie dabei besser weg als Kate! Ich habe noch ein paar Sachen bei den Winowskys. Vielleicht, wenn Stanley zur Arbeit ist, besuche ich Bea mal. Sollte ich beim Film ganz gut verdienen, kaufe ich ihr elektrische Lockenwickler; mit denen ist das Haar viel schneller trocken. Ich merke, daß ich anfange, mich mit der Vergangenheit ein bißchen auszusöhnen; zumindest mit der Zeit, die einigermaßen erträglich war.

Die Strandparty lief auf vollen Touren. Bunte Lampions beleuchteten die Tanzszene, die heute vom Club ans Meer verlegt war. Musik dröhnte und wetteiferte in ihrer Lautstärke mit dem Rauschen des Meeres. Gary und Faith tanzten fast ohne Pause, und wenn ihr Temperament gelegentlich explodierte, bildeten die anderen sofort einen Kreis um sie, klatschten den Rhythmus und bekundeten mit Zurufen ihre Bewunderung. Für Faith war das Schönste an diesem Abend die Vorfreude auf den nächsten Tag. Herr Dryer, der sie nach Hause bringen wollte, war schon angekommen und hatte einen Teil ihres Gepäcks bereits im Auto verstaut. Morgen würde sie endlich Tony wiedersehen, nach drei langen Wochen!

Gary registrierte ihre Abschiedsfreude etwas traurig.

»Da flitzt du einfach weg, in die Arme deines Freundes – und ich kann sehen, wo ich bleibe!«

»Wir kommen bestimmt mal wieder. Oder ihr besucht uns in Los Angeles«, tröstete ihn Faith.
»Ich brauche nicht Los Angeles, ich brauche dich«, beschwerte er sich weiter, »mit niemandem sonst kann ich so gut tanzen!«
»Dann mußt du dir eben wieder eine heranziehen, Gary.«
»Ich bin kein Lehrer, ich bin Delphin-Trainer!«
Erschöpft ließen sie sich neben einem Picknickkorb nieder, um sich mit einem Hamburger für den nächsten Tanz zu stärken.
Cheryl hatte sich von irgendwoher eine E.T.-Maske besorgt und hopste nun als kleines grünes Urzeitwesen zwischen den Leuten herum, selig in ihrer Freude am Trubel. Gelegentlich schnappte sie sich Biff für einen kurzen, wilden Tanz, dann ließ sie ihn wieder stehen, um als unerwarteter Störenfried zwischen verliebten Pärchen aufzutauchen und sie zu erschrecken.
Lange nach Mitternacht löste sich die vergnügte Gesellschaft allmählich auf, denn auch der hitzigste Tanz konnte nun kaum mehr dem kühlen Wind vom Meer her Widerstand leisten.
In ihrem Zimmer fiel Cheryl glücklich auf ihr Bett. »War das eine schöne Zeit!« schwärmte sie, und sie küßte ihren E.T. auf die großen Augen, »und jetzt, Faith, machen wir einen Film, von dem die Welt noch in hundert Jahren reden wird!«

Wie verabredet, holte Tony Faith bei Dryers wieder ab. Pünktlich tauchte sein Wagen auf, überpünktlich stand Faith vor dem Hauseingang. Sie fielen sich in die Arme und ließen sich so lange nicht mehr los, daß Cheryl ungeduldig wurde.
»Jetzt reicht's aber, meine Lieben, hebt euch noch was auf für später – da wird's nämlich meistens langweilig.«
»Hört, hört«, spottete Tony, »da spricht eine alte Dame mit Lebenserfahrung.«
Cheryl überhörte es. »Außerdem braucht Faith ihre Kraft und Konzentration jetzt für nichts anderes als den

Film. Ihr habt mich hoffentlich verstanden.«
Lachend verabschiedeten sie sich, für Faith begann der letzte Abend vor ihrem achtzehnten Geburtstag.
Joe hatte wieder mal phantastisch gekocht und den Tisch festlich gedeckt. Auf einem der Stühle thronte Musch und putzte ihr weißes Fell. Wohlwollend blinzelte sie ihrem neuen Frauchen zu, als wollte sie sagen: Willkommen bei uns, mach dir's nur gemütlich.
Faith hätte ihrer Aufforderung nur allzugerne Folge geleistet, doch gegen 9 Uhr wurde Tony nervös, schaute ständig auf seine Uhr und stand schließlich auf.
»Wir müssen dich leider alleine lassen, Faith«, entschuldigte er sich, »aber unsere Sache ist noch nicht ausgestanden. Bald, sehr bald haben wir's hinter uns.«
Faith bemühte sich, ihn nicht merken zu lassen, wie enttäuscht sie war. Also muß ich weiter in Angst und Sorge leben, dachte sie resigniert, in den drei Wochen hat sich also nichts geändert.
Tapfer lächelte sie den beiden zu, deckte den Tisch ab und begann in der Küche das Geschirr zu spülen. Als sie damit fertig war, stellte sie leise, sanfte Musik an, nahm Musch auf den Arm und tanzte mit ihr in langsamen, weichen Schritten. Musch schnurrte wie ein kleiner Elektromotor, blinzelte Faith an und richtete wieder einmal, wenn auch unhörbar, das Wort an sie: Hab' Geduld, schien sie zu sagen, bald ist die schlimme Zeit auch für Tony überstanden. Und für dich erst recht, denn in zwei Stunden und fünfzig Minuten wirst du achtzehn …

Als Faith am nächsten Morgen aufwachte, war bereits niemand mehr im Haus. Auf dem Wohnzimmertisch entdeckte sie einen Zettel von Tony, darauf ein paar Geldstücke. »Tausend Glückwünsche zum Geburtstag, Faith, wir mußten heute leider schon ganz früh weg. Nimm dir bitte ein Taxi in die Schule, auch zurück – bitte! Geld lege ich bei. Heute nachmittag sehen wir uns. Darauf freut sich dein Tony.«
Zur Feier des Tages machte sie sich heute ein ausgiebiges Frühstück mit Spiegelei und Schinken, stellte ihre Lieblingsmusik an, deckte auf dem Wohnzimmertisch und zündete eine Kerze an.
»Mom und Paps, ich bin achtzehn«, flüsterte sie, »jetzt hab ich's überstanden, und heute nachmittag finden die Probeaufnahmen für meinen ersten Film statt. Ich werde ...« Da läutete das Telefon. Faith nahm den Hörer ab, und schon im nächsten Moment legte Cheryl los.
»Spreche ich mit der berühmten Ballerina Faith Williams? Könnte ich ein Autogramm von Ihnen bekommen?«
»Gerne«, antwortete Faith hoheitsvoll, »doch im Augenblick fehlt mir die Zeit, habe heute nachmittag einen Auftritt und anschließend Pressekonferenz...«
»... du kannst es schon ganz gut«, lobte Cheryl, »mach' weiter so! Ich gratuliere dir, mein Kleines, bleib so lieb, wie du bist. Und heute nachmittag im Studio, wo ich dich selbstverständlich betreuen werde, überbringe ich dir meine Glückwünsche in Form von ... Nein, ich verrate es nicht. Tschüs, wir müssen zur Schule!«
»Tschüs, Cheryl, bis bald!«

Im Studio ging es zu wie in einem Bienenhaus. Leute riefen durcheinander, Türen wurden aufgerissen und zugeschlagen, jemand probierte Musikkassetten aus, Kameraleute verlegten Kabel und stritten sich um irgendeine Einstellung. Mitten in diesem Durcheinander saß Faith im Tanzdress – mit nagelneuen Spitzenschuhen, die Cheryl ihr wenige Minuten zuvor zum Geburts-

tag geschenkt hatte – und wartete nervös auf ihren Auftritt.
»Reg' dich bitte nicht auf«, flüsterte Cheryl, »Lampenfieber schadet nur!«
Man sah ihr jedoch an, daß sie mindestens ebenso aufgeregt war wie Faith. Plötzlich ertönte Faith's Musik, jemand forderte sie auf, sich an einen bestimmten Punkt auf der Bühne zu begeben und von dort aus mit ihrem Tanz zu beginnen.
Wieder verausgabte sich Faith vollkommen, und wieder erntete sie stürmischen Applaus. Allmählich wurde ihr glühendheiß unter den vielen Lampen, der Schweiß brach ihr aus, und das ständige Wiederholen bestimmter Figuren, die ausprobiert werden mußten, wurde langsam beschwerlich. Doch sie ließ es sich nicht anmerken, biß die Zähne zusammen und hielt eisern durch – beflügelt von der Freude, die es ihr machte, immer bis zur äußersten Grenze dessen zu gehen, was sie sich an Leistung abverlangen konnte.
Erst später, in der Garderobe, fiel sie erschöpft auf ihren Stuhl und starrte einen Augenblick etwas verloren in den Spiegel, ohne eigentlich etwas wahrzunehmen.
Deshalb bemerkte sie auch nicht gleich, daß jemand hinter ihr im Spiegel auftauchte, daß er eine Spieldose, *ihre* Spieldose in der Hand hielt, daß die kleine Ballerina in ihrem glitzernden Gehäuse tanzte.
»Faith«, rief Tony, »hallo, Faith!«
Langsam drehte sie sich um. »Tony«, flüsterte sie etwas ungläubig, »Tony, du hier?« Dann sprang sie auf und umarmte ihn.
»Herzlichen Glückwunsch zum Geburtstag«, sprach er feierlich, »ein langes Leben wünsche ich dir, reichen Kindersegen, Glück und Zufriedenheit, einen lieben Freund wie mich, eine atemberaubende Karriere.«
»Herrlich!« seufzte Cheryl, »daß es so eine reine Liebe heutzutage noch gibt!«
»Es gibt sie«, bestätigte Tony, immer noch feierlich gestimmt, »und zum Zeichen dafür habe ich dir nicht nur

die Spieldose repariert, sondern auch das Bild deiner Eltern.«
Mit stolzem Lächeln überreichte er ihr beides, was Faith zu Tränen rührte.
»Es stört dich hoffentlich nicht«, fuhr Tony fort, »dieselben Geschenke zweimal im Leben zu bekommen.«
Faith machte einen Sprung wie die kleine Spieldosen-Ballerina und fiel Tony in die Arme. »Ich hab' dich lieb«, flüsterte sie.
»Ich dich auch, Faith!«
»Ach Gott«, meldete sich Cheryl mit besorgter Stimme, »da weiß man ja gar nicht, wo man hingucken soll! Aber ich gönne euch das junge Glück von Herzen.«
Faith machte sich von Tony los und umarmte Cheryl. »Dich hab' ich auch lieb, alte Wetterhexe! Und deine Ballettschuhe sind phantastisch, passen wie angegossen!«
»Freut mich, waren auch sehr teuer. Doch für dich ist mir kein Opfer zu groß.«
Faith lachte. »Was wäre ich ohne dich?«
»Nicht auszudenken«, antwortete Cheryl, »mit mir hast du das große Los gezogen!«
Tony schaute auf die Uhr. »So schön es bei euch ist, aber heute abend muß ich noch eine Sache erledigen. Dann ist's vorbei, und ab morgen wird alles anders.«
Faith erschrak. »Was ist vorbei?« fragte sie ängstlich.
»Sag' ich dir alles später.«
Hastig zog sie sich ihren Pullover über. »Nein, Tony, ich will mit dir gehen, ich lasse dich nicht mehr aus den Augen, nie mehr, hörst du.«
Er spürte, daß es keinen Zweck hatte, sie zum Bleiben zu überreden. »Also, wenn's sein muß«, erklärte er zögernd, »aber Cheryl …«
»… macht von selbst die Fliege. Ist sowieso zu Hause schon überfällig.«
»Wir bringen dich mit dem Auto heim«, schlug Tony vor, »und auf dem Rückweg sammeln wir Joe ein.«

Das turbulente Leben im Hafen von Los Angeles hatte nachgelassen, mit zunehmender Dunkelheit wurde es stiller, das Wasser schwappte gleichmäßig gegen die schaukelnden Boote. Langsam fuhr Tony mit seinem Mustang auf die leere Pier und blieb vor einem einzelnen Boot stehen, das die Aufschrift »The Mistress« trug. Alle drei stiegen aus.
»Faith, du bleibst hier«, sagte Tony streng.
»Ich gehe mit«, erwiderte sie, »ich laß mich nicht abschieben.«
Tony schaute sie sehr ernst an. »Du bleibst hier, Faith!« Und zu Joe gewandt: »Laß sie hier nicht weg!«
Leise sprang er auf das Boot. Im selben Augenblick tauchte an der Kajüte eine Gestalt auf und verschwand in der Dunkelheit. Faith, die das beobachtet hatte, wollte hinterher. Doch Joe packte sie fest am Arm. »Du sollst hierbleiben«, fauchte er, »hast du nicht gehört, was Tony gesagt hat?«
Doch diesmal dachte Faith gar nicht daran, bedingungslos zu gehorchen. Für Joe völlig unerwartet, schnellte sie herum und warf ihn hart zu Boden. »Tut mir leid, Joe«, entschuldigte sie sich, »aber das war nicht zu vermeiden.«
Sie huschte zum Boot, sprang auf – und schemenhaft sah sie wieder diese Gestalt, die jetzt zur Kajüte zurückschlich. Faith duckte sich, verharrte einen Augenblick, ohne sich zu bewegen.
Da, für den Bruchteil einer Sekunde, konnte sie im Schein des Mondes das Gesicht erkennen: Es war Onkel Sal. Jetzt bemerkte sie auch Tony, der zu ihm hinaufkletterte. Leise, wie auf Katzenpfoten, stieg sie ihm nach, blieb jedoch auf halber Höhe, dicht an die Leiter gepreßt, stehen.
»Über unser geheimes Nachrichtensystem habe ich erfahren«, hörte sie Onkel Sals Stimme, »daß die Polizei heute nacht eine kleine Party für mich geplant hat.«
»Wo ist das Kokain?« fragte Tony.
»Alle fünfzig Kilogramm sind in Sicherheit.«

Tony schüttelte den Kopf. »Du mußt doch wissen, Onkel Sal, daß du das nie hier rauskriegst!«
Salvatore Martino lachte höhnisch. »Ich habe eine kleine Übergabe geplant, außerhalb des Hafens. Die bekommen meine Fracht inclusive deiner Leiche – dann starte ich zu einer Kreuzfahrt nach Ensenada!«
Plötzlich heulten in der Ferne Sirenen auf, grelle Scheinwerfer geisterten über das Wasser...
Blitzschnell zog Onkel Sal die Pistole und durchschoß die Seile, die das Boot gehalten hatten. »Wenn ich eine Waffe ziehe«, brüllte er, »dann benutze ich sie auch sinnvoll – und jetzt machen wir mal eine unterhaltsame kleine Kreuzfahrt, nur wir beide, du und ich!«
Faith erschrak, reagierte aber sofort: Sie kletterte die Leiter hinunter und sprang gerade noch im letzten Moment in das kleine Begleitboot. Ein einziger Gedanke hatte von ihr Besitz ergriffen: Ich muß die »Mistress« verfolgen, ich darf den Anschluß nicht verlieren, es geht um Tonys Leben!
Zitternd vor Aufregung stand sie am Schaltbrett, tastete in der Dunkelheit nach den Hebeln, versuchte krampfhaft, sich zu erinnern, wie ihr Vater immer ein Motorboot gestartet hatte. Mit einem kräftigen Ruck drehte sie den größten Hebel herum – und hatte Glück. Der Motor sprang an, das kleine Boot setzte sich in Bewegung, und nach und nach fielen ihr auch all die Handgriffe wieder ein, die ihr ihr Vater damals gezeigt hatte.
Onkel Sal, der vollauf damit beschäftigt war, die »Mistress« zu steuern und gleichzeitig seinen Neffen im Auge zu behalten, nahm das kleine Motorboot nicht wahr.
Doch Tony hatte es längst entdeckt. Entschlossen machte er einen Schritt auf Salvatore zu.
»Damals, mein Vater – ich weiß, daß du es warst«, sagte er laut.
»Was redest du? Ich habe ihn geliebt, schließlich war er mein Bruder!«
Tony schüttelte energisch den Kopf. »Das einzige, was du je in deinem Leben geliebt hast, ist Geld und Macht.

Und deshalb willst du mich jetzt auch noch umbringen!«
»Du hast mich sehr enttäuscht, Antonio, immer warst du mir wie ein Sohn.«
Mit stahlharten Augen sah Tony seinen Onkel an. »Spar' dir dein schwülstiges Gerede! Laß uns lieber von meinem Vater sprechen. Der Schlag gegen ihn war allein deine Idee; ich habe mich informiert, du allein hast seinen Tod geplant und ausgeführt.«
»Das stimmt nicht, Antonio!«
Er konnte nicht mehr verstehen, was Tony erwiderte, denn die heulenden Sirenen des Küstenwachbootes, das inzwischen dicht herangekommen war, übertönten jeden anderen Laut. Auch die Scheinwerfer, mit denen man der »Mistress« den Weg abschneiden, sie zum Halten zwingen wollte, blendeten so unerträglich, daß Salvatore Martino nichts anderes übrigblieb, als das Steuer herumzureißen und Hals über Kopf den Kurs zu ändern. »Das sollst du mir büßen!« brüllte er zu Tony hinüber, und rasend vor Wut richtete er seine Pistole auf ihn. Er wollte gerade abdrücken, als das Boot, von einem Brecher getroffen, ins Schlingern geriet. Tony warf sich zu Boden. Onkel Sal verlor das Gleichgewicht – doch noch im Sturz schoß er wie wild auf die Elektronik des Bootes ein. Sofort stand die »Mistress« in Flammen.
Inmitten des Getöses von Schüssen, Sirenen und prasselnden Flammen hörte Tony plötzlich die Stimme von Faith. »Spring', Tony spring, mein Gott, spring' doch!«
Tony robbte über den Schiffsboden, sprang über Bord und schwamm auf ihr Motorboot zu. Hastig kletterte er hinein, übernahm das Steuer, schaltete das Licht ein und raste davon. Wenige Sekunden später hörten sie einen ohrenbetäubenden Knall – die »Mistress« war explodiert.
Joe, der das Geschehen vom Pier aus mit Entsetzen beobachtet hatte, ohne eingreifen zu können, empfing Faith und Tony mit warmen Decken. Schweigend starrten sie auf die brennenden Überreste der »Mistress«.

Inzwischen war die Polizei eingetroffen; Captain Allen wünschte sofort Tony zu sprechen. »Unsere Aktion hat geklappt. Alle fünfzig Kilo sind in Sicherheit«, teilte er ihm mit, »und unter Verschluß.«
»Sehr gut.«
»Wir haben noch einen Auftrag für dich.«
Verliebt schaute Tony Faith an und legte seinen Arm um ihre Schulter. »Ich habe vorerst noch andere Dinge vor, Captain Allen, lassen Sie mir etwas Zeit!«
Der Captain nickte freundlich. »In ein paar Tagen rufe ich dich an, Tony – jetzt muß ich erst mal mit dem Kommissar sprechen.«
Tony und Faith lösten sich aus dem kleinen Kreis und gingen ein wenig abseits, um allein miteinander reden zu können.
»Bist du ein Bulle?« fragte sie vorsichtig.
Tony lächelte. »Etwas Ähnliches«, antwortete er, »sieht man mir's denn an?«
Jetzt verstehe ich, dachte sie glücklich, warum er mir nie etwas über seine Geschäfte sagen konnte! »Also, was sind das für Pläne«, wollte sie wissen, »du mußt mir davon erzählen, schließlich habe ich heute Geburtstag.«
»Pläne für dich, du Ballettratte! Du bist doch jetzt ein Star – deine Eltern wären stolz auf dich!«
»Tony, ich ...«
»... zuerst machst du deine Schule fertig, und dann könntest du dich ganz der Filmerei widmen. Cheryl wird natürlich deine Betreuerin sein. Ich laß dich nämlich nicht so allein bei diesem Filmvolk, du brauchst jemanden, der dich beschützt; und der dich auch davon abhält, deine Stuntszenen selbst zu machen. Die sind viel zu gefährlich! Du siehst, ich habe bereits ein richtiges Konzept!«
Faith strahlte. »Cheryl als Begleiterin, das ist fast zu schön, um wahr zu sein. Ich hoffe nur, daß sie dann auch bald eine Rolle bekommt, wenn sie sich dauernd zwischen den Filmleuten tummelt. Sie ist nämlich eine Erzkomödiantin!«

Hand in Hand schlenderten sie wieder zum Auto zurück, wo Joe schon ungeduldig wartete.
»Ich habe ein Mitternachts-Menu im Kopf«, verkündete er, »immerhin hat Faith noch ein Stündchen Geburtstag. Also laßt uns rasch heimfahren.«
Sie fuhren den Hollywood-Boulevard entlang; schon seit geraumer Zeit hatte sich die Szene wieder verändert – aber Faith mußte nicht mehr, mit der Reisetasche in der Hand, um ihr Leben rennen, nicht mehr über betrunkene Penner stolpern ...
»Hier hättest du mich fast mit einer abgebrochenen Flasche erschlagen«, lachte Tony, »weißt du noch?«
»Ich erinnere mich dunkel.«
Plötzlich bremste Tony scharf. »Dort an der Ecke steht Lester«, sagte er, »der sich immer so tapfer mit Kate Lawrence herumgeschlagen hat. Wollen wir ihn mitnehmen zur Geburtstagsfeier?«
»Auf jeden Fall«, stimmte Faith zu, und Joe kurbelte schon die Scheibe herunter, um ihn heranzuwinken.
Lester ließ sich das nicht zweimal sagen! Für Feiern war er immer zu haben, und er wollte auch das Seine zu ihrem Gelingen beitragen.
»Wir sollten aber auch noch Cheryl holen«, schlug Faith vor, »heute nacht muß einfach alles erlaubt sein!«
Cheryl lag zwar schon im Bett, schaute sich aber noch einen Krimi im Fernsehen an. Deshalb war sie hellwach und sofort im Bilde, als ein Steinchen gegen ihre Fensterscheibe fiel. Wie der Blitz zog sie sich an, schob ihren Eltern einen Zettel mit Faith' Telefonnummer unter die Schlafzimmertür und verließ leise das Haus.

Für Faith wurde es die schönste Party ihres Lebens. Während sie mit Tony auf der Couch saß und aus der Küche die herrlichsten Düfte zu ihnen herüberströmten, legten Lester und Cheryl unter den Klängen heißer Rhythmen den wildesten Tanz aufs Parkett, den das anspruchsvolle Publikum je sah! Und Lester warf vor Begeisterung sein phosphorgelbes Hütchen in die Luft.